訂　正

《118頁9～10行目》

【誤】彼女の父親は円高不況のため事業に失敗し、自死を遂げています。

【正】彼女の父親は円高不況のため事業に失敗し、同時に病に倒れています。

《140頁14～15行目》

【誤】…バブル期直前の円高不況で破産して、自ら命を絶った自分を許して欲しいと。

【正】…バブル期直前の円高不況で破産して、同時に病に倒れた自分を許して欲しいと。

無能と失敗の社会学

Kotani Satoshi
小谷敏
大妻女子大学教授

高文研

無能と失敗の社会学 ◉ 目次

第③章 恫喝と冷笑――「声」を圧し潰す力

第4章　明仁が丸山を読む――「象徴」とは何か

第5章 「訓練された無能力」はその来歴を語りうるか

第⑩章 オリンピック、パンデミック、ジャニーズ ――「崩壊の時代」の諸相

プロローグ　無能ということ——愚行と失敗に覆われる世界

オブローモフとバートルビー「余計者」の系譜

◆ベッドから出てこない男――オブローモフ再び

前著『怠ける権利！』（高文研、二〇一八年）からのつながりという意味で、再びかのオブローモフに登場していただきましょう。そして怠け者ロシア王者オブローモフに対抗して、アメリカの怠け者の王者バートルビーにもご登場いただきます。驚くほど何もしないのが二人の共通項です。二人は怠け者なのか。それとも無能者なのか。怠けることと無能であることとは、実は表裏の関係にあるのではないでしょうか。怠けて何もしなければ様々な能力は退化してしまいます。そして、能力がなくなれば何もできなくなってしまい、怠惰に日々を送る他なくなってしまうからです。

この二人が登場する作品は、ロシアとアメリカと国は異なれども、奇しくも同じ時代に書かれています。イワン・ゴンチャロフの『オブローモフ』〈註1〉は一八四九年から五九年にかけて順次発表されています。ハーマン・メルヴィルの『書記バートルビー』〈註2〉の刊行は一八五三年でした。一八五〇年代のロシアは農奴解放の前夜。改革と西欧化の方向が模索されていた時代です。一八五三年はペリー来航の年。アメリカ資本主義が目覚ましい発展をとげ、西方への勢力伸長を続けていた時代です。ダーウィンの進化論が、大きな影響力を振るっていた時代でもあります。進歩と発展が金科玉条とされていた時代に、アメリカとロシアという、二〇世紀後半の世界を支配することになる二つの大国を代表する文豪が、名高い怠け者＝無能者を創造したことは、非常に興味深く感じられます。

青年貴族オブローモフは、農奴からの年貢を頼りに、無為徒食の日々を送っていました。ドイツ系ロシア人の友人、シュトルツは進歩や改革の理念を体現したかのような、有能で活動的な人物です。オブローモフの高潔な人柄を高く評価するシュトルツは、オブローモフの「ひきこもり」をやめさせようと、社交界へ顔を出すことや相続した財産をもとに起業することを勧めています。オブローモフはのらりくらりとシュトルツの誘いをはぐらかします。ただシュトルツが引き合わせてくれた令嬢オルガには熱をあげ、珍しく積極的にアプローチをします。オルガもオブローモフに好意を寄せていて、この恋は成就するかにみえました。そうなるとまるで「電車男」（第3章参照）ですが、世の中そうは甘くありません。最後の踏ん切りがつかず、オブローモフはベッドに逆戻り。オルガは結局シュトルツと結婚をします。恋に破れたオブローモフは、二度とベッドから出てくることもなく、運動不足と過食が祟って、若くしてこの世を去っています。

作者のゴンチャロフ自身は、実際的な才に長けた人物であったようです。プチャーチンがフリゲート艦パルラダ号で長崎を訪れ、幕府と交渉した際には、ゴンチャロフは随員として参加しています。交渉を長引かせてお引き取り願おうとする幕府の役人を、コミカルに描く筆致はさすが文豪と思わせるものがありました。〈註3〉オブローモフの親友、シュトルツがドイツ系であることは象徴的です。ロシアの人々がシュトルツのような合理的思考と勤勉さとを獲得して、ドイツのように西欧化への道を急がなければ、ロシアはオブローモフのように緩慢な死への道をたどる。そうしたゴンチャロフのメッセージをこの小説の中に読み取ることも可能でしょう。

『オブローモフ』は刊行当初、大変な人気を博していますが、それはロシアの人たちが、ここには自分のことが書かれていると感じたからでしょう。一九世紀ロシアの文芸評論家ドブロリューロフは、『オブローモフ主義とは何か』を発表しています。高潔な理想を掲げながらそれを実現する能力を持たないオブローモフは、ツルゲーネフのいう「余計者」の典型であり、それは多くのロシア知識人の姿でもあると、ドブロリューロフは述べています。オブローモフは現在もロシアで人気のあるキャラクターであり、映画にもなっています。

稀代の怠け者＝無能者が愛され続ける精神風土の中から、スターリンやプーチンのような恐ろしい独裁者が生み出されていった。この逆説のもつ意味を、われわれは、よく考えてみる必要があるのではないでしょうか。

◆ウォール街占拠運動の大先達――バートルビー

『書記バートルビー』は、『オブローモフ』よりさらに奇妙な物語です。『白鯨』で名高い大文豪が、こんな奇妙な小説を書いていたことには、正直筆者も驚きました。

ウォール街のある弁護士が、バートルビーという男を書記として採用します。バートルビーは、最初熱心に仕事をしていたのですが、ある日を境に書類の筆写以外の仕事を拒むようになります。そしてついには、一切の仕事を拒むようになりました。仕事を拒むたびにバートルビーは、「それはしない方がいいと思います」(I would prefer not to) という決まり文句を口にします。さらにバートルビーは、弁護士の事務所に住み着いてしまいます。バートルビーを気味悪く思った弁護士は、バートルビーを放置して逃げ出してしまいます。しかし事務所に遺されたバートルビーの奇矯な行動に周辺住民からの苦情が殺到。やむなく弁護士は、警察に通報します。浮浪罪で監獄に収容されたバートルビーは、食べることを拒否して死んでしまいます。

ロシアの怠け者＝無能者は、食べ過ぎたあまりに死んでしまい、アメリカのそれは食べなかったために死んでしまった。これは興味深い対照です。またベッドに引きこもって何もしないオブローモフに比べて、弁護士を事務所から実質的に追い出してしまったバートルビーには、ある意味アクティブでミリタント（戦闘的）な印象すらあります。

不思議に思うのは、何故弁護士はバートルビーに断固たる態度をとらなかったのかということです。仕事を拒否するような事務員などクビにしてしまえばよい。不当に事務所に居座るなら警察を呼んで逮捕させればよいだけの話です。なぜそうしなかったのか。弁護士は自分のキリスト者らしい慈悲深さの故だとほのめかしているが、それは疑わしい。バートルビーに対する何らかの後めたい気持ちがあったからではないでしょうか。

あまりにも荒唐無稽な作品であるが故に、この小説をめぐっては、様々な解釈が行われてきました。アメリカ文学の研究者の中には、バートルビーはアメリカ先住民の隠喩であるという説が根強くあります。ウォール街のあるマンハッタン島には、アメリカ先住民が住んでいました。バートルビーが弁護士の事務所に住み着いて占拠してしまったのは、先住民による土地の奪還闘争の隠喩であると、研究者たちは主張しています。〈註4〉このみたてが正しければ、弁護士がバートルビーに後ろめたさを感じる理由を説明することができます。

『バートルビー』の語り手は、ウォール街の弁護士でした。ウォール街の住人たちは、社会学者のソースタイン・ヴェブレンが述べていたように、他人の不幸を顧みない「訓練された無能力」を獲得した人たちであり、そうした無能力を元手に巨富を築いた人たちでした。ウォール街の住人たちの「訓練された無能力」を批判するために、メルヴィルは「純粋な無能力」の象徴であるバートルビーを対置した。そして詐術と略奪とによって巨富を築いたにも関わらず、あたかもそれらは自ら天与の能力と勤勉努力の賜物であるかのように誇るウォール街の住民たちのヒュブリス（傲慢、本書三四〇頁註〈26〉参照）に冷や水を浴びせた。この作品をそう読みたい衝動に筆者は駆られます。

二〇一一年の九月。リーマン・ショック後の金融危機に際して、政府による金融機関の救済と富裕層の優遇に抗議する運動がアメリカ全土を覆いました。この運動に参加したのは、リーマン・ショック後の失業や生活費・家賃・学費の高騰に苦しむ、若者と庶民たちでした。この時の運動のスローガンとなったのが、「ウォール街を占拠せよ（occupy WallStreet）」だったのです。人々を突き動かしたのは、「1%」の利益のために「99%」の人たちが犠牲にされている、不公平で不公正な構造への怒りです。バートルビーこそがこの占拠運動の大先達であったのかもしれません。

二一世紀の黙示録——愚行と失敗に覆われる世界

◆パンデミック・戦争・大インフレ——世界を覆う混乱

さてシュトルツが体現した「西欧」と、バートルビーの雇い主が象徴するウォール街の論理に支配されたいまの世界は、どうなっているのでしょうか。二〇二〇年代に入ってからの世界は名伏しがたい混乱に覆われています。二〇二〇年には新型コロナウイルスの感染が世界的に拡大し、WHOはパンデミックを宣言しています。このパンデミックによって、何億人もの人たちがコロナウイルスに感染し、多くの尊い人命が失われただけではありません。ほとんどの国々でロックダウン（都市封鎖）やそれに準じる措置がとられたために、社会生活の多くが奪われ、世界経済は深刻な打撃を受けたのです。欧米諸国は人口比で日本・中国・韓国に数倍する死者を出しています（詳細は第10章をみられたい）。

二〇二二年の二月、ロシアはウクライナへの侵攻を開始しています。国際法を無視したロシアの蛮行に、日本と韓国を含む西側諸国は強い非難を浴びせます。戦争は当初の予想を超えて長引いています。そしてこの戦争はコロナ禍と同様、世界経済に大きな打撃を与えました。ロシアからの天然ガスの供給が止められたために、原油価格が高騰。原材料価格が跳ね上がり、世界の国々でインフレが亢進していきました。

二〇二三年の一〇月には、ハマスの攻撃を受けたイスラエルは、ハマスの牙城とされるガザ地区への攻勢を強めています。人口密集地帯であるガザ地区への攻撃は、多くの民間人が命を落とす深刻な人道危機を招来しています。この紛争がイラン等の周辺諸国を巻き込んで、新たな中東戦争へと発展すれば、中東からの石油の供給が絶たれることは避けがたく、さらなる経済の混乱が生じることが予想されます。

コロナ禍が始まる前の二〇一九年に、わずか四年後に世界は、パンデミックを経験し、ウクライナとガザ地区を舞台にした戦争が起きていることを予測した人はほとんどいなかったはずです。そして西側諸国は、こうした事態の対応において概ね無能ぶりを晒したのです。

興味深いことがあります。ロシアのウクライナへの侵攻に際して、西側諸国は一致してロシアを非難しました。しかしグローバルサウスと呼ばれる新興諸国は、必ずしもそれに歩調を合わせてはいません。そこにはロシアに近しい中国からの投資と援助とを引き出そうとする打算が含まれているのかもしれません。しかし、長きにわたる西欧の植民地支配に苦しめられてきたグローバルサウスの国々にしてみれば、自由と人道と平和の旗を振りかざして西欧諸国がロシアを非難することに、強い違和感を抱いたとしても不思議はありません。ロシアもまた、ソ連崩壊直後に、アメリカの顧問団が押し付ける急速な市場化政策を採用したことによって、大きな経済的混乱を経験しています。急速なＮＡＴＯの東方拡大をあわせて考えれば、ウクライナ戦争も、実は西側諸国が種をまいたと強弁できなくはないようにもみえます。

イスラエルはアメリカ合衆国や「満州国」と同じように、すでに住んでいる人たちを追い払うことによって打ち立てられた国です。イスラエルの入植者たちが、パレスチナ人を追い払ったことが、積年の紛争の原因をなしています。今回の件の場合、たとえ最初に手を出したのがハマスだとしても、ロシアに攻撃されたウクライナに対するほどの同情がイスラエルに集まらなかったのはそのためです。ハマスは過激化したバートルビーだといえなくもありません。病院（！）をはじめとする民間施設に攻撃を加えるイスラエルに、バイデン大統領が支持を表明したことは、アメリカの、ひいては西側諸国の道徳的優位性を大きく毀損するものであったといわなければなりません。バートルビーがホワイトハウスに勤務していたら、バイデン大統領にこう言うのではないでしょうか。「それはしない方がいいと思います」と。

◆鯛は頭から腐る――無能な日本の私

日本はバブル崩壊以降、急激な少子高齢化、ＩＴ化、グローバル化等々の環境の急激な変化に対応することができず、その国力を減衰させ続けています。円安の進行とともにＧＤＰは下がり続け、二〇二三年にはついにドイツに抜かれてしまいました。高度経済成長期の末期の一九七〇年、豊かさの陰で公害問題は深刻の度合いを増していた時のことです。朝日新聞は「くたばれＧＮＰ」というキャンペーンを展開していました。たしかに経済成長至上主義には大きな問題がありますが、このままＧＤＰが下がり続ければ、日本の方が先にくたばってしまいそうではありませんか。給料は三〇年以上、上がっていません。他方国民負担率は雪だるま式に増えています。国民の窮乏化は進む一方です。日本の強みだった科学研究にも翳りがみえています。大きなインパクトを与える論文の生産量が、世界が驚くほど減少しているのです。ジェンダーギャップ指数は世界の最下位レベル。死刑制度は存置され、露骨な外国人差別も残っています。日本は世界から人権後進国と目されているのです。

日本は治安が良く、都市の街路はとても清潔です。平均寿命は男女とも世界最高レベル。子どもの学力もとても高い。そして楽しいポピュラー文化が溢れています。日本にはまだ世界に誇るべき美点が数多く残っています。しかしこの全般的な国力の衰退の中で、それがいつまで続くのか疑問です。

日本がダメな、無能な国になったのは、普通の人々がダメに、無能になったからなのでしょうか。「失われた一〇年」においては、日本人、なかんずく若者や子どもの「質的劣化」が語られていました。就職超氷河期におけるフリーターの増大は、若者の働く意欲の減退の結果だと目されていました。「心の闇」を抱えた少年による凶悪犯罪が急増し、携帯やゲームに耽溺して若者がどんどんダメになっていると当時の識者たちは嘆いているのです。ゆとり教育の結果、日本の子どもたちの学力は著しく低落し、将来の国力のさらなる減退を招くことが懸念されていたのです。

しかし普通の人々の質的劣化という話はどうにも疑わしい。フリーターの増大は企業が若者の採用を極端に絞った結果です。「心の闇」を抱えた若者がそれほど多ければ、日本の治安がよいはずがありません。「ゆとり教育」による学校現場の混乱はあったのかもしれませんが、二〇二三年度のPISA〈OECDが行っているPISA〈Program for International Student Assessment〉という国際学力比較調査〉で、日本の子どもたちはすべての分野でベスト3に入る高い学力を示しています。そして大災害が生じた際の、あるいは国際スポーツイベントでの、日本の人々の秩序だった行動は、世界に驚きを与えてきました（第3章を参照）。これらを考えれば日本の普通の人々がダメに、無能になったという話は信じがたいものとなります。

鯛は頭から腐ると言います。ダメに、無能になったのは、普通の日本の人々ではなく、日本のエリートたち、なかんずく政治家たちなのではないでしょうか。安倍晋三は、アベノミクスの「成功」によって、七年三カ月の長期政権を実現しましたが、「安倍一強」の政治状況を背景に、自己の利益のために法を枉げることを厭いませんでした。安倍の非業の死の後、これまで蓋をされてきたスキャンダルが次々と白日の下に晒されてきています。本来ならば、政権交代が起こっても不思議はない状況です。しかし自民党にとって代わるべき野党は存在しません。自民党内でも現在の総理大臣を引きずり下ろしたところで、もっと悪い人物がとって代わるだけではないのかという懸念が持たれる状況が続いています。なぜ日本の政治はかくもひどいことになってしまったのか。本書においては、その答えを導くところから始めたいと思っています。

本書の概要

◆丸山眞男から考える――「すること」から「であること」へ

日本の政治はなぜかくもダメになったのか。丸山眞男のエッセイ『「である」ことと「する」こと』は、この問題を考える上での重要なヒントを与えてくれています。戦後民主主義の旗手として登場した丸山ですが、六〇年末の大学紛争においては、全共闘からその近代主義的でエリート主義的な姿勢を厳しく指弾されています。しかし丸山の影響力は長く残り、『「である」ことと「する」こと』は、いまでも高校の現代国語の教科書に掲載されています。

第1章では、このエッセイを詳細に検討しています。前近代は、どの身分に生まれたのか（「であること」）が決定的な重みをもっていました。しかし近代社会において重要なのは、その人の能力や業績です。日本社会は、経済の領域においては、比較的順調にこの移行を達成しました。それに対して政治の世界ではその移行が遅々として進みません。過去の業績に胡坐をかいて権力の座に居座る老人が、あらゆる党派の中に「うようよいる」と丸山は辛辣に述べています。政治の世界における「である価値」の居座りは、二一世紀の今日、一層ひどくなっています。国会議員は、ほとんど世襲制の職業と化しています。

第2章では、「すること」から「であること」への退行が進んだ、第二次安倍政権の時代を描き出しています。「一強支配」の下、安倍は法を枉げても「お友だち」を優遇する「クローニー・ポリティクス（お友だち政治）」を展開してきました。その結果生じたのが、「モリ、カケ、サクラ」のスキャンダルでした。安倍は、憲法学者たちの九割が違憲と考える集団的自衛権を容認する安保法制を成立させています。議会では虚偽の答弁を重ね、臨時国会の開催を求める野党の要請を拒否しています。安倍は、旧統一教会とも「お友だち」として昵懇の関係を結んでいました。二〇二二年七月八日、安倍は、旧統一教会によって人生を踏みにじられた「宗教ジュニア」の凶弾に斃れています。日本のエリートは立派だとはいえません。他方、大災害に際しても整然とした行動をとり、世界的なスポーツ大会の会場でゴミを拾って帰る模範的な振る舞いによって、日本の普通の人々は世界の称賛をしばしば浴びています。

第3章ではこのパラドクスの意味を考えています。丸山は、日本における儒教思想の残存を指摘しています。儒教思想は、人々がそれぞれの「分」を尽くすことを求めます。普通の人々がそれぞれの役割を完璧に果たすことを求めますが、政治的な関心を抱くことは「分」を超えるものとして非難されます。政治的な発言をする芸能人は、「干される」ことを覚悟しなければなりません。

ひろゆきや古市憲寿のようなインフルエンサーたちは、まじめな議論をする人たちに冷笑を浴びせ、その口を塞ごうとします。津久井やまゆり園事件の犯人は、「する」ことのできない人間は、生きている価値はないと断じていました。これらインフルエンサーたちも、それとよく似た意見を開陳しているのです。

第4章では、現上皇明仁の天皇在位中の行動を、『である』ことと『する』こと」との関係で考えています。生前退位を告げるビデオ・メッセージで明仁は、老齢のために象徴としての役割を果たすことができなくなった、と述べていました。明仁は、自らの地位は、天皇「である」が故にではなく、象徴たるに相応しく行為「する」が故に保証されると考えていたのです。明仁が丸山を読んでいた可能性は否定できません。明仁は天皇在位中に、かつての激戦地や離島僻地、大災害の被災地等々を繰り返し訪れ、日本国民は誰一人として見捨てられてはならないというメッセージを発し続けていました。これは小泉から安倍へと受け継がれてきた、弱者を排除し続ける平成の自民党政治への暗黙の批判を含んでいました。筆者は天皇制について、疑問をもつものですが、明仁が日本国憲法に内実を与えようとしていたことを否定することはできません。その志において丸山と明仁は重なるものがあるといえます。

日本政治の無能の原因が世襲によって有能な人間がリクルートされないことにあることは疑いをみません。しかし人々が十分な訓練を受け有能になり、その中の優れた人々が高い地位に就くようになれば、世界から無能さとそれによってもたらされる失敗はなくなるのでしょうか。事はそう単純ではなさそうです。

◆能力と訓練の陥穽――あるいは勝者の驕りと敗者の絶望

第5章では、「訓練された無能力」について考えています。訓練は人を有能にします。しかし、そこには落し穴も潜んでいます。状況は常に変化します。かつて成功したやり方がいつまでも通用するものではありません。しかし訓練によって身につけたやり方を変えることは難しい。過去に輝かしい成功体験があれば、なおさらです。その結果人は、有効性を失ったやり方に固執して、破滅してしまうのです。

そのメカニズムを「訓練された無能力」ということばによって明らかにしたのがアメリカの文芸批評家ケネス・バークです。バークに影響を与えたソースタイン・ヴェブレンは、それとはやや異なる意味でこのことばを用いています。バートルビーの雇い主のようなウォール街の住人は、自分が利益を得るために、人々を犠牲にすることに心を痛めることはありません。ヴェブレンの観るところ、アメリカのビジネスマンは、人を思いやることに関しての「訓練された無能力」を身につけた人たちです。

第6章では、この「訓練された無能力」ということばを用いて、冷戦終結後の日本の失速の原因を考察しています。アジアの共産化を恐れるアメリカは、日本をアジアの反共の防波堤とすべく、「吉田ドクトリン」と呼ばれる日本の軽武装・経済成長路線を容認したのです。しかし冷戦終結後、日本を庇護する意味を失ったアメリカは、日本に対して厳しい軍事的経済的要求を突き付けてきます。対米従属以外の外交方針をもたない日本は、アメリカの言いなりになる他ありません。

また工業化の時代に目覚ましい成功を収めた日本は、脱工業化の時代に乗り遅れ、経済的な衰退が続いています。冷戦期に目覚ましい成功を収めた日本は、ポスト冷戦の時代に適応するための「訓練された無能力」に苦しみ続けています。そして経済が退潮を続ける中で、傷ついた自尊心を補償するための、ナショナリズムを鼓吹する右派勢力が影響力を広げ、自民党政治を支配する事態すら生じています。

第7章では、能力主義のパラドクスについて論じています。日本では世襲政治家たちの知的レベルの低下が、識者たちを嘆かせています。それに比べて欧米の政治指導者たちは、目もくらむような学歴エリートばかり。それでは欧米では素晴らしい政治が行われているのでしょうか。学歴競争は日本より欧米ではるかに激化しています。欧米の学歴エリートは、自分たちの成功は不断の努力の賜物であると考え、敗者たちを蔑みます。彼らは、庶民の窮境に思いを致すことへの「訓練された無能力」を身につけた人たちです。

蔑まれた庶民の側には、屈辱感とエリートに対する憎悪が生まれます。その結果もたらされたのが、トランプ大統領の誕生であり、ブレクジット（英国のEU〈欧州連合〉離脱）であり、フランスの黄色いベスト運動（本書二一一頁参照）でした。

学歴競争の社会では、豊かな家庭に生まれた子どもが勝利を手にする可能性が高い。マイケル・ヤングが描き出した、能力主義が新しい身分制社会を生み出す悪夢が、欧米では現実味を帯びてきているのです。

第8章では、日本社会における能力主義の現状を検討しています。子どもたちの学力は、現在はとても高い。しかし教師の長時間労働によって学校は疲弊しています。日本は先進諸国の中で、大学院への進学率が著しく低い。それは新規学卒者の採用に際して、若者に専門的なスキルを求めないことが一因しています。大学で何を学んだかよりも、「がくちか」（学生時代に力を入れたこと）が重視される面接風景は異様です。高学歴化という世界の趨勢に背を向ける日本では、「メリトクラシーの機能不全」（メリトクラシーとは、出自ではなくその人がなし得た業績によって社会的な地位が決定される体制──筆者註）が生じている可能性があります。学歴エリートたちが庶民を見下す傾向がありますが、庶民がそれによって深く傷ついているようにもみえません。競争の敗者であっても、安価な消費生活を楽しみ、自分の仕事に誇りをもって暮らしています。しかし、貧困は女性を中心に拡大を続けています。経済的に困窮し、社会的に孤立した挙句、多くの人々を巻き込む、拡大自殺とも呼ぶべき犯罪が増えています。

◆崩壊の時代の諸相──『失敗の本質』から何を学べるか

第9章は日本とアメリカの「失敗の本質」の比較研究です。歴代アメリカ大統領の側近は、驚くほど有能な人たちですが、アメリカの歴史は fiasco（大失敗）の連続でした。頭のよい人たちの集団の中には自分たちは絶対に間違いを犯さないという傲慢さが生じますし、素晴らしい仲間の輪から外されたくないという同調圧力も高くなり、支配的になった意見に異を唱えることが困難になる。これが「集団浅慮」（group think）と呼ばれる心理的メカニズムです。

日本軍は、自己の精強さに対する傲慢な自信を抱いており、敵の戦力を過小評価する傾向がありました。過度の精神主義と科学性の欠如は日本軍の宿痾でした。組織内の意思疎通は不十分で、作戦の有効性より組織の面子にこだわります。そして過ちを認め、作戦を変更する勇気に欠けています。一九八〇年代の半ばに、どちらかといえば保守的な学者たちによって書かれた『失敗の本質』の分析は、そのまま日本の現状にあてはまるものです。

歴史学者の坂野潤治は、日中全面戦争に突入した一九三七年以降の日本を「崩壊の時代」と位置付けています。そして、二〇一一年三月一一日以降の日本は、再び「崩壊の時代」に突入したと坂野は述べています。この坂野の時代認識は正鵠を射たものです。二〇一二年末に誕生した第二次安倍政権以降、この国の崩壊は凄まじい速度で進行していきました。

第10章では、二〇二〇年代に入ってから起きた、東京オリンピックをめぐるスキャンダル、新型コロナウイルスへの対応、そしてジャニー喜多川の醜聞を取り上げ、日本社会における崩壊の諸相を検討しています。そこから浮かび上がってくるのは、高度経済成長期の栄光にしがみつく為政者たちの姿であり、長年の公共部門の削減によって生じた行政機関の疲弊であり、重大な性犯罪を認識していながら、見て見ぬふりを続けていた卑劣なマスメディアの姿です。

前著『怠ける権利！』から六年もの歳月が流れてしまいました。筆者が、「怠ける権利」に居直ってしまった面があることは否定できません。コロナ禍の中、大学に行く機会がめっきり減って、オンラインで仕事をこなした後、夕方のテレビドラマ「相棒」の再放送とヤクルト戦の中継を見て一日が終わるという、オブローモフのような生活を続けることで、頭脳と身体の老化が著しく進んだのも事実です。そして「無能」は、「怠け」以上にとらえどころのないテーマでした。

もう本など書けないと思っていた二〇二二年の七月八日、安倍晋三銃撃事件が起こります。この事件をきっかけに、自民党と旧統一教会の蜜月関係、オリンピックのスキャンダルや自民党の政治資金問題が噴出してきたことは記憶に新しいところです。そしてこの事件をきっかけとして、私の中でもそれまでぼんやりとしていた本書の道筋がはっきりとみえてきました。三国志の英雄・諸葛亮孔明にたとえる気持ちは毛頭ありませんが「死せる安倍晋三、生ける小谷敏を走らす」。一気に筆が進みました。それではどうか本編をお楽しみください。

二〇二三年　異常気象に見舞われた年の暮れに

【註】

〈1〉イワン・ゴンチャロフ、米川正夫訳『オブローモフ』上・中・下、岩波文庫、一九七六年

〈2〉ハーマン・メルヴィル、牧野有通訳『書記バートルビー／漂流船』光文社古典新訳文庫、二〇一五年

〈3〉イワン・ゴンチャローフ、高野明・島田陽訳『ゴンチャローフ日本渡航記』講談社学術文庫、二〇〇八年

〈4〉大島由起子『メルヴィル文学に潜む先住民─復讐の連鎖か福音か』彩流社、二〇一七年

第1章

「すること」から「であること」へ

——丸山眞男の憂い

1 「丸山眞男連続殴打事件〈註1〉」考

戦後民主主義の旗手

丸山は、東京帝国大学助教授在任中に陸軍二等兵として応召しています。出征の朝に書き上げられた『日本政治思想史研究』は、荻生徂徠を日本における近代的な政治的思惟の嚆矢として位置づける、画期的なものでした。帝国大学助教授が徴兵されること、しかも二等兵として召集されることは極めてまれなことでした。これは丸山が第一高等学校の生徒だったころ、唯物論研究会が主催する長谷川如是閑の講演会に参加した際、特高警察に逮捕され、拘留された過去に基づく懲罰的な徴兵であったといわれています。長谷川は、著名なジャーナリストであった眞男の父、丸山幹治の生涯の盟友であり、丸山家とは家族ぐるみの親交がありました。それにしても長谷川はオールドリベラルの典型ともいうべき人物であって、社会主義とも無政府主義とも無縁の人です。そんな人物をも監視の対象にしていたのですから、大日本帝国時代の思想統制の徹底ぶりには驚かされます。

この事件を皮切りとして、丸山はその生涯をとおして、そして死後においてさえも、非難攻撃にさらされています。丸山ほど毀誉褒貶の激しい思想家も、また珍しいのではないでしょうか。いささか冗談めいてはいますが、ここではそれを「丸山眞男連続殴打事件」と呼びたいと思います。官憲による酷薄な取り調べは、丸山を襲った最初の殴打事件です。そして、任地の平壌で丸山は無学な古参兵から毎日のように殴られていたのです。これが「第二の殴打事件」です。〈註2〉

敗戦後の丸山は、学問の領域においても、言論の世界においても、目覚ましい活躍を続けています。一九四六年に丸山は、日本の超国家主義は、ドイツのナチスのように明確な意思をもった主体（ヒットラー！）によって導かれたものではなく、中江兆民が「多頭一身の怪物」と評した、明治憲法体制の「無責任の体系」の所産であると断じる「超国家主義の論理と心理」を著わします。この論文は当時の日本の知的世界に大きな衝撃を与えました。

超国家主義ということばは何を意味しているのでしょうか。ナショナリズムは近代国家の基底をなすものであり、ナショナリズムに主導されて、西欧近代国家は好戦的で侵略的な姿勢を貫いてきました。大日本帝国の体制が「超国家主義」と呼ばれるのは、好戦的侵略的性格が、強くかつ露骨であったためだけではありません。西欧近代国家は、人々の行動を支配する内容的価値に関わることを断念し、その支配の根拠を、「純粋に形式的な法機構の上に置いているのである」〈註3〉。他方、大日本帝国の場合には、教育勅語が象徴するように、国家権力が個人の内面にも土足で踏み込んできます。このため大日本帝国では、内面の自由という観念が確立することはありませんでした。国家権力が個人の内面をも支配したという意味において、日本の国家主義は「ウルトラ」だったのです。第3章で、教育勅語の再評価を主張する自民党の政治家たちが登場しますが、教育勅語の再評価とはすなわち、超国家主義への回帰に他なりません。

六〇年安保闘争においても丸山は積極的な発言を続けました。日米安全保障条約そのものというよりもむしろ、丸山は「憲政の常道」を踏みにじる、岸信介首相の議会運営の手法に厳しい批判を浴びせていたのです。六〇年代において丸山の名声は一層の高まりをみせていきました。丸山は、戦後民主主義の旗手としての座を揺るぎないものとしていったのです。

批判された近代主義——大学紛争と丸山

丸山の著作を読めば、近代的自我が確立した「進んだ」西欧と、近代的自我の未確立な「遅れた」日本を対置する論法が多いことに気づきます。高度経済成長が引き起こした過密や過疎、公害等の様々な社会問題が人々の目を引くようになった一九六〇年代の後半において、近代化や合理主義への懐疑が生じていきます。理性よりも「情念」に関心の集まった、そうした時代でした。そして柳田國男ブームが象徴する共同体的なるものへの再評価の機運が生じていったのです。ベトナム戦争が象徴するように、米ソの世界支配に抵抗する「第三世界」の民衆の動きに大きな関心が集まるようになりました。そうした中で、近代主義的で西欧中心主義的な丸山の言説は、疑問符のつくものとなります。

六〇年代の末には、世界的に学生運動が盛んになっています。この時代に若者の反乱がグローバルな現象となった背景には、ベトナム反戦運動の盛り上がりがありました。そして大学進学率が上昇していた当時、大衆化した学生たちの旧態依然たる大学の在り方への不満が、紛争を激化させていったことは否めません。精神分析家の中井久夫は、学生紛争が広がりをもたらした要因として、受験競争で痛めつけられた学生たちの、学歴競争のチャンピオンである教授たちへの憎悪をあげています。〈註4〉

この中井の分析は、受験戦争に苦しめられていた日本の学生には、とりわけよく当てはまるものといえます。当時の日本の学生たちにとって、東西の古典に通じ、クラシック音楽を愛好する、いかにも鼻もちならない精神貴族然とした丸山が、憎悪の対象となったとしても不思議はありません。

教育の大衆化が国を亡ぼす？――ここが変だよ丸山先生

東大紛争において、丸山は東大全共闘の激しい糾弾にあい、研究室を破壊されています。破壊された研究室に佇んだ丸山が、「ナチスもなさなかった蛮行を」と嘆いたとされる「伝説」は有名です。東大全共闘による糾弾が、丸山を襲った「第三の殴打事件」でした。〈註5〉

もちろん大学教授の研究室の破壊など許されるものではありません。しかし、残念ながら丸山の中には、学歴のない者を貶める言説が散見されることも事実です。

丸山は、旧高等専門学校卒業以上の学歴をもつ、知識人や学者、ジャーナリスト、都市中間層のような「本来のインテリ」と、下級の役人や商工自営業者、小学校・青年学校教師のような「疑似インテリ」とに区別しています。そして前者は、日本ファシズムに対して強力な抵抗を行うことこそなかったものの、それに対する協力は不承不承のものであり、一般民衆を動員する上で力をもたなかったのに対して、後者はファナティックに超国家主義に賛同し、庶民の意見形成にも重要な影響を及ぼしていったと丸山は断じます。〈註6〉

「社会層としての『インテリ』のまとまりの弱さと、知性が平等主義的に社会的に分布していることから来る『疑似インテリ』の磁性の強さ」という、「近代日本の知性の二重構造」がこうした事態を招来する原因となったと丸山は言います〈註7〉。「床屋とか湯屋とか或は列車の車中で、われわれは必ず、周囲の人々にインフレについて、或は米ソ問題について一席高説を聞かせている人に出会うでしょう。あれがつまり疑似インテリで、職業をきいて見ると大抵前述した第一範疇の中間層に属しています〈註8〉」。

他方、「本来のインテリ」は、ファシズムに抗するだけの勇気は欠いていた。「ともかくヨーロッパ的教養をもっているからファシズム運動の低調さには到底同調できない」。そのため、彼らは「どっちつかずの無力な存在」であったと丸山は言います〈註9〉。たしかにそうなのかもしれません。しかし、この丸山の言には疑問符がつきます。「本来のインテリ」の西欧への憧憬の深さ故に、西欧をも乗り越えるという「近代の超克」論〈註10〉は、彼らにとって魅力的なものだったはずです。

日本ファシズムを支えた実務エリートたちは、「満州国」を建設し、戦時の総動員体制を築きあげてきました。前者は敗戦後の日本の経済発展の実験室とも呼ばれ、後者は、「一九四〇年体制」として敗戦後にも受け継がれ高度経済成長の基となっていったのです〈註11〉。「本来のインテリ」である実務エリートたちが不承不承、これらの制度設計にあたったとは思えません。「本来のインテリ」たちの中には、ファナティックな超国家主義的イデオロギーを嘲笑しつつも、西欧をも凌ぐ先進的な国家社会体制の設計に関与することに魅力を覚え、新体制の中で地位を築くことに喜びを見出していた部分も少なくはなかったはずです。

丸山の中にはエリートと無学な大衆がわかれている社会がより健全な社会だという認識があるように思えて仕方がありません。丸山の論理を推し進めれば、中高等教育の大衆化した時代は、ファシズムを招来するということになりかねません。どうみてもこれは奇妙な主張です。

六〇年代末の丸山は、大学に属さないジャーナリストや評論家たちに対する敵意を隠そうとはしませんでした。丸山はある座談会で、実現不可能な抽象的な要求を掲げる一部知識人の「純粋主義」は、政治的ラディカリズムなどではなく、彼らが負う「心の傷」に由来する心理的ラディカリズムであると規定して、次のように述べています。「俺は一流大学を出て本来は大学教授（?・）とか、もっと『プレスティジ』のある地位につく能力をもちながら、『しがない』『評論家』や『編集者』になっているという、自信と自己軽蔑のいりまじった心理に発している」〈註12〉。丸山を批判する在野の論客たちを、「悔しかったら東大教授になってみろ」と挑発しているかのような語り口です。丸山のこうした発言は、知的エリートの傲慢と指弾されても仕方のないものです。丸山が、大衆化した大学生たちの怨嗟の的となったのも故なきことではありません。

「丸山ルネッサンス」――右傾化する社会の中で

一九六九年に東大を退官した後の丸山は、いくつかの注目を集める著作を刊行したものの、基本的には研究と趣味に生きる、穏やかな日々を送っていました。そして一九九六年の八月一五日、戦後民主主義の旗手に相応しく丸山は、五一回目の「終戦記念日」に帰らぬ人となったのです。

「終戦記念日」という呼称には、筆者には異論があります。日本の無条件降伏を求めるポツダム宣言を受諾したのですから、正しくは「敗戦記念日」というべきでしょう。さらに正確にいえば、戦艦ミズーリの船上で、日本全権重光葵が降伏文書に調印した九月二日が、終戦もしくは敗戦の日であるはずです。八月一五日は、「玉音放送」が行われ、米英中との停戦が発効した日にすぎません。八月一五日を「終戦記念日」と言ってしまえば、ソ連との交戦が継続し、多くの尊い人命が失われた歴史がみえなくなってしまいます。

丸山の死後のこの国では、右傾化が進行していきました。一九九〇年代のバブル崩壊から日本は、「失われた一〇年」と呼ばれる長きにわたる経済の停滞の時代に突入していったのです。この時代に日本はアメリカに経済の再逆転を許し、中国韓国の急追に、「アジアの盟主」の地位を脅かされるようになりました。一九九〇年代が「経済敗戦」の時代と呼ばれた所以です。そして、一九九〇年代に入って従軍慰安婦問題が顕在化して以降、日本政府は河野談話（一九九三年）や村山談話（一九九五年）によって、繰り返し過去の日本の侵略行為を謝罪しています。自分たちの地位を脅かしている相手に、過去の非を認めて謝罪する。これを不愉快に思う人たちが現れても不思議はありません。

九〇年代には日本の右派的な知識人の間から、日本の過去を賛美する修正主義的な歴史観を声高に主張する動きが出てきました。「新しい歴史教科書をつくる会」の活動や、小林よしのりの漫画『戦争論』（幻冬舎、一九九八年）のブームなどがそのあらわれです。これらの右派的な言辞は、目覚ましい普及を遂げていたインターネットによって拡散され、広範な支持を獲得していきました。二〇〇〇年代に入ると韓国に対してネット上で罵詈雑言を浴びせる「ネット右翼（ネトウヨ）」も登場し、ネットの内外でヘイトスピーチを重ねていったことは記憶に新しいところです。

他方、左派リベラルの中からは、右傾化への危機感もまた生まれていました。冷戦が終結し、日本の国際的な軍事貢献を求める声が、国の内外で強まっていった第一次湾岸戦争当時に、柄谷行人らは「湾岸戦争に反対する文学者声明」を発しています。中上健次や島田雅彦、さらには田中康夫等々をも含むそうそうたる文学者たちが、戦争の放棄という日本国憲法の理念に鑑みて、湾岸戦争を含むすべての戦争に関わるべきではないという主張に賛同したのです。

日本経済が絶頂を迎えていた一九八〇年代の日本の知的世界は、ポストモダンの思想が支配していました。「ポストモダン」というのは、とらえどころのない考え方ですが、フランスの哲学者、ジャン・フランソワ・リオタールが唱えたように、啓蒙主義やマルクス主義のような「大きな物語」は、もはや有効性を失ったというのが、「ポストモダン」派の共通認識でした。〈註13〉ポストモダンの影響が大きかった八〇年代には、戦後民主主義という「大きな物語」は、嘲（冷？）笑の対象でしかありませんでした。それだけに、「ポストモダン」派の旗手と目されていた、柄谷や島田、田中らが、憲法九条を擁護したことに、筆者は驚きを禁じえませんでした。日本経済の黄金時代が幕を閉じ、そして黄金時代を可能にしてきた非戦というこの国の敗戦後の大原則が揺らいだ九〇年代に、「戦後民主主義」の中核的理念である「平和主義」が再評価されていったのです。「戦後民主主義」・「平和主義」再評価の潮流の中で丸山もまた復権をとげていきます。一九九六年の丸山の没後には、彼の著作集・座談集等々が公刊され、丸山に関する多くの書物が出版されています。「丸山ルネッサンス」が到来しました。

二〇〇四年には「九条の会」が誕生しています。呼びかけ人には、大江健三郎や加藤周一等、丸山と親しかった知識人たちが名を連ねています。冷戦終結後の日本の「右傾化」に対する危機感が、「丸山ルネッサンス」をもたらしたのです。

第四の殴打事件

一九九〇年代の「失われた一〇年」以降、「フリーター」と呼ばれる非正規雇用の若者が増大していました。三一歳のフリーター赤木智弘が、「丸山眞男をひっぱたきたい」という論文を、当時朝日新聞が刊行していた月刊誌『論座』二〇〇七年一月号に発表しています。赤木のようなフリーターたちは、経済的に苦しい立場に置かれていただけではありません。当時は非正規雇用で働く若者たちへの根強い偏見がありました。フリーターたちの多くは、世間から、そして家族からさえも白眼視されていたのです。平和の持続はフリーターにとって、屈辱的な日々を永続させるものでしかない。万人に等しく不幸がふりかかり、すべてを流動化する戦争こそが希望である。赤木はこの論文でそう主張しています。赤木は、平和を語りながらフリーターの窮境に極めて冷淡な、日本の左派リベラルの知識人たちへの強い不信感を表明しています。赤木にとって丸山眞男は、そうした知識人の象徴なのです。さらに赤木は、無学な一兵卒が東京帝国大学助教授丸山眞男を「ひっぱたく」ことのできた帝国軍隊の平等的性格への憧憬をも語っています〈註14〉。

丸山は敗戦直後の知識人たちの心中を次のように語っています。「将来への希望のよろこびと過去への悔恨とが――つまり解放感と自責感とが――わかちがたくブレンドして流れていたのです。私は妙なことばですが仮りにこれを『悔恨共同体の形成』と名付けるのです〈註15〉」。過去への悔恨から出発した知識人たちの目指したものが日本社会の合理化であり、民主化でした。しかし、そこには陥穽が待ち受けていたと歴史学者の山之内靖はみます。

山之内は、丸山、大塚久雄らの市民社会論者たちは、大日本帝国時代の総動員体制の非合理性を強調し、日本社会の近代化・合理化を要請するものであり、その意味で市民社会論者たちによる「悔恨共同体」は、徹底的な合理化・近代化に基づく経済発展を肯定する「知の五五年体制」の一翼を担うものであったと断じています。〈註16〉

赤木の論文は、丸山的な「悔恨共同体」は、弱者が幸福に生きることを保障された本当の意味での平和国家、民主国家ではなく、経済発展のために男性正社員のみを優遇した、「五五年体制」という名の敗戦後の総動員体制をもたらしたことへの告発としても読めます。赤木のいささかエキセントリックな丸山（と彼を信奉する左翼・リベラルへの）批判は、敗戦後の啓蒙主義を「知の五五年体制」と批判した、山之内のそれと重なるものでしょう。

「『である』ことと『する』こと」の方へ

もちろん筆者には、丸山を神格化するつもりはいささかもありません。しかし、現在の日本の状況はもはや「右傾化」などという穏やかなものではありません。安倍政権とそのあとを継いだ菅政権の振る舞いは、「法の支配」さえも蹂躙する類のものでした。菅の後を受けた岸田首相は、宏池会出身で広島一区選出のハト派的なイメージを醸しだす人ではありましたが、防衛費拡大や敵基地攻撃に前のめりになり、防衛費増額の財源を増税によって賄う法案を国会に上程し、通過させています。その意味では、岸田もまた安倍菅政治の継承者であるということができます。政治の中枢が、「大日本帝国」への盛大な先祖返りを始めたいま、私たちは、丸山の近代主義的な批判にも謙虚に耳を傾けるべきなのではないでしょうか〈註17〉。

本章においては、丸山の『「である」ことと「する」こと』〈註18〉を取り上げます。このエッセイは一九五八年一〇月の岩波文化講演会の内容をベースとしたものです。この講演は、翌五九年一月の毎日新聞紙上に四回にわたって連載され、一九六一年に刊行された『日本の思想』に掲載されています。もとになった講演は筆者が二歳の時になされた大昔の代物であるにも関わらず、この短いエッセイは、現在でも高等学校の現代国語の教科書に掲載されています。大学の講義やゼミで学生にこのエッセイの話をすると、「ああ、あの『権利の上にねむる者』（後述）の」という反応がしばしば返ってきます。

このエッセイが長くそして広く読み継がれていることの理由は二つあると筆者は考えています。一つは難解をもって知られる丸山の著作群の中でこのエッセイがもっとも平易で読みやすいからでしょう。「超国家主義の論理と心理」も傑作ですが、こちらは現在の大学の学部生では、読み通すことは困難だと思われます。

そして、急速な近代化がこの国の社会制度や文化、さらには人々の意識や価値観にもたらした様々な混乱を、『「である」ことと「する」こと』というわかりやすいことばを通して鮮やかに浮かび上がらせた点が、このエッセイが広く、そして長く読み継がれてきたもう一つの理由でしょう。丸山のみるところ、属性主義（「であること」）から業績主義（「すること」）への移行がもっとも遅れ、かつ歪な形を示しているのが政治の領域なのです。そして残念ながら、丸山が指摘した、日本の政治のこの点での遅れと歪さとは、今日の日本政治においては、この小論の書かれた六〇年以上前よりも、一層ひどくなってしまったのです。

2 「『である』ことと『する』こと」を読む

「権利の上に眠る者」

かつて東京帝国大学法学部の民法の授業で、末広厳太郎が時効の概念を説明した際、「権利の上に眠る者」ということばを遣ったことは、丸山に深い印象を与えています。権利を行使して時効を中断しなければ、債権そのものを失ってしまう。これは民法の法理以上の意味をもつと丸山は言います。憲法第一二条には、「この憲法が国民に保障する自由および権利は、国民の不断の努力によって保持しなければならない」と記されています。ここには時効についての考え方と同じ精神がみられる。日々自由になろうと「する」ことによって、はじめて人は自由「である」ことができる。それがこの条項の説くところだと丸山は言います〈註19〉。

人間関係や制度を検証する二つの極として、「である」ことと「する」ことがあると丸山は言います。近代は「である」論理・意識から「する」論理・意識への重点移動が行われた時代です。

政治・経済・文化などいろいろな領域で「先天的」に通用していた権威にたいして、現実的な機能と効用を「問う」近代精神のダイナミックスは、まさに右のような「である」論理・「である価値」から「する」論理・「する」価値への相対的な重点の移動によって生まれたものです。〈註20〉

近代における科学的思考の浸透は、あらゆる権威を疑い、それが現実に役立つものかどうかを厳しく吟味する思考様式を人々にもたらしました。こうして、少なくとも社会生活の上では「である価値」に対して「する価値」が優位するようになります。

もちろん、社会生活のすべてが、「する価値」によって支配されるわけではありません。しかしこの二つの軸は、その国の実質的な民主化の度合いや、制度と思考習慣とのずれをはかる指標ともなるのです。「である」ことと「する」ことという補助線を用いて社会について考えてみることは、「たとえばある面でははなはだしく非近代的でありながら、他の面ではまたおそろしく過近代的（近代化が過剰にすすんだという意味──引用者）でもある現代日本の問題を、反省する手掛かりにもなるのではないでしょうか〈註21〉」。

圧縮的近代の病理

この引用において丸山が述べていることは、近隣諸国、とりわけ韓国によくあてはまります。市民革命の伝統をもたない日本とは対照的に、韓国の人々は、自らの手によって軍事政権を打倒し、民政への移行を果たした輝かしい歴史があります。現在の韓国はインターネット大国となり、一人当たりのGDPでは日本を追い抜く勢いにあります。韓国のポピュラー文化が世界を席巻していることも皆さんがご存じのとおりです。韓国がある部分においては、世界の最先端に位置する国であることに疑いはありません。

他方、退任後の大統領が次々と刑事訴追されるなど、政治腐敗は根絶に至っていません。急速な近代化の中で「する」価値が浸透したとはいえ、身内を優遇する「である」価値の残存が、こうした事態をもたらしたとみることもできます。

セウォル号沈没事件[註22]や梨泰院《イテウォン》の惨劇[註23]など、安全管理の面での同国のお粗末さを浮き彫りにする事件が続いています。韓国はこの講演がなされた一九五八年の時点では世界の最貧国の地位に置かれていました。それが現在では世界でもっとも豊かな国々のグループの中に位置しています。これは素晴らしい達成です。しかし、たとえば安全の確保を重んじる意識や仕組みを築くことは、ないがしろにされてきたのではないのかと、この二つの惨事に接して思います。

また、女性に家を守ることを期待する儒教的な家族意識の「居座り」も、同国における深刻な問題です。激烈な入試競争が存在し、子どもの教育に多額の資金を要することも相俟って現在の韓国は極端な少子化にあえいでいます。社会学者たちは急速な近代化が社会にもたらすひずみを「圧縮的近代」の問題として論じています。[註24] 中国もまた急速な経済発展に社会保障制度の拡充が追いつかず、社会が高齢化を迎えた時にどうなるのかという不安がもたれています。日本は「圧縮的近代」を韓国や中国に先んじて達成しました。この講演において丸山は、「圧縮的近代」の抱える問題に、先駆的に注目していたといえるでしょう。

封建制度の残滓

日本社会は、三〇〇年にわたる江戸時代の封建制度を経験しています。江戸時代には、出生、家柄、身分等々、現実の行動で変えることのできない「である」価値が大きな力をもっていました。江戸期においては、武士は武士「らしく」、町人は町人「らしく」振る舞うことが道徳の根幹をなしていたのです。〈註25〉

徳川幕府の公定イデオロギーは儒教です。儒教道徳は、まさに「である」価値を具現化しています。君臣、父子、夫婦、兄弟、朋友……。儒教が「五倫」として示したものの中で、水平的な関係は、最後の朋友だけです。「五倫」はいずれも、身内の人間関係に関わるものであって、アカの他人同士のモラルが、儒教道徳の中で発達することはありませんでした。

いいかえるならば、アカの他人の間のモラルというものは、ここではあまり発達しないし、発達する必要もない。いわゆる公共道徳、パブリックな道徳といわれているものは、このアカの他人同士の道徳です。〈註26〉

様々な機能集団による複雑な分業によって成り立っている現代社会において、組織のリーダーの地位は、彼彼女が仕事をする能力に由来しています。アメリカ映画では、職場の上司と部下が、仕事を終えると対等な友人のように振る舞い始める場面がよく描かれています。文化人類学者のF・L・

Kシューは、アメリカの社会組織の原型は、「クラブ」にあると述べています。クラブとは、平等な人々の任意の参加によって成立する集団です。〈註27〉自由に結社（クラブ）を形成する習慣が身についたアメリカ人にとって、職階の序列は、単に仕事をするための便宜的なものに過ぎません。そうであればこそ、仕事を終えると対等な友人のように振る舞い始める光景が生まれるのだと思います。

これに対して日本では、職場の上下関係がプライベートにも浸潤してきます。これなどは長い封建時代を経験した日本人の中に、機能的な関係を身分関係のようにとらえる「である」価値がしみついていることの証左である、と丸山は言います。〈註28〉

いまでもわれわれは、見ず知らずの人との社交には尻込みをしてしまいます。何かのパーティーがあった時に、知り合いや身内で固まってしまい、そこで新しい人間関係を築くということにはなかなかなりません。それは「アカの他人」と付き合う作法が、われわれが受け継いできた文化的伝統の中には存在しないからでしょう。新型コロナウイルスの感染拡大に伴う緊急事態宣言の発出によってオンライン会議が始まったころ、オンライン会議システムのZ社が、下座と上座がわかるアプリを開発したという笑い話がありました。自分とその人が、どちらが上でどちらが下か。それがわからないと落ち着かない。われわれの中にはそうした性質が根強く残っています。かつて文化人類学者の中根千枝は、日本を上下の結びつきと序列とを重んじる「タテ社会」であると喝破しました。〈註29〉それも日本に深く根差した儒教道徳のもたらしたものなのでしょう。

経済の先進性と政治の後進性

「である」価値が頑強に居座る日本社会ではあっても、経済の領域においては、一番早く「する」価値が浸透していったと丸山は言います。この講演がなされたのは、日本の高度経済成長が緒についたばかりの時代です。カリスマ的な経営者に率いられた、ソニーやホンダのような新興企業が、力強く日本経済を牽引し始めた時代でもあります。経済の領域においては、達成の度合いが客観的な数値によって示されるからでしょう。仕事を「する」能力をもつ者が然るべき地位に就いていたからこそ、日本経済は躍進を遂げることができたのです。

丸山のみるところ、「である」価値がもっとも執拗に居座り続けているのが、政治の世界です。政治家の価値が、人民にどれだけ奉仕したのかで測られ、また人民の側も権力の乱用を不断に監視するのが民主主義社会です。ところが、いま現在何をしているのかではなく――

ただコネとか資金の関係で、または長く支配的な地位についていたとか、過去に功績があったとかいうことで、政治的ポストを保っている指導者が大は一国の政治家から、小は村のボスまで、右は自民党から左は共産党まで、どんなにうようよしていることか。〈註30〉

政治の世界に「である」価値が居座っていることの証左としてまず丸山があげるのは、よい仕事を「する」からではなく、有力者「である」ことによって権力を保持する政治家の多さです。

政治の世界における「である」価値の居座りは、二一世紀の今日、改善されないどころか、ますますひどくなっている印象を禁じえません。自民党を中心に国会の世襲議員の比率は増大を続け、「長く支配的な地位についていたとか、過去に功績があったとかいうことで、政治的ポストを保っている」森喜朗のような人物が、オリンピック組織委員長のような要職についていたからです。この問題については、後に詳しくみることにします。

米ソ冷戦の中で

滝沢馬琴の『南総里見八犬伝』や歌舞伎においては、悪人は必ず悪をなし、善人は必ず善をなすものとされていました。善きものからは善が、悪しきものからは悪が流出してくる。勧善懲悪イデオロギーは、「である」価値が社会の隅々にまで浸透していた時代の産物です。

こうした制度の建て前だけから物事を判断する思考様式は、丸山が講演をした時点においてもなお、政治的立場の如何を問わず強く残っていました。当時は米ソ冷戦のただなかにありました。左派と右派（反共主義者）とは、国内においても激しいイデオロギー闘争を繰り広げていたのです。左派は、社会主義国が誤るはずがないと考えていたが故に、スターリンの重ねた様々な悪行に気がつきませんでした。反共主義者たちは、共産主義は悪と考えているが故に、そのイデオロギーのもつ進歩的人道的側面を評価することができなかったのです。〈註31〉「である」価値の政治領域における居座りの第二の証左として丸山のあげるのが、制度の建て前だけから物事を判断する思考様式です。

この丸山の主張には違和感があります。まず共産主義は悪で資本主義は善という反共主義こそが、

「勧善懲悪」イデオロギーの典型なのではないでしょうか。反共主義の総本山は、丸山が「する価値」が貫徹する社会として評価するアメリカでした。世界を善なるものと悪なるものに区別し、善は常に善であり、悪は常に悪であるとする二元論的な思考様式は、洋の東西や政治的傾向の如何に関わらず、党派的な思考の特徴なのではないでしょうか。

そして、いずれも一九五六年の、スターリン批判とハンガリー動乱を通過した後で、共産主義の「進歩的人道的側面」を強調することには、首を傾げざるを得ません。スターリンの死後、後継者のフルシチョフは、スターリンの大粛清によって多くの命が奪われたことを明らかにし、彼の統治の誤りを指弾する「スターリン批判」を行いました。またハンガリー動乱では、共産党支配に反対する民衆の蜂起をソ連軍は武力で鎮圧しています。現存する共産主義国の中に、「進歩的人道的側面」を見出すことは、丸山の講演が行われた時点においても、不可能であったように思えます。

理想状態を神聖視する思考様式もまた、「である」価値・意識と密接な関係があります。市民による激しい直接行動は、「日本は民主主義の国である以上、この秩序を破壊する行動は……」等のことばによって強い非難に晒されます。「民主主義」や「議会政治」は神聖視され、それを疑問視し、異を唱えるような言説や行動は最初から排除されてしまうのです。〈註32〉

一九六〇年六月一五日、日米安全保障条約締結に反対する学生たちは、国会議事堂に突入。この時、東京大学の文学部の学生であった樺美智子が亡くなっています。その翌々日の東京に本社を置く有力七紙には、学生の行動を非難する「七社共同宣言」が掲げられています。〈註33〉

正常な国会審議の手続き——「憲政の常道」——を無視したのは、岸内閣でした。樺も機動隊の暴力の犠牲になった可能性が高い。その中で新聞各社が学生に非難を集中させたことには違和感を覚えます。丸山の講演は、「七社共同宣言」を予見していたようにもみえます。

価値の倒錯を超えて

丸山は、「すること」の論理が社会の中で全面化することを是とするものではありませんでした。急速な近代化のもたらしたもう一つの問題点として丸山は、

> 『する』こと」の価値に基づく不断の検証がもっとも必要なところでは、それが著しく欠けているのに、他方さほど切実な必要のない面、あるいは世界的に「する」価値のとめどない侵入が反省されようとしているような部面では、かえって効用と能率原理がおどろくべき速度と規模で進展しているという点〈註34〉

を上げています。いささか抽象的でわかりにくいのですが、日本の勤労者は、企業人であれ、公務員であれ、非常に厳しい業績評価に晒されています。他方、政治やあるいは経済の領域においてさえも、トップに立つ者たちの業績は厳しく吟味されることはありません。またたとえば学問や芸術の領域で、計量的な業績評価を行えばどんなことが起きるのでしょうか。

丸山は、一定期間にどれだけの業績を産出したかでその学者の価値を測る、アメリカ式の業績主義にも疑念を呈しています。シーグフリードという学者の説を引きながら丸山は、教養とは「しかるべ

き手段、しかるべき方法を用いて果たすべき機能が問題なのではなくて、自分について知ること、自分と社会との関係や自然との関係について、自覚をもつこと〈註35〉」であると述べています。政治や経済の領域においては、無為は怠惰や無能の証でしかありません。しかし、音楽における休止符が象徴するように、文化的創造においてはむしろ無為は尊重されます。自分と向き合う時間なくして、文化的創造などありえないのですから。教養や文化的創造は、「すること」より「であること」と深く関わる領域なのです。

「する価値」が余暇や文化の領域にまで浸透している。そうした認識に立って丸山は、価値の転倒からの脱却、もしくは価値の再転倒の必要性を説きます。

現代日本の知的世界に切実に不足し、もっとも要求されるのは、ラディカル（根底的）な精神的貴族主義がラディカルな民主主義と内面的に結びつくことではないかと〈註36〉。

丸山は、『カール・マルクスがフリードリヒ・ヘルダーリンを読む』ような世界〈註37〉」という、ドイツの文豪トーマス・マンの印象的なことばを引くことによって、この小稿を締めくくっています。

マルクスはいわずとしれた「科学的社会主義」の開祖です。経済という物理的な力が文化や政治の在り方を決めると考えた人です。他方ヘルダーリンは、ドイツロマン主義の時代を代表する詩人でした。一九世紀に勃興していた産業と科学技術に背を向け、歴史と伝統の中に根づいた精神的なものの価値を称揚するところにロマン主義の神髄があります。唯物論の王者と観念論の王者の対話。たしかにこれ以上に「ラディカル」なものは思いつくこともできません。〈註38〉そしてこの講演を聴いた当時の人々の中でその情景を想像しえた人がどれだけいたことでしょうか。

現在の日本の政治は、ラディカルな精神的貴族主義ともラディカルな民主主義とも無縁なものでしかないことは、読者の皆さんがすでによくご存じのところです。丸山の言う「である価値の居座り」は、あるいは「すること」から「であること」への退行は、二一世紀に入ってますますひどくなってきています。

【註】

〈1〉丸山眞男連続殴打事件については、小谷敏「悔恨・うぬぼれ・からいばり」『社会学史研究』（日本社会学史学会、二〇一四年）を参照されたい。

〈2〉丸山の伝記的事実については、苅部直『丸山眞男―リベラリストの肖像』（岩波新書、二〇〇五年）を参考にした。

〈3〉丸山眞男『現代政治の思想と行動』未来社、一九六四年、一三頁（なお本書での引用は二〇〇六年版による）

〈4〉中井久夫『家族の深淵』みすず書房、一九九五年、七七―七八頁

〈5〉この「伝説」の真偽について、清水は詳細に検討している。清水靖久『丸山眞男と戦後民主主義』北海道大学出版会、二〇一九年

〈6〉丸山前掲書一九六四年、六三―六四頁

〈7〉丸山眞男『後衛の位置から—『現代政治の思想と行動』追補』未来社、一九八二年、一一二頁
〈8〉丸山前掲書一九六四年、六八頁
〈9〉丸山前掲書一九六四年、六五頁
〈10〉西田幾多郎に代表される大日本帝国時代の京都大学の哲学者たちは、禅と西欧哲学を融合させた独自の思想体系を編み出している。このいわゆる「京都学派」の学問的水準は極めて高いものであり、また西田らは個人としてまぎれもなくリベラルな人たちでもあった。しかし彼らは、第二次世界大戦の最中には、二元論的な思考にとらわれない日本は西欧近代の限界を克服しうるという「近代の超克論」を唱え、日本の戦争を肯定する立場に転じた。
〈11〉野口悠紀雄『一九四〇年体制—さらば「戦時経済」』東洋経済新報社、一九九五年
〈12〉梅本克己・佐藤昇・丸山眞男『現代日本の革新思想』下、岩波現代文庫、二〇〇二年、七七—七八頁
〈13〉ジャン・フランソワ・リオタール、小林輝夫訳『ポスト・モダンの条件』書肆風の薔薇（現・水声社)、一九八六年
〈14〉赤木智弘『若者を見殺しにする国』朝日文庫、二〇一一年
〈15〉丸山前掲書一九八二年、一一四頁
〈16〉山之内靖「戦後半世紀の社会科学と歴史認識」『歴史学研究』一九九六年一〇月号、三二—四三頁
〈17〉人気テレビタレントのタモリが、二〇二二年一二月二八日の「徹子の部屋」（テレビ朝日系）に出演した際の、来年は「新しい戦前」になるのではないかという発言を踏まえた記述である。
〈18〉丸山眞男『日本の思想』岩波新書、一九六一年、一七〇—一九九頁
〈19〉丸山前掲書一九六一年、一七一頁
〈20〉丸山前掲書一九六一年、一七四頁
〈21〉丸山前掲書一九六一年、一七四頁
〈22〉二〇一四年四月一六日、韓国の大型旅客船セウォル号が、修学旅行中の高校生を含む三一二人の死

者行方不明者を出した。杜撰な安全管理を行っていた業者を放置していた政府は厳しい国民の指弾を受け、朴槿恵政権の土台を揺るがす事態に発展した。

〈23〉二〇二二年一〇月二九日の夜、ハロウィンで賑わうソウルの繁華街梨泰院で、群衆雪崩の事故が起こり、死者一五八人、負傷者一九六人を出す大惨事に発展した。事故の数時間前から危険を訴える連絡を受けながらそれを放置していた警察の怠慢が厳しく批判された。

〈24〉「圧縮的近代」については以下の論文が詳しい。落合恵美子「近代世界の転換と家族変動の論理—アジアとヨーロッパ」『社会学評論』二〇一三年、六四巻四号、五三三—五五二頁

〈25〉丸山前掲書一九六一年、一七六頁

〈26〉丸山前掲書一九六一年、一七七頁

〈27〉F・L・Kシュー、作田啓一・濱口恵俊共訳『比較文明社会論—クラン・カスト・クラブ・家元』培風館、一九七一年

〈28〉丸山前掲書一九六一年、一八一頁

〈29〉中根千枝『タテ社会の人間関係—単一社会の理論』講談社現代新書、一九六七年

〈30〉丸山前掲書一九六一年、一八三頁

〈31〉丸山前掲書一九六一年、一八四—一八五頁

〈32〉丸山前掲書一九六一年、一八八頁

〈33〉一九六〇年六月一七日の朝日、毎日、読売、産経、日経、東京、東京タイムズの各紙は、一面に「暴力を排し、議会主義を守れ」という共同宣言を発した。これ以降、新聞紙面からは岸内閣に対する批判的な記事が陰をひそめ、この出来事は「言論の敗北」として語られている。

〈34〉丸山前掲書一九六一年、一九四頁

〈35〉丸山前掲書一九六一年、一九六—一九七頁

〈36〉丸山前掲書一九六一年、一九八—一九九頁

〈37〉丸山前掲書一九六一年、一九九頁

〈38〉マンのこのことばについては、福元の以下の論考を参照されたい。福元圭太「エロスの軌跡(6)：『考察』から「共和国論」へ：ノヴァーリスとトーマス・マン」『言語文化論究』九州大学言語文化部、一九九九年、一〇巻、一〇五―一一八頁

第❷章

七月八日の銃声

――「お友だち政治」の果てに

1 「老害」と「世襲」――新しい芽を摘み取る者

経済の領域においてさえも

丸山は言いました。「長く支配的な地位についていたとか、過去に功績があったとかいうことで、政治的ポストを保っている指導者が（略）、どんなにうようよしていることか」。この文章はいまもまったく古びてはいません。「老害」ということばがネットスラングとして、若い人たちの間にも語り継がれていることがその証左です。「老害」とは、いまは何の仕事もしていないのに、過去の功績だけで、あるいは年功序列によって高い地位に就き、周囲の足を引っ張る者たちのことを指します。

丸山は、経済の領域においては、比較的早く「する」価値・意識が浸透すると述べていたことは前章でもみたとおりです。この講演（岩波文化講演会、一九五八年一〇月）がなされた当時の日本経済は、高度経済成長期の緒についたばかりの頃であり、活況を呈していました。井深大や本田宗一郎のような、創造力に富んだ経営者たちに率いられた、ソニーやホンダに代表される新興企業が世界の市場に雄飛して、日本経済を力強く牽引していたのです。「経済一流、政治三流」。経済の先進性と、政治の後進性を対比して語ることは、高度経済成長期においては、定型化した語りとなっていました。

しかし、バブル崩壊の後、低迷を続ける現在のこの国の企業経営者たちはどうでしょうか。二〇二三年五月の時点において、日本を代表する大企業によって構成される経団連の二〇人の会長・副会長のうち、女性は一人しかいません。唯一の女性をも含めて、全員が六〇歳以上の高齢者。グローバル化やダイバーシティ（多様性）の重要さが語られながら、外国人経営者や青年実業家の姿は、そこにはありません。高齢、日本人、男性「であること」が日本の財界の中枢に位置を占めるための必要条件なのです。〈註1〉彼らは、井深や本田、さらには日本の流通業界に革命を起こした中内功のような偉大な起業家ではなく、企業内官僚制の階梯を上り詰めた人たちです。官僚機構とは前例踏襲の世界。これでは斬新な発想が生まれる余地などなく、日本経済はますます衰退していくばかりだと考えるのは、筆者だけでしょうか。

年功序列の日本企業では、若い頃の給料は極端に低く、また若者は重要な仕事を任せられません。これでは若い人たちがやる気にはならないでしょう。実際に日本の優秀な若者は、日本の大企業を見限って、ベンチャー企業や外資系の企業に進んでいます。海外の大学を出て、そのまま現地で就職をする若者も今後増えていくことでしょう。

ウェスチングハウスの原発部門の買収という経営判断の過ちを犯し、名門企業東芝を崩壊寸前においやった西室泰三は、その後日本郵政の社長に就任しています。しかし、そこでも彼は、オーストラリアの郵船会社の買収に失敗して数千億円の巨額損失を与えています。「支配的な地位についていたとか、過去に功績があった」人は、どれだけ大きな過ちを犯そうとも、容易にはその地位を失うことはない。西室の事例は、アジア太平洋戦争の全期間を通して、辻政信に代表される帝国陸軍の参謀たちが、大きな作戦上の過ちを犯しながら、さしたる処分を受けることもなく、次々と重要な戦闘の作戦立案をまかされ、そこでさらなる過ちを重ねた歴史を彷彿させるものがあります。〈註2〉

世襲される総理大臣の椅子

「老害」的な指導者が、指導的な地位に留まり続ける現象は、政治の世界においてもみられます。森喜朗は、総理大臣在任中に「日本は天皇中心の神の国」等の発言を繰り返し、国民を呆れさせていました。宇和島水産高校の練習船「えひめ丸」がハワイ沖でアメリカ海軍の潜水艦と衝突して沈没した事故の際には、その報に接しながらゴルフのプレーを続けていたのです。この時内閣支持率は七%にまで低下しています。これほどの国民的な不人気を博した森が、東京オリンピック・パラリンピックの組織委員長を務めています。森こそが、「長く支配的な地位についていたとか、過去に功績があったとかいうことで、政治的ポストを保っている指導者」の典型でしょう。森が組織委員会の会議で、「女性がたくさん入っている会議は時間かかる」という女性蔑視の発言〈註3〉を行って、委員長の座を追われたことは周知のとおりです。この後も森は、自民党の長老として重きをなし、党内に影響力を保ち続けたことには驚かされます。

「である価値」の政治領域における居座りを端的に物語っているのは、総理大臣の地位の「世襲」です。二〇〇六年に小泉首相が退陣してから、自民党（安倍晋三、福田康夫、麻生太郎、菅義偉、岸田文雄）と民主党（鳩山由紀夫、菅直人、野田佳彦）のあわせて八人の政治家が首相の座についています。そのうち、四人が元総理大臣の子どもか孫でした。自民党の五人の首相のうち菅と岸田以外は、すべてがそれにあたります。ちなみに岸田にも国会議員の父親がいます。将来の総理大臣の有力候補とされる小泉進次郎は、いわずとしれた小泉純一郎元総理の次男です。曽祖父の小泉又次郎から数えると四代目になります。「地盤・看板・カバン」と称される経済資本と社会関係資本、さらには政治家としての立ち居振る舞いを幼いころから学びうる「文化資本」を継承した二世、三世の政治家たちは、そうでない者に比べて圧倒的に有利な地点から政治家としてのキャリアを始めることができます。いまや衆議院議員の三分の一が世襲議員であるとされています。著名な政治家の子どもに生まれなければ政治家になれないような社会であれば、優れた才能をもった若者が、政治の世界に参入する余地は小さくなってしまいます。仮に政治家になれたとしても、世襲政治家と大きなハンディキャップのついたゲームを強いられるのですから、若者にとって魅力ある世界ではありません。優秀な新しい才能の参入を阻む世襲政治は、政治の無能化を推し進めるものだといえます。

女性の世襲議員も少数ながらいますが、この国において家督の継承者は基本的に男子（長子）であることを思えば、政治家が世襲の職業となることは、女性の政界進出を阻む要因ともなります。女性議員の数が、世界的にみて異常に少ないのは、世襲政治も一因しているはずです。

自民党の杉田水脈議員は、「慰安婦」問題に関して「女性はいくらでもウソをつける」と言い放っています。杉田には、男女平等はありえない、日本には男女差別は存在しない等の極端な発言も目立ちます。そして「LGBTは生産性がない」という一文を寄せたために、新潮社から刊行されていた『新潮45』という雑誌を廃刊に追いやっています。〈註4〉こうした諸々の発言にも関わらずか、であるが故にこそなのかはわかりませんが、自民党内では重く用いられて、岸田内閣においては、総務大臣政務官の地位に就いています。日本の政治が、極端な男社会であるが故に、男社会の論理に過剰適応した女性しか政治家になれない傾向が、とりわけ自民党において顕著にみられます。このことも有為な女性を「職業としての政治」から遠ざけている一因なのではないでしょうか。

権力の座に就く者の資格が、よい家の生まれ「である」ことに限られれば、政治は保守的な方向に傾いていきます。そして、政治家たちの感覚が普通の人々のそれと大きく乖離していくことは免れません。だから「我が家の収入は例えば私が五〇万円で（パートで働き始めた―引用者）妻が二五万円」（安倍晋三元総理大臣の二〇一六年一月八日の衆院予算委員会での答弁）などという人物が首相になるのです。世襲政治家たちは、実力もないのに若いうちから周囲にちやほやされ、傲慢な振る舞いを知らぬ間に身につけてしまいます。「甘やかされたお坊ちゃん」〈註5〉たちが権力の中枢に居座っている。それが現在の日本です。

自民党の総理大臣としては森喜朗以来の、非世襲型の政治家である菅義偉は、「たたき上げ」であることを強調しています。典型的な世襲型の政治家である前任者との対比を強く意識してのことでしょう。秋田の裕福ないちご農家に生まれ、大学進学率二〇％の時代に東京の私立大学の昼間の学部に通っていた菅は、かつて自らが誇大に語っていたような苦学生ではありませんでした。しかし、それこそ地盤も看板も何もない、横浜の市議会議員から今日の地位にまでのし上がった菅のキャリアは、「たたき上げ」の名に相応しいものではあります。ですが「たたき上げ」の人間が弱者にやさしいとは限りません。「自助、共助、公助、そして絆」というスローガンを掲げる菅は、ブレーンに竹中平蔵をはじめとする新自由主義的なエコノミストを擁しています。菅政権は弱者に酷薄であった小泉政権を彷彿させる新自由主義的な方向を突き進もうとしたのです。〈註6〉

2 忖度、自発的隷従、上級国民——「クローニー・ポリティクス」の起源と流行

「モリカケ」疑惑

第二次安倍政権当時には、二つの学校法人がらみのスキャンダルが起こりました。

ひとつは森友学園に対して、大阪府豊中市の国有地が、評価額の九億五六〇〇億円から、ごみの処分料等の名目で、約八億円値引きして払い下げられていた問題です。森友学園は、教育勅語を教育方針の基軸として掲げる右翼的な思想をもつ学校法人です。安倍首相の夫人、昭恵は一時、同学園の「名誉校長」を務めてもいました。二〇一三年当時には新しい小学校の名前は、「安倍晋三記念小學院（校）」が予定されていたのです。二〇一七年の二月、朝日新聞の報道によってこの問題が表面化した時から、首相夫妻が学園長夫妻と懇意であったために、こうした優遇がなされたのではないかという疑惑がもたれていました。

二〇一七年に五二年ぶりの新しい獣医学部の新設が、岡山市に本部のある加計学園に対して認められました。この時京都産業大学も、獣医学部の新設に手を挙げていたのです。同大の教授陣の中には、鳥インフルエンザ研究の世界的権威が含まれており、家畜や家禽の疾病の研究に対しては、高い研究

と教育の能力をもつ大学とみられていました。ところが、新しい獣医学部の設置は、同じ地域に獣医学部が存在しない大学にのみ認めるという規則が新たに追加されました。その結果、獣医学部の新設は、京都産業大学ではなく、加計学園が経営する岡山理科大学に認められたのです。加計学園の理事長は、長年にわたる安倍首相の「腹心の友」でした。そのため、この後付けの規則の変更は、加計学園のライバルである京都産業大学を排除するために行われたのではないかという疑惑が生じていきました。

この二つのスキャンダルは、それぞれの学校法人の名をとって、「モリカケ」疑惑とよばれています。[註7]「モリカケ」疑惑には、いくつもの共通項があります。両学校法人のトップは、いずれも安倍首相もしくは首相夫人と昵懇の間柄でした。首相夫妻の「お友だちである」が故に、両学校法人は不当な厚遇を受けたという疑惑が、問題の発生当時からもたれていたのです。のちに首相主催の「桜を見る会」（公費が投入されている）に、安倍首相の後援会員が大量に招待されていた疑惑を含めて、「モリ、カケ、サクラ」の三点セットと呼ばれたりもしましたが。

「忖度」と「クローニー・ポリティクス（お友だち政治）」

この二つの問題に関係した官僚たちは、証拠隠滅に動いていています。二〇一七年当時、財務省の幹部は森友学園との交渉記録は、廃棄されて存在しないと国会で答弁しています。メディアや議会の追及を受けて、財務省は交渉記録を国会に提示しましたが、後にそれは改竄された虚偽文書であることが発覚しています。二〇一八年の三月には、文書改竄を強いられた財務省の担当官が自殺しています。

加計学園の問題では「総理のご意向等」の文言が記された、すなわち官邸の強い関与を示唆する公文書が、担当官たちの手によって破棄されていたのです。

「忖度」は「インスタ映え」と並んで、二〇一七年の流行語大賞を受賞しています。二つの学校法人を特別に優遇するよう、安倍首相が直接的な指示を行ったことを示す証拠は存在しません。これらの事案を担当した役人たちが、安倍首相の気持ちを推し量り、特別な配慮をした。これが「忖度」と呼ばれるものです。様々な証拠は「忖度」の結果として、森友学園に対する国有地の格安の払い下げが行われ、新しい獣医学部の設置主体として加計学園が認められたことを示しています。

森友事件において、総理大臣に「忖度」して、公文書の改竄を行った当時の財務省理財局長佐川宣寿は、事件後の二〇一七年七月に国税庁長官に昇進しています。審議官以上の高級官僚の人事権を官邸に握られてしまったことによって、官僚たちの昇進の条件が国民のために仕事を「すること」から、総理大臣のお気に入り「であること」に変ってしまったことを象徴する出来事といえます。

「クローニー・キャピタリズム」（縁故資本主義）ということばがあります。このことばは、一九九〇年代末のアジア通貨危機〈註8〉の時によく耳にしました。発展途上国の開発独裁的な指導者が、仲間内で経済運営を行い、巨額の富を手に入れている状態を言い当てたことばです。総理大臣の友人「である」人たちが不当な厚遇を受け、総理の意向を忖度して虚偽文書の作成に手を染めた官僚が昇進を果たす。巨大な利権が動いたわけではありませんので、こうした構造は、「クローニー・キャピタリズム」ではなく、「クローニー・ポリティクス」（お友だち政治）と呼ぶべきなのでしょう。第二次安倍政権下の日本の政治状況は、発展途上国のステージにまで先祖返りしてしまったのです。

「クローニー・ポリティクス」が日本の政治や行政の無能化を促進することは明らかです。首相の「お気に入り」「である」ことが昇進の条件となれば、官僚たちはその持てる能力を国民のために仕事を「する」のではなく、ご機嫌取りのために注ぎこみ、公益は大きく損なわれてしまいます。時の権力者を守るために、政権に都合の悪い公文書の破棄や改竄が常態化すれば、後世の人々が過去の重要な政策の失敗を検証し、そこから教訓を引き出すことが不可能になってしまいます。同じ失敗を繰り返すという意味での無能に、この国全体が陥ってしまうのです。第二次安倍政権下の「クローニー・ポリティクス」は、後世に大きな禍根を残すものといわなければなりません。

幼児的圧制者への「自発的隷従」

二〇一三年第四六回総選挙での民主党の大敗によって、第二次安倍政権下の野党は完全に無力な存在になり果てていました。安倍は首相就任直後に打ち出した「アベノミクス」と呼ばれる金融緩和を主軸とする経済政策によって、財界から絶大な支持を得ていました。またアメリカのバラク・オバマ、ドナルド・トランプという政治的な傾向のまったく異なる二代の大統領とも友好的な関係を築き、世論調査の支持率も常に高い数値を示していたのです。安倍政権の権力基盤は盤石なものでした。

小選挙区制の下では、党の公認の有無が、当落を決めてしまいます。中選挙区制度の時代のような一国一城の主ではなくなった自民党の政治家たちは、盤石の政権基盤を誇る安倍総裁の意向に従わざるを得なくなります。その結果、派閥の領袖と呼ばれる、党内の他の有力政治家の影響力は著しく減退していきました。「三角大福中」（三木武夫・田中角栄・大平正芳・福田赳夫・中曽根康弘）が激烈な権力闘争を展開していたかつての自民党の姿は、もはやありません。こうして、「安倍一強支配」と呼ばれる政治状況が出現していったのです。

安倍政権は、人事を通して官僚たちをコントロールしただけではありませんでした。高市総務大臣は、適正な放送を行わないテレビ局の「免許停止」をほのめかしています。第二次安倍政権の発足以降、報道各社の幹部と首相との度重なる会食が話題になりました。免許停止の脅しに代表される度重なるマスコミへの恫喝と会食。「飴と鞭」とによって第二次安倍政権は、メディアコントロールを強化していったのです。

第二次安倍政権を語る際にしばしば言及されたのが、ルネッサンス期のフランスの思想家、エティエンヌ・ド・ラ・ボエシの『自発的隷従』という書物でした。ボエシは一六世紀の宗教戦争の時代を生きたフランス人であり、かのモンテーニュの盟友としても知られる人物です。優れた指導者に服従し統治されるのでも、多数者の圧政に屈するのでもなく、なぜ人々は簡単に自由を投げ打ち、ただ一人の、さして屈強とも思えぬ人間の前に、貴重な自由を放擲して自ら進んで隷従していくのか。そうボエシは問うています。愚かな圧政者を支えるのは、最初四、五人の人間だとボエシは言います。その四、五人のまわりに、この連中にくっついていれば、うまい汁を吸えると考える四、五〇〇人が集まり、さらにその下に四、五〇〇〇人が集い、圧制者の体制は盤石のものとなる。「安倍一強体制」にも、ボエシが指摘したのと類似した構造があります。「クローニー・ポリティクス」は、自民党の政治家とジャーナリスト、そして官僚たちの、「忖度」という名の「自発的隷従」によって実現されたとみることができます。〈註9〉

しかし、仮に安倍ではない別の政治家の下で、「一強」的な政治状況が生じ、自発的隷従を発生させる構造が生じたとしても、論者が「クローニー・ポリティクス」と呼ぶ、極端な「お友だち」優遇政治が行われたとは考えにくいところがあります。民主主義的なリーダーではなくとも、公私を厳しく分けるタイプの指導者も存在しうるからです。江戸期の「名君」と呼ばれる人たちがそうであったように。「クローニー・ポリティクス」がはびこった背景には、安倍の特異なパーソナリティが大きな要因をなしているのではないでしょうか。

安倍の特異なパーソナリティとは、その強い幼児性です。安倍は、国会において、野党議員に対して「日教組」等の不規則発言を繰り返し行っています。また二〇一六年の都議会議員選挙においては、自分を批判する一群の聴衆を指さし、「こんな人たちに負けるわけにはいきません」と叫んでいます。〈註10〉この選挙において自民党は惨敗しています。いたずらに好悪や快・不快の感情を露わにして、自己の品位を貶めることがないように気を遣うことが、大人としての嗜みであるとされています。こうした「嗜み」は、高位の公職者においては、一層強く求められるものです。そうした基準から、首相時代の安倍の言動は大きく逸脱しています。

「幼児性」は政治家としての安倍を語る上での一つのキーワードです。自分や夫人の「お友だち」を優遇せよという、子どもじみた「わがまま」を暗に役人たちに強い、役人たちがその意を汲んで行政手続きを歪めたために生じたのが、第二次安倍政権下における一連のスキャンダルではなかったのでしょうか。

「上級国民」――法治から人治へ

二〇一九年の四月、東京の池袋で、八八歳のIが運転する自動車が猛スピードで横断歩道に突入しました。Iの車にはねられて、母親と幼い女の子が命を落としています。しかし、警察はIを逮捕することなく、在宅で捜査を進めています。死亡事故を起こしたIの身柄を拘束しなかった理由として警察は、「証拠隠滅の恐れがない」ことをあげています。Iは現役時代には、旧通産省の高級官僚で、叙勲歴もある人物でした。このため、重大事故を起こしてもIが逮捕されないのは、社会的地位の著しく高い、「上級国民」だからではないかという観測が、ネット上を駆け抜けていったのです。「上級国民」はこの年の新語流行語大賞の候補にもなっています。Iに対して厳罰を求める署名は、公判開始の九月までに三九万筆に及んでいます〈註二〉。

警察が高齢で事故直後に入院をしたIを逮捕しなかったことは、異例のことではないのかもしれません。また逮捕の有無は、刑罰の軽重に影響をしないのだと、法律の専門家は言います。そのとおりなのでしょう。しかし、第二次安倍政権の下で、人々は「クローニー・ポリティクス」が行われる様を目のあたりにしてきました。そのために、この国の警察や検察は、名もない庶民には厳しく対処するが、権力の近くに身を置く者には不当に寛大だという印象を、Iへの処遇が与えたのではないでしょうか。「クローニー・ポリティクス」によって、法の下の平等が踏みにじられているという人々の認識が、「上級国民」という流行語を生んだのだと思います。

二〇二〇年一月三一日、政府は、黒川弘務東京高検検事長の半年間の定年延長を閣議決定しています。検察官の定年延長には前例がありません。黒川検事長は、「官邸の守護神」の異名をもつ、政権寄りと目されている人物でした。この閣議決定は、黒川検事長を次期検事総長に据えるためのものだという観測が流れます。

政府はこの直後に、検察官の定年を六五歳とする検察官法の改正案を国会に上程しています。この法案には、内閣や法相の判断によって、個別の検察官の定年延長を可能にする条項が盛り込まれていました。検事は行政官ではありますが、国会議員や閣僚までをも捜査の対象とし、逮捕起訴する権限を有しています。この法案は検察の独立性を脅かすものであるとして、広範な批判を巻き起こしました。歴代の検察OBがこれに異を唱え、ツイッター上では、同法案に反対する書き込みが、二〇二〇年五月の上旬までに、四七〇万件よせられたとされています。〈註12〉

黒川検事長の定年延長の根拠は、国家公務員法にあるというのが当初の政府の説明でした。しかし、定年延長の規定は、検察官と大学教官には適応されないという政府見解が一九八一年に示されています。立憲民主党の山尾志桜里議員からこの指摘を受けた人事院の担当官は、一度は政府見解の存在を認めながら、のちに「言い間違い」だったと訂正をしています。〈註13〉コロナ禍の状況のもとでなぜこの法案の成立を急ぐのかという疑問に対しても、政府側が明確な答弁をすることはありませんでした。

事態はここで意外な展開をみせています。黒川検事長が、緊急事態宣言下の二〇二〇年五月、懇意の新聞記者たちと賭け麻雀をしていたという記事が『週刊文春』に掲載されたのです。国家公務員法では賭博行為は、戒告以上の懲戒処分の対象となっています。しかし、黒川検事長に下されたのは、監督処分の「戒告」でした。また彼らが採用していた「テンピン」(一〇〇〇点で一〇〇円)は違法性

に欠けるとして、不起訴処分になっています。黒川検事長は辞職し、検察官法改正案は見送りとなりました。〈註14〉

黒川元検事長は、首相の「お友だち」であるが故に、法的根拠に欠ける定年延長を認められただけではありません。賭け麻雀をしても、刑事罰はもとより、懲戒処分すら、科せられることはなかったのです。多くの人々が黒川元検事長に「上級国民」の実在をみたことは疑いありません。「上級国民」とは、首相の「お友だち」であるが故に、治外法権の振る舞いの許される人たちなのです。第二次安倍政権の下では、「法治」から「人治」への大掛かりな先祖返りが生じたといわなければなりません。

3　七月八日の銃声――「お友だち政治」の果てに

「お友だち政治」の果てに

二〇二二年の七月八日。金曜日の二時間目の授業が終わった直後です。スマホをみていた一人の学生が「安倍晋三が撃たれた！」と叫びました。奈良市の近鉄大和西大寺駅の駅前で、総選挙の応援演説をしていた安倍晋三元首相が、山上徹也に背後から撃たれ、絶命したのです。元首相の命を奪った拳銃は、山上が自作したものでした。治安のよい、銃規制の非常に厳しい日本で、元首相という重要人物が白昼堂々射殺された事実は、世界に大きな衝撃を与えました。警備の責任者であった当時の奈良県警本部長は、引責辞職をしています。

まだ犯人の動機等が明らかになっていなかった事件直後の大方の反応は、「銃撃は民主主義への挑戦」という常識的なものでした。そして大方の関心は、何故銃撃が防げなかったのかという点に向けられていました。

しかし山上の取り調べが進むにつれて、驚愕の事実が明らかになっていきます。山上は、母親が旧統一教会に多額の献金を重ねたために人生を破壊された「宗教二世」であることが明らかになりました。山上は、旧統一教会の関連団体にビデオメッセージを送るなど、同教団と関わりの深い大物政治家である安倍を襲撃の対象としたのです。この報道がなされたことから状況は一変します。元首相銃撃に対する怒りは、旧統一教会への怒りと山上に対する同情に変わっていきました。ネット上には山上を英雄視する「山上烈士」なることばが生まれています。

旧統一教会と自民党の、深い関係に注目が集まりました。実に多くの自民党の国会議員や地方議会の議員が、程度の差こそあれ、何らかの関係をもっていたことが明らかにされました。同教団と深い関係が明らかになった議員の中には、細田衆議院議長のような超大物も含まれていました。「宗教ジュニア」の置かれた窮境に対する同情の声が高まっていきました。それを受けて、教団への過剰な献金を規制する新法が、与野党の協力によって成立しています。しかし急ごしらえの新法がどれだけ被害者の救済に益するかは疑問視されています。

国は、旧統一教会の解散請求に向けて、宗教法人法に基づく質問権を旧統一教会に対して行使しています。質問権の行使は、この制度が設けられてからはじめてのものです。解散請求が認められればオウム真理教等に続いて、三番目のケースとなります。しかし、解散請求が認められたとしても、それは、旧統一教会の宗教法人としての認証を取り消すにすぎず、教団それじたいが消滅するわけではありません。オウム真理教とは異なり、海外に本部があることも含めて、問題の本質的な解決をもたらすものではないことが危惧されています。〈註15〉

安倍晋三の祖父、岸信介は、旧統一教会の反共思想に共鳴し、教団をバックアップしていきます。同教団の本部が、岸の邸宅の隣にあった時期さえありました。また父の安倍晋太郎も、総選挙で一度落選した後から、旧統一教会との結びつきを深めています。〈註16〉安倍元首相は、旧統一教会という岸・安倍三代にわたる「お友だち」を厚遇した結果、命を落としたのです。この銃撃事件は、「お友だち政治」がもたらした悲劇的結末といえそうです。

機会主義者・安倍晋三

二〇一四年の八月。当時韓国に留学中だった娘を訪ねて、私たち夫婦はソウルに滞在していました。ロッテホテルの前でタクシーを待っていたところ、愛知県から来た八〇代と思しき男性から話しかけられました。自分の姪がいま韓国にいる。学生時代に彼女は旧統一教会に入信した。「いろいろなものを売りつけられた。壺はよう買わなんだが、布団は買ってやった」。彼女は合同結婚式で、韓国人男性と結ばれました。「姪はソウルにはおらん。嫁が来んような、どこか田舎の男性と結婚させられた」。「今生きとるかどうか」。男性は遠くをみつめながらそう語りました。山上が、旧統一教会の「宗教二世」だと報道された時、真っ先に浮かんだのが、このエピソードです。

近年の自民党は、旧統一教会に限らず、「日本会議」〈註17〉等の宗教右派と強い結びつきを保ってきました。かつての自民党は、郵便局長会、商工会、農協等を支持基盤としてきました。これらの団体は、自民党の強固な支持基盤をなしていました。これらの団体のメンバーは、確実に自民党に票を入れただけではなく、選挙の応援も熱心に行ってきたのです。しかし、中曽根政権に始まり、小泉政権で完成する新自由主義的改革において、自民党は農民や自営業者等の旧中間層を冷酷に切り捨ててきました。当然先述の諸集団からのかつてのような確実な支援を期待することはできません。他方、宗教団体は結束が固く、また選挙運動も献身的に行ってくれます。こうして近年の自民党は、宗教右派との結びつきを深めていきました。古いものを切り捨てて効率化を推し進めるはずだった「改革」が、別のより禍々しい古いものを引きずり出してしまったという逆説が、ここではみられます。

旧統一教会と他の宗教右派との大きな違いがあります。旧統一教会は、韓国に本部があり、しかも極めて「反日」的な教義を掲げていることです。あのご老人のことばにあったように、日本女性を韓国人男性に奉仕させることが、合同結婚式の目的の一つでもありました。安倍政権はネトウヨたちからも支持されていました。そしてネトウヨたちは、「嫌韓」で結束し、過去の問題をめぐる韓国側の主張に理解を示すものを「反日」と名指しして攻撃していたのです。「嫌韓」を標榜する人たちに支持されていた政治家が、「反日」の権化のような団体と昵懇の関係にあった。これは常人の理解を超える出来事です。

安倍の祖父、岸信介は敗戦後、社会党からの出馬を検討していたと伝えられています。岸は、東條内閣の商工大臣として、強力に経済の国家統制を推進し、自由主義経済を信奉する小林一三と鋭く対立をしていました。その意味で岸は国家社会主義者であり、社会党からの出馬もあながち荒唐無稽なこととはいえません。〈註18〉

安倍は「生産性革命」・「人づくり革命」等のことばを好んで使っています。「一億総活躍社会」等の表現も含めて、安倍も岸の流れをくむ、国家社会主義者であったとみることができます。安倍はもちろん保守政党の政治家ですが、保守とは穏やかな変化を好むものであり、一夜にしてすべてが変わってしまう「革命」は、保守とはもっとも遠いことばのはずです。ただ安倍の「思想」を吟味することは、空しいのかもしれません。安倍は「美しい日本」を謳いながら、「反日」の団体に手を貸していたのですから。そこに思想信条の一貫性をみることは不可能です。安倍は思想とは無縁な、機会主義者であったとみるべきでしょう。機会主義者であるが故に、安倍は教育無償化のような左派的な政策を掲げることにも躊躇がありませんでした。長期政権を維持できた秘密の一端はここにありそうです。

岸田首相は、多くの反対を押し切って、吉田茂以来の国葬（国葬儀）を二〇二二年九月二六日に強行しています。党内になお強い影響力をもつ、安倍と親しい勢力への配慮の結果でしょう。しかし、長年自民党内で君臨した安倍が暗殺されたことに対する強い怒りや悲しみが、自民党の中から沸き起こってこなかったことに筆者は違和感を覚えました。もちろん旧統一教会の問題が影を落としていたのでしょう。しかし、安倍に取り立ててもらった人、安倍のおかげでうまい汁が吸えた人も少なくはなかったはずです。義理人情を尊ぶこともまた、保守政治のバックボーンであったはずです。自民党もまた、保守政党ではなく、機会主義者の政党になってしまったのかもしれません。〈註19〉

安倍政治の光と影

安倍晋三の国会での追悼演説は、二〇二二年一〇月二五日の衆議院本会議において、立憲民主党の元総理大臣野田佳彦が行っています。追悼演説を行うにあたり、野田は相当苦慮したのではないでしょうか。手放しで褒めたたえるには、安倍はあまりにも問題の多い政治家でした。しかし、非業の死を遂げた元首相を鞭打つわけにもいかない。野田の演説の大半は、安倍の功績や人柄を讃える型どおりのものでした。しかし、演説の終わり近くに語られた次の部分は含蓄に富んでいます。「長く国家のかじ取りに力を尽くしたあなたは、歴史の法廷に、永遠に立ち続けなければならない運命《さだめ》です。……あなたがこの国に遺したものは何だったのか。……国の宰相としてあなたが遺した事績をたどり、あなたが放った強烈な光も、その先に伸びた影も、この議場に集う同僚議員たちとともに、言葉の限りを尽くして、問い続けたい」。「その先に伸びた影」という表現によって、安倍政治の否定的な部分を野田は暗に示唆しているからです。〈註20〉

安倍が放った強烈な光。このことばによってまず思い浮かぶのは、アベノミクスの名で知られる大胆な経済政策でしょう。たしかにアベノミクスの結果、株価は大幅に上昇し、企業収益も改善しました。若者の就職状況も好転していきます。しかし、アベノミクスの「三本の矢」とされたもののうち、金融緩和と財政出動はなされたものの、有効な成長戦略を打ち出すことはできませんでした。アベノミクスによって日本経済が、かつての活力を取り戻すことはありませんでした。空前の金融緩和策の結果、国債の半分を日銀が保有する歪な構造が生じています。アベノミクス下で株価が高騰しましたが、多くの大企業の筆頭株主に日銀がなっています。まともな資本主義の姿とは到底いえません。企業は大きな利益を出しながらも、勤労者の賃金は低く据え置かれたままです。アベノミクスの成果が国民各層に均霑《きんてん》されることはありませんでした。

安倍の外交手段は、一部に高く評価されていました。これもまた安倍の放った強烈な「光」の一つでしょう。先にも見たように、安倍はオバマとトランプという、思想的には対極にある二人の大統領と良好な関係を維持していました。これは驚嘆すべきことです。ロシアのプーチン大統領とも、五〇回にわたる首脳会談を重ねています。「ゴールまで、ウラジーミル、二人の力で、駆けて、駆け、駆け抜けようではありませんか」〈註21〉。この安倍の発言は当時、「ポエム」と揶揄されましたが、日露外交に安倍が心血を注いだことを否定することはできません。しかし、北方領土交渉に前進はありませんでした。朝鮮民主主義人民共和国（以下、北朝鮮）が拉致問題の存在を認めた歴史的な平壌宣言に、安倍も官房副長官として同席していましたが、首相在任中に拉致問題が進展することもなかったのです。

東京オリンピック・パラリンピック2020誘致も、安倍の放った強烈な光のようにみえます。二〇一六年のリオデジャネイロオリンピックの閉会式に、スーパーマリオの出で立ちで登場し、世界を驚かせました。東京五輪の誘致を決めたブエノスアイレスのIOC総会で、安倍は福島第一原発は「コントロールされている（under control）」と虚偽のスピーチを行っています〈註22〉。そしてこの大会は、新国立競技場の建設問題に始まって、数多のスキャンダルにまみれたものであったことは周知のとおりです。東京オリンピックは、新型コロナウイルスの感染拡大により、一年間の延期を余儀なくされるという不運にも見舞われました。そして閉会後には、この大会をめぐる大規模な贈収賄事件が明るみに出ています。贈収賄の中心にいた人物が逮捕されたのが、かの銃撃事件の直後でした。多くの人はそこに意味を見出すことでしょう〈註23〉。

こうしてみると安倍政治の放った「光」は、みせかけのものに過ぎず、その中には多くの「影」が、あるいは「闇」が潜んでいるといわなければなりません。

安倍政治の最大の影ないしは闇は、その「お友だち政治」によって、法を踏みにじり、立法府である国会を軽視した点にあります。二〇一五年のいわゆる戦争法案を安倍政権は、九五％の憲法学者が反対する中で成立させています。この時は集団的自衛権は憲法に違反するという過去の内閣法制局の見解を変更もしています。ＩＯＣ総会で虚偽のスピーチを行った安倍は国会でも嘘をつくことを厭いませんでした。「桜を見る会」の問題では、安倍は実に一一八回の虚偽答弁を行っています。〈註24〉森友学園の問題で、自分と夫人の名前が出てきた時には総理だけではなく、国会議員も辞職すると明言しましたが、それが実行されることはありませんでした。

法を、国会を、そして先例を踏みにじる政治手法は後継の菅、岸田両政権にも受け継がれています。菅は先例を破り、日本学術会議の推薦した六人の学者の任命を拒否しています。それについて菅は、まともな説明を行っていません。菅も岸田も、野党が求めるにも関わらず、臨時国会を開くことをしませんでした。これは、いずれかの議院の四分の一の議員の求めがあれば国会を開かなければならないと定めた、憲法五三条に違反する疑いがあります。

野田は先の引用の後をこう続けています。「あなたの命を理不尽に奪った暴力の狂気に打ち勝つ力は、言葉にのみ宿るからです。暴力やテロに、民主主義が屈することは、絶対にあってはなりません。あなたの無念に思いを致せばこそ、私たちは、言論の力を頼りに、不完全かもしれない民主主義を、少しでも、よりよきものへと鍛え続けていくしかないのです」。野田は「言論の力」と「暴力の狂気」を対置しています。それが正しいのであるとすれば、国会で虚偽答弁を重ねるなど、「言論の力」を軽んじた安倍の振る舞いこそが、「暴力の狂気」を引き出す原因となったとはいえないでしょうか。解き放たれた暴力が、「新しい戦前」の前触れではないことを切に祈るばかりです。

【註】

〈1〉経団連HP　https://www.keidanren.or.jp/profile/yakuin/pro003.html　二〇二三年五月三一日確認

〈2〉大鹿靖明『東芝の悲劇』幻冬舎、二〇一七年

〈3〉朝日新聞電子版、「女性がたくさん入っている会議は時間がかかる」二〇二一年二月三日（https://www.asahi.com/articles/ASP235VY8P23UTQP011.html）二〇二三年五月三一日確認

〈4〉杉田水脈「ＬＧＢＴ支援の度が過ぎる」『新潮45』二〇一八年八月号、五七―六〇頁

〈5〉オルテガ・イ・ガセット、佐々木孝訳『大衆の反逆』岩波文庫、二〇二〇年

〈6〉コロナ禍の真っ最中になされたこの発言は、公助をないがしろにするものとして、丸山批判で知られる赤木智弘をはじめ、多くの論者からの反発を招いた。赤木智弘「新首相の目指す理念が『〝自助、共助、公助〟、そして〝絆〟』という虚無」論座アーカイブ、二〇二〇年九月一六日（https://webronza.asahi.com/national/articles/2020091500006.html）二〇二三年五月三一日確認

〈7〉「モリカケ」疑惑については、朝日新聞取材班『権力の背信――「森友・加計学園問題」スクープの現場』（朝日新聞出版、二〇一八年）を参考にした。

〈8〉一九九七年、韓国のウォンとタイのバーツをはじめとするアジア諸国の主要通貨が、アメリカのヘッジファンドによる空売り攻勢によって暴落し、これら諸国は深刻な経済的混乱を経験した。通貨危機の後、ＩＭＦと世界銀行は、政治家や官僚、企業人が密接に結びつき、自分たちの利益のために経済を動かす「縁故資本主義」が混乱の背景にあるとして、経済体制の大規模な変革をこれら諸国に求めた。

〈9〉エティエンヌ・ド・ラ・ボエシ、西谷修監訳・山上浩嗣訳『自発的隷従』ちくま学芸文庫、二〇一三年

〈10〉Yotube 東京新聞チャンネル「安倍首相がアキバで応援演説」（https://www.youtube.com/watch?v=bH_IyDsBxPQ）二〇二三年六月一日確認

〈11〉朝日新聞電子版、「池袋暴走の遺族、厳罰求める署名三九万筆を地検に提出」二〇一九年九月二〇日（https://www.asahi.com/articles/ASM9N5SDKM9NUTIL035.html）二〇二三年六月一日確認

〈12〉朝日新聞電子版、「検察法改正に抗議、ツィッターで四七〇万超　著名人も」二〇二〇年五月一〇日(https://www.asahi.com/articles/ASN5B34BYN5BUTIL005.html) 二〇二三年六月一日確認
〈13〉朝日新聞電子版、「人事局長『言い間違えた』検事長定年延長で答弁撤回」二〇二〇年二月二〇日(https://www.asahi.com/articles/ASN2M7HJCN2MUTFK016.html) 二〇二三年六月一日確認
〈14〉産経新聞電子版、「黒川氏『宣言下、行動軽率過ぎた』辞表提出、戒告処分に」二〇二〇年五月二一日(https://www.sankei.com/affairs/news/200521/afr2005210036-n1.html) 二〇二三年六月一日確認
〈15〉旧統一教会については以下の文献が詳しい。櫻井義秀『統一教会―性・カネ・恨から実像に迫る』中公新書、二〇二三年
〈16〉TBS報道特集「『日本はとんでもない間違いをした』岸信介、安倍晋太郎、安倍晋三…三代続く関係性…」二〇二二年九月二四日オンエア (https://newsdig.tbs.co.jp/articles/-/162559?display=1)
〈17〉宗教右派の代表格である日本会議については、以下の文献が詳しい。菅野完『日本会議の研究』扶桑社新書、二〇一六年
〈18〉岸信介の伝記的事実に関しては、以下の文献を参考にした。原彬久『岸信介―権勢の政治家』岩波新書、一九九五年
〈19〉細田博之衆議院議長は、議長公邸における各党の国会対策委員との懇談の場で、旧統一教会との関係について、「(安倍氏は) 大昔から関係が深い。こちら (自分) は最近だ」述べている (　) 内は筆者)。細田は清和会の重鎮で、安倍の長年の盟友である。亡くなった安倍を貶めるかのような発言に対して、「義理人情の欠如」という感を禁じ得ない。産経新聞電子版、二〇二三年一月二四日(https://www.sankei.com/article/20230124-YRDC37K3GRL6BDOF7RFP2QY6ME/) 二〇二四年三月九日確認
〈20〉NHK政治マガジン「【全文】野田元総理 追悼演説『私はあなたのことを問い続けたい』」(https://www.nhk.or.jp/politics/articles/statement/91045.html) 二〇二三年六月二日確認
〈21〉ANN news ch「日ロ首脳『未来志向で……』平和条約交渉は進展なし」二〇一九年九月六日

(https://www.youtube.com/watch?v=MpP6HZA5ums) 二〇二三年六月二日確認

〈22〉Youtube 首相官邸チャンネル「ＩＯＣ総会における安倍総理プレゼンテーション」二〇一三年年九月七日 (https://www.youtube.com/watch?v=TW22EoQwwvk) 二〇二三年六月二日確認

〈23〉東京地検特捜部は、二〇二二年八月一七日、東京オリンピック組織委員会の元理事高橋治之を受託収賄の罪で逮捕している。この後の捜査で高橋が、大会のスポンサー契約やライセンス商品の審査などをめぐり、五つの企業から総額二億円近い賄賂を受け取ったことが明らかにされている。

〈24〉東京新聞電子版、「安倍前首相の『虚偽答弁』は一一八回　桜を見る会前夜祭巡り衆参両院で　立民が衆院調査局に調査依頼し判明」二〇二〇年一二月二一日 (https://www.tokyo-np.co.jp/article/75781) 二〇二三年六月二日確認

第❸章

恫喝と冷笑——「声」を圧し潰す力

1　「来た時よりも美しく」——日本庶民の美質と限界

スタジアムからみえてきたもの

二〇二二年のカタールワールドカップは、フランスとのＰＫ戦での死闘の末、アルゼンチンが三六年ぶりの優勝を果たしました。決勝トーナメントの初戦で敗れたものの、グループリーグにおいては圧倒的不利の下馬評を覆し、ドイツとスペインという優勝経験をもつ国を連破した日本チームの活躍も世界を驚かせました。日本チームの活躍は、いつ果てるとも知れぬコロナ禍、ウクライナ戦争、そして安倍元首相の銃殺と暗いニュースの相次いだ二〇二二年という年の中で、数少ない明るい話題であったといえます。

ワールドカップのカタール開催は、多くの疑問符のつくものでした。カタールは人口の多くが外国人労働者ですが、彼彼女らの人権が保障されているとはいえません。ワールドカップの競技場建設作業の過程で、七〇〇〇人もの外国人労働者が命を落としたと報道されています。同国における性的少数者に対する差別も国際的な批判を浴びていました。ＦＩＦＡのブラッター前会長も、開会を前に「カタール開催は間違いだった」と語っています。〈註一〉カタールは酷暑の国で、サッカーが強いわけでもありません。豊富なオイルマネーに魅かれて、ＦＩＦＡはおよそ適地とはいえない同国での開催を決めたのです。東京オリンピック・パラリンピック２０２０といい、カタールワールドカップといい、グローバルなスポーツイベントが、いかに金銭至上主義に毒されているのかをまざまざとみせつけられた思いがします。

著名なアスリートが、メジャーなスポーツイベントで政治的な意思表示を行うことは、現在では一つのトレンドとさえなっています。この大会でも、そうした光景をみることができました。日本との試合前のセレモニーで、ドイツの選手たちは、口を隠すしぐさをしていました。ＦＩＦＡが、多様性を求める「ワンラブアームバンド」を、キャプテンが着用することを却下したことへの抗議の意思表示です。[註2] ドイツの選手たちのしぐさは、ＦＩＦＡへの抗議であると同時に、同性愛者を差別する開催国カタールへの抗議でもあったのです。

イランチームはイングランド戦の試合前のセレモニーで、イラン国内で激化している女性の髪を隠すヒジャブの着用を義務づけることに抗議するデモへの連帯を示して、国歌を歌いませんでした。当時のイランでは、デモへの参加者の死刑執行が行われていました。それを考えるとこの抗議行動は、まさに命がけのものであったといえます。[註3]

他方、日本チームとサポーターたちは、まったく別の行動によって、世界の注目を集めました。日本チームの試合の後、サポーターたちは会場のゴミを集めて持ち帰っていったのです。そして日本チームの選手たちは、激闘の後に使用したロッカールームをきれいに片づけ、感謝の手紙に折り紙の鶴（！）を添えて、去っていったのです。[註4] 合理主義的な西欧人からすれば、サポーターがゴミを集め、選手たちがロッカールームの清掃を行うのは不思議なことなのかもしれません。スタジアムにもロッカールームにもお金で雇われた清掃の人がいるのですから。日本チームの森保一監督がクロアチア戦に敗れた後、深々とスタンドにお辞儀をしたこととあわせて、礼儀正しく公徳心に富んだ、一連の日本人の振る舞いは、世界の人々の称賛を浴びたのです。

もう二〇年以上前のことです。フィンランド人の新聞記者の取材を受けたことがあります。当時は日本経済がどん底で、若者が就職難にあえいでいることが欧米でも話題になっていました。荒んだ若者たちの姿を想像して彼は来日しましたが、どこにもそんな若者はいません。皆折り目正しく彼の取材に答えてくれたと言います。ある日曜日、原宿を訪れた彼は、奇妙な服に身をくるんで、激しく踊る少年少女の一群と遭遇しました。これは日本のパンクに違いないと彼は直感したのです。そして踊りが終わると、彼彼女らはゴミを集め始めます。彼は身を固くしました。パンクがゴミを集めている。火をつけるにちがいない！　しかし、少年少女たちはそのゴミを持ち帰っていったのです。

日本人は、なぜ火をつける（抗議行動をする）のではなく、ゴミを持ち帰る（きれいに掃除をして帰る）のか。それを考えるのが本章の課題です。

「来た時よりも美しく」――日本庶民の美質

上述の問いを考える上でヒントを与えてくれるのが、ボリス・バーマンの日本社会論です。

名著『デカルトからベイトソンへ』で知られるアメリカの文明批評家ボリス・バーマンは、西欧に伝統的な自己と他者、人間と自然等々の二元論的思考を、戦争へとエスカレートする争いごとや、環境破壊の原因をなすものとして厳しく批判してきました。バーマンは、高校生の頃、英語の先生がしてくれた日本の刀職人の話に心を揺さぶられています。その職人は三日間断食をし、精進潔斎した後に仕事に向かうと、美しく切れ味鋭い日本刀を仕上げてしまうのです。これ以降、若きバーマンは日本文化の虜になります。日本の俳句や工芸に関心を寄せ、禅、囲碁、合気道などの習得に励むようになります。〈註5〉

禅僧も職人たちも己を空しくして対象と一体化することを修行の目的としています。修業は技術の向上を目的とするだけではありません。修行に励むことによって人間性を向上させることも目的の一つです。日本文化に通底するものは、禅の思想であり、禅において無は単なる空虚ではなく、無の中にこそ生の充実があります。乏しさの中に美を見出すことも日本文化の大きな特質です。そして日本人は他者抜きで自己は存在しないとも考えています。強迫的に自立を求める欧米人とは異なり、日本人はむしろ他者への依存を正常なことと考えています。「甘え」を日本文化の特徴とした精神科医の土居健郎にバーマンは、高い評価を与えています。〈註6〉

バーマンは自己を空しくすることを理想とし、乏しさの中に美を見出し、自己の要求の貫徹よりも他者への配慮を重んじる日本文化を、可能な限り自己の支配力を高めようとする傾向性をもつ、物質主義的な西欧文化、とりわけアメリカ文化の対極にあるものとして位置付けています。禅宗はたしかに江戸期において支配階級である武士層に信仰されていました。しかし、その精神は庶民の中にも浸透し、江戸期に生まれた様々な文化に影響を及ぼしていったとバーマンは言います。そして精巧さを追求する職人技の伝統は、今日の工芸やデザイン、さらにはオタク文化の中にすら受け継がれています。古くからあるものを現代化することが日本文化の特質です。〈註7〉先述のフィンランド人記者も、原宿の若者たちの自作の衣装の出来栄えに驚嘆していました。

日本では学校の掃除が教育の中に取り込まれています。これは世界の中で珍しいことのようです。トイレの清掃を素手でさせるのは行き過ぎでしょうが。自分の学校時代を振り返ってみても、「来た時よりも美しく」は、「家に帰るまでが遠足です」と並ぶ、先生たちの二大クリシェ（決まり文句）でした。日本のサポーターも選手たちも、日本的教育の産物であったといえます。彼彼女たちは、「来た時よりも美しく」という教えを実践し、世界を驚かせたのです。禅の修行は掃除から始まります。日本の学校で掃除が重視されているのも、禅の思想の反映とみることもできます。そういえば何年か前に日本人女性の書いた掃除の指南書が世界的なベストセラーになりました。〈註8〉徹底的に無駄を削ぎ落し、そこに美を見出す禅や俳句の伝統は、いまでいうミニマリズムの元祖なのかもしれません。

苦しい修行は、何かの目的を達成するための手段ではなく、それを通して人間を向上させるものだという考え方もまた、現在のわれわれにも馴染み深いものです。それはたとえば中学や高校の部活動での非合理な長時間の練習をもたらしているという否定的側面があることは否めません。しかし、筆者は、日本を訪れた外国人が、社会的な評価の高くない仕事に就いている人たちでさえ、誇りをもって熱心に働いていることへの驚きを口にする場面に何度か遭遇しました。こうした人たちは、自分たちの仕事をある種の「修行」ととらえているのかもしれません。もちろんそうした考え方は、過労死へと至る長時間労働の賛美と背中合わせのリスクを孕んではいますが。

阪神淡路大震災、そして東日本大震災。被災地の人たちの沈着冷静な振る舞いは世界の称賛の的となってきました。バーマンは、東日本大震災の時に、ある建物の中に閉じ込められた四〇人の男たちが、一つのカップラーメンを分け合って食べたという、信じがたいエピソードを紹介しています。〈註9〉それとは知らず人々が日々積み重ねて来た禅にも似た「修行」と、自己の利益より他者への配慮を優先するという文化的伝統が、こうした行動を生み出しているのではないでしょうか。

批判的思考の欠落――日本文化の限界

無我の境地を強調する禅の修行や職人技は素晴らしいものです。それでは厳しい修行によって悟りを開いたはずの禅僧たちは、どうしてあの無残な戦争に協力したのかとバーマンは問います。バーマンはカール・ヤスパースの説を紹介しています。紀元前八〇〇年から紀元二〇〇年の間には、神話から理論への変容に伴う大きな文化的な変革が、世界の各地で生じていたとヤスパースは言います。ユダヤの預言者、ソクラテスとプラトン、そして仏陀等の人々は、「みな、何らかのかたちで自身の社会の外部に立ち、それを客観的にみることができた者たちであった」〈註10〉。物事にひたすら没頭するのではなく、高い視点から自らを対象化し、内省を深める。人類はこの時代に思考の「軸」を獲得したとヤスパースは言います。

しかし禅にみられるように、己を空しくして対象と一体化し、永遠の現在を生きることを理想とする日本文化の中に、ついに「軸」が生まれることはありませんでした。その結果、「次々となりゆく」時々の「勢い」に人々は流されていきます。他者とのつながりを重んじる日本人は、集団への強い同調志向をもっています。こうして「勢い」はますます大きなものとなります。「勢い」が誤った方向に進みだした時、誰もそれをとめることができません。日本社会を覆う「甘え」は、失敗した者を厳しく批判することを避ける傾向があります。こうした傾向が、丸山眞男の言う天皇制国家の「無責任の体系」〈註11〉を生み出したとバーマンは言います。〈註12〉禅の思想に基づいて西欧哲学を読み替えた京都学派をバーマンは高く評価しています。しかし西田幾多郎、田辺元、西谷啓治といったこの学派を代表する哲学者たちでさえ、戦争へと向かう「勢い」に飲み込まれてしまったのです。京都学派にしてもなお「軸」を築くことはできませんでした。〈註13〉

被災地の庶民は世界の尊敬を集める行動ができました。しかし、東電の管理者たちはそうではありませんでした。一つのカップラーメンを分かち合った四〇人の男たちのエピソードの後を、バーマンは、英文学者の高田康成のことばを引きながらこう続けています。「(高田は—引用者) 外国メディアが『とりわけ感銘を受けたのは、このような危機に直面するなかで人々が見せた落ち着きであった』と述べている。しかしながら管理側においては、事態はそのまったく反対であったと高田氏は指摘している」。管理側には、「混乱、困惑、優柔不断が席捲したのである」〈註14〉。日本は儒教や仏教、さらにはキリスト教等の「軸」をもつ思想を受容してきました。しかし日本は、「自らの非軸的な前提を退けることはついぞなく、ただわずかばかりの修正を加えてきたにすぎない」〈註15〉。

目前の仕事に己を空しくして「全集中」で立ち向かう。そうした訓練を子どものころから積み重ねてきた結果でしょう。日本の庶民は、危機においても動じるところがありません。そして眼前の仕事を完璧にこなすことに強い責任感を発揮します。だから現場で働く日本人は有能で強い。しかし東電の管理者のようなエリートは、官僚組織の「無責任の体系」に身を置く中ですっかり骨抜きにされてしまっています。だから高田が指摘するような事態が生じるのでしょう。ノモンハン事件で日本軍と対峙した旧ソ連の名将ゲオルギー・ジューコフは日本軍を次のように評しています。「日本軍の下士官兵は頑強で勇敢であり、青年将校は狂信的な頑強さで戦うが、高級将校は無能である」〈註16〉。日本人は地位が上がるほどだめになる。その傾向は二一世紀のいまも変わるところはないようです。

なぜ日本軍の高級将校は、東電の管理者たちは無能なのか。「無責任の体系」のぬるま湯の中で骨抜きにされたということもあるでしょう。そしてバーマンが指摘する大所高所から物事を判断する際の「軸」を持ち得ていないという点も大きいのではないでしょうか。五輪担当相の橋本聖子と、JOC会長の山下泰裕は、選手としては超一流で、氷や畳の上では実に頼もしい存在でしたが、東京オリンピックに際しては、恐ろしく頼りない存在でしかありませんでした。かつて現場で大活躍した人を、組織の長に据えると、彼彼女らにはヤスパースのいう「軸」が備わっていませんから、たちまち無能さを露呈してしまう。そうした構図がみえてきます。これはリセ（高等学校）の段階から哲学の徹底的な教育を受けて「軸」を叩きこまれるフランスのエリートとの大きな違いです。もっとも極右のポピュリストであったサルコジや、日産を食い物にして、あげくに海外へと逃亡したカルロス・ゴーンのような人たちを見ていると、昨今のフランスのエリートをあまりありがたがるものではないとも思いますが。

旧日本軍は下士官や若い将校が有能だったから、無能な将軍や提督たちのたてた愚劣な作戦でもなんとか戦線を維持することができたがために、被害がますます広がっていったとみることができます。現場の有能さがかえって無能な将軍たちを温存してしまったとすれば皮肉なことです。同様の構造はいまも生きているとみるべきでしょう。

「抑圧の移譲」と人種主義──「高潔な庶民」の蛮行をもたらしたもの

日本の庶民の高潔さを手放しでほめそやすわけにはいきません。日中戦争・アジア太平洋戦争では、帝国軍人としての日本の庶民は占領地において、様々な蛮行を働いていたからです。高潔であるはずの日本の庶民が、なぜ愚かな蛮行に走ったのか。その理由をバーマンは次のように説明しています。

幕末のペリーの砲艦外交によって、日本は鎖国の眠りを破られました。先にもみたとおり、西欧文明の自己拡張性と物質主義は、日本文化とは正反対のものです。しかし中国がそうであったように、列強の餌食とならないためには、日本は西欧文明を受け容れ、近代化に努める他ありませんでした。自分たちの文化と全く異質な原理を受け容れることは、日本人の知的生活に大きな緊張を強いることになりました。神経衰弱を患った夏目漱石は、この緊張を体現した人物です〈註17〉。

短期間で目覚ましい近代化に日本は成功しています。そして朝鮮の支配をめぐって日清・日露の戦争で勝利を収めた日本は、増長し、帝国主義的な拡張政策に走ります。そして日中戦争・アジア太平洋戦争の過程で、高潔なはずの日本の庶民は、数多の蛮行を重ねていったのです。蛮行をもたらしたものとしてバーマンがあげているのが、丸山眞男の言う「抑圧の移譲」のメカニズムです。「抑圧の移譲」とは虐げられている弱者が、自分よりもさらに弱い者を抑圧し、虐待する心理的メカニズムを言います。平壌で丸山を「ひっぱたいた」古参兵は、まさに「抑圧の移譲」の好例といえます。日本はペリーによって屈辱的な開国を迫られました。それと同じことを、日本は中国と韓国にしたのだとバーマンは言います。「日本は中国と韓国を自身の『劣った』他者、いたぶるための対応物という役目につけたのである」[註18]。そして毎日上官から「ひっぱたかれ」ていた日本兵が、無力な占領地の人たちに対して、様々な蛮行に及んだのです。これもまた「抑圧の移譲」です。

そしてもう一つの要因としてバーマンがあげているのが人種主義です。近代化に成功した日本人は他のアジア人よりも優れていると日本兵たちは教えられてきました。「こうした認識が存在したがゆえに、兵士たちは中国の民衆にそしてアジア中に対して信じがたい残虐行為を行うことができた」[註19]。

日本兵たちは、盗みや放火殺人を行っただけではありません。現地の人たちを銃剣訓練の標的にもしていました。そして満州の731部隊は、「何千もの罪のない人々に忌むべき医学実験を行った。ある部隊員はのちに、『人種的優越感がなければそんなことはできなかっただろう』と告白している」[註20]。日本人は、その肌の色とは関わりなく、アジアにおける〝白人〟として振る舞っていたのです。著名な社会学者のチャールズ・ライト・ミルズが提示した、日本とアメリカの戦争を「人種戦争」ととらえる視点をバーマンは紹介しています。「彼（ミルズ──引用者）曰く、太平洋戦争があれほどの激戦となったのは、それが実のところ人種戦争であり、どちらが本当の白人であるかを争っていたからだ」[註21]。

コロナ禍での日本の庶民の振る舞いは、模範的なものでした。強い強制はなかったにも関わらず、マスクの着用と手洗い・うがいを励行し、密を避け、飲食店は営業の停止や時間短縮に応じていたのです。そのため二〇二〇年の時点では、日本のコロナ被害は、世界的にみて軽微なものに止まっていました。その一方では、感染者の少ない地方では、感染者を出した家庭に石が投げられたりもしています。コロナ禍で生じていた、行動規制への強い同調圧力から生じるストレスを、感染者を攻撃することによって解消しようとした。これも「抑圧の移譲」の一つの形といえます。

人種主義は、現在の日本にとっても無縁ではありません。スリランカ人女性のウィシュマ・サンダマリさんは、入国管理局の施設内で、二〇二一年三月、餓死に近い状態で衰弱死しています。欧米（白）人相手であれば、まず起こりえない事態でしょう。「抑圧の移譲」と人種主義は、いまでも解消されてはいません。日本の庶民が何かのきっかけで、再び蛮行に及ばないという保障はどこにもないのです。

「勢い」に屈する日本人

サッカー選手たちやサポーターたちが、奇麗にスタンドやロッカールームの掃除をしても、政治的意思表示をしない背景には、やはり「軸」の欠如という問題が横たわっています。彼彼女らは、「来た時よりも美しく」という訓練が身についているので、ゴミ集めに自ずと身体が動く。しかし、原則的に物事を考える訓練を受けていないので、「人権抑圧国家でスポーツの祭典が開かれるのはおかしい」という思考には至らないのではないでしょうか。もちろん、東京五輪において、人種差別に抗議して片ひざをつくパフォーマンスを行った「なでしこジャパン」のような例外もありますが。

そうした問題意識を欠いていたのは選手やサポーターたちばかりではありません。メディアがカタールの人権問題を取り上げることはほとんどありませんでした。大会期間中は、民間放送のみならずNHKまでもが、夜のニュースの多くの時間をワールドカップでの日本チームの活躍に割いていました。ウクライナ戦争、コロナ禍、円安とインフレ等々、伝えるべき重要なニュースが目白押しの時期であったにも関わらずです。「ワールドカップを賛美すべし」という「勢い」が生じた時に、それに抗うことはこの国では困難を極めます。もし日本の選手たちがドイツやイランの選手に同調するような行動をとっていたらどんなに激しいバッシングに晒されたことでしょうか。日本のスポーツ界も改革の進んでいる部分もありますが、保守的な空気が色濃く支配している世界でもあります。選手が政治的な問題意識をもち、意思表示をすることを禁圧している可能性も否定できません。

とはいえ他方では、政治的な意思表示をするアスリートや芸能人、そして若者たちも少なからずあらわれてきています。そうした行動に出る人たちは激しいバッシングに晒されます。以下にはその実態をみることにしましょう。

2 「分際をわきまえろ！」——ゾンビ儒教主義者の恫喝

ものをいえば「干される」——忌避される「政治」

丸山が述べている——

政治活動は職業政治家の集団である「政界」の専有物とされ（中略）それ以外の広い社会の場で、政治家以外の人によって行われる政治活動は本来の分限を超えた行動あるいは「暴力」のようにみなされるようになる。〈註22〉

という日本社会が抱える問題も現在さらに深刻なものになってきています。

芸能人が政治的な発言や政治的な行動を行うと激しい非難に晒されます。福島第一原発事故の際、人気シンガーソングライターの斉藤和義が「ずっと好きだった」という自らのヒットソングの替え歌「ずっとウソだった」を歌った時にも起こった現象です。しかし、政治的発言を行う芸能人へのバッシングが目立つようになったのは、やはり第二次安倍政権以降のことでしょう。

タレントの石田純一が、二〇一五年の安保法制に関して、安保法制に反対する集会に参加し、「戦争は文化ではありません」と発言した時。〈註23〉ロサンゼルス在住のモデルでタレントのローラが、自らのインスタグラムに、辺野古建設反対の声をホワイトハウスに届けようと書き込んだ時。〈註24〉お笑いタレント、ウーマンラッシュアワーの村本大輔が、沖縄の基地問題についての発言を行った時。〈註25〉NHK大河ドラマ「いだてん—東京オリムピック噺」に出演中の古舘寛治が、安倍政権への批判をツイートした時〈註26〉……。もちろんこれらの発言に対しては、批判だけではなく、支持する声もネット上では多数みられました。注目すべきは、芸能人が政治的発言を行った際にきまって出て来たのが、その発言の主がテレビから「干される」のではないかという観測であったことです。

アメリカでは芸能人の政治的発言は珍しいことではありません。二〇一六年のトランプ大統領の就任式においては、ジョニー・デップやハリソン・フォードらのハリウッドスターたちが、反トランプを公言しています。世界的に広まったセクシャル・ハラスメントを告発する「Me too」運動の発火点となったのも、ハリウッドの大物プロデューサーからセクハラ被害にあっていた俳優のアリッサ・ミラノの「セクハラを受けたことのある女性たちが『Me too』と書けば、この問題の大きさをわかってもらえるのではないか」という投稿でした。〈註27〉

アメリカのプロアスリートたちも、政治的な発言を積極的に行っています。二〇二〇年八月にアメリカ・ウイスコンシン州で発生した、警官による黒人射殺事件において、ミルウォーキーに本拠を置くメジャーリーグとNBAの選手たちは、試合をボイコットし、強い抗議の意思表示をしました。しかし、日本のアスリートたちが、政治的な意思表示をすることは稀です。

アスリートの政治的発言、もしくは行動といえば大坂なおみのそれは、印象深いものでした。度重なる警察官の黒人への射殺事件に抗議して、彼女は全米オープンテニスをボイコットする旨の発言をしていました。しかし、大会当局が大坂の意を汲んで、日程を延期したことを受け容れ、大坂は大会に参加。警官に射殺された黒人たちの名を刻んだ黒いマスクを着用して試合を重ね、ついに優勝を勝ち取りました。一連の大坂の行動は当初、日本国内で強いバッシングに晒されていましたが、彼女が勝ち進むにつれて、称賛の声が勝るようになりました。〈註28〉ダルビッシュ有や本田圭佑も時事問題への積極的な発言を行い、時にバッシングを浴びていますが、注目すべきは、政治的発言を行うことを厭わないアスリートたちは、海外に拠点を置いているということです。

「分際をわきまえろ!」——儒教道徳のリバイバル?

古舘が政権批判をした際に、「政治のことなんか触れず、いだてんの宣伝だけしとけ」という反響が彼のツイッターに寄せられました。「いだてんの宣伝だけしとけ」。つまり、役者は役者の「分」に安んじろということなのでしょう。それに答えた古舘の、「私一俳優ではありますが、一有権者でもあるんで、一つの存在に閉じ込めるのはやめてください」ということばは、自分を一人の個人として扱ってほしいという叫びのようにみえます。〈註29〉社会学者の松谷創一郎は、アメリカの芸能人が「干される」心配なく政治的発言を行うことができるのは、日本のように芸能事務所が芸能人たちを支配するのではなく、欧米の芸能人の「エージェント」は、彼彼女らの利益をはかる「代理人」であるからだという興味深い見解を述べています。〈註30〉松谷の分析は正しいと思われますが、それ以上に欧米では、芸能人を「一つの枠に閉じ込める」のではなく、一人の人間（個人）として認めているからではないでしょうか。古舘のこの発言は、「どうして学問や芸術といったそれ自体非政治的な動機から発するいわばいやいやながらの政治活動があっていけないのでしょうか」〈註31〉という丸山の発言と響き合うものでもあります。

日本における政治的発言を行う芸能人へのバッシングには、丸山が言うような、芸能人は芸能人の「分際」に安んじるべきであるという前近代的な、もしくは儒教的な意識が強く働いているのではないでしょうか。

しかし、ここで疑問が生じます。二一世紀のいまも、儒教道徳が人々の政治意識を拘束しているなどということがありうるのかという疑問です。四書五経を読んだことのある者など、若者に限らずいまの日本にはほとんどいないはずです。儒教の存在を日常生活の中で意識することなどまずありません。しかし、徳川幕府の時代だけではなく、教育勅語の存在が示すように、大日本帝国時代の日本においても、儒教道徳は体制の「公定イデオロギー」でした。敗戦後たしかに教育勅語の失効は宣言されてはいます。しかしながら、中世ヨーロッパを支配したキリスト教神学のように、教育勅語の根底にある儒教思想が、徹底的に論駁され、葬り去られたとは到底いえません。長い歴史をかけて刷り込まれた思想の影響力は、容易に消えるものではないのです。儒教道徳が、日本人の政治意識の根底に横たわっている可能性は否定できません。

敗戦後の日本社会において、『山びこ学校』のような優れた教育実践を通して、学校が民主主義の前進基地となったことも、教師たちの頑強な抵抗によって、教育の逆コースを食い止めてきた輝かしい歴史があることも否定しがたい事実ではあります。しかし、教師たちの革新的行動や抵抗を支えてきた、敗戦後の理想主義やマルクス主義が崩壊した現在、儒教道徳という政治意識の「古層」（丸山）が露呈してきたとはいえないでしょうか。儒教道徳といういわばゾンビが、盛大に復活をとげたのです。先にみた禅の影響といい、「古層」のもたらす文化の「執拗低音」の力には恐るべきものがあります。

素朴な観察の中からも、日本の学校における儒教道徳の残存を指摘することができます。中学校から始まる部活動の中で、子どもたちは先輩と後輩の別を厳しく叩き込まれます。生まれた日が数カ月しか違わなくても、「先輩」には敬語で話しかけなければならないのです。子どもたちの中には、「長幼の序」の観念が身体化されていきます。現在でも、子どもたちの服装や頭髪を厳しく規制する校則をもつ学校は数多く存在します。それらの校則が子どもたちに求めているものは、中高生「らしさ」なのです。

政治と関わる芸能人のすべての言動が「政治的」として指弾されるわけではありません。すでに様々な方面から指摘されているところですが、安倍首相夫妻と会食した芸能人や、新天皇の即位の式典に司会者として、あるいは皇室に関わる式典で奉祝歌の歌い手として参加した芸能人たちの行動が、「政治的」と非難されることはありませんでした。この国では二一世紀のいまも、普通の人が「分際」や「分限」を超えて政治的な発言をすることに強い忌避感が残っています。その場合の「政治」とは体制（大勢）批判とほぼ同義なのです。被治者は被治者としての「分際」にとどまるべきだとすれば、権力者を奉祝することは許されるが、批判することは許されないということになるのでしょう。

「こうした行為は適切でしょうか？」——高校生を恫喝する文部科学大臣

二〇一九年の九月、ある高校生が、次のようなツイートをしました。「私の通う高校では前回の参院選の際も昼食の時間に政治の話をしていたりしていたのできちんと自分で考えて投票してくれると信じています。もちろん今の政権の問題はたくさん話しました。笑」。このツイートに対して柴山文部科学大臣（当時）は、次のようにリプライをしています。「こうした行為は適切でしょうか？」。この発言が『女性自身』誌上で取り上げられると、柴山大臣に対する非難が集中しました。[註32] それに対して柴山は次のように反論しています。「しかし同記事は本当に下記のようなやり取りに問題がないとの見解だろうか？　また、公選法一三七条（私学を含む教員の選挙運動）や、同法一三七条の二（未成年者の選挙運動）の誘発につながることについて一言もコメントがないのはなぜか？」と自らのツイッターで発言しているのです。[註33]

二〇一六年から選挙権の発生する年齢が、従来の二〇歳から一八歳に引き下げられました。高校三年生の一部も有権者に加わったのです。はじめての投票行動は生きた「主権者教育」となりえます。高校生たちも候補者の政見をよく知った上で、誰に投票するかを決めることが望ましいでしょう。休憩時間等に高校生たちが、候補者や政党についてあれやこれや議論することは、むしろ推奨されるべき行動といえます。その意味で選挙についての議論を萎縮させるかのような、柴山大臣の発言は不適切なものです。「私学を含む教員の選挙運動」や、「未成年の選挙運動」の誘発を恐れるのであれば、なぜ選挙権の発生する年齢を一八歳にまで下げたのでしょうか。そもそも現役閣僚（それも文科相!?）

が、高校生を恫喝するなど、大人げないことこの上もありません。

海外では、高校生の政治参加は普通のことであり、むしろ推奨されてさえいます。高校生はおろか、ドイツでは小学生からデモの手順を教えているのです。〈註34〉バスチーユ行進から生まれたフランス共和国では、リセの生徒たちの政治活動は伝統的に活発で、二〇二〇年一一月には、校内でのコロナウイルスの対策強化を求めるデモが行われています。〈註35〉そして、二〇二三年の一月には、年金給付額引き下げ反対のデモに多くの高校生が参加しています。〈註36〉自分たちのおじいさん、おばあさんの世代のために声をあげる！　実に見上げた高校生たちです。民主主義国家では、デモは人々の政治的な意思表示のための不可欠の手段であるという認識が根付いています。

これに対して日本では、柴山の発言にみられるように、学校に政治を持ち込むことは、厳格なタブーとなっています。二〇二〇年には東京の目黒区で驚くべき事件が起きました。目黒区の公立中学の近くでビラまきをしていた高校生が、その中学校の副校長から、「私人逮捕」されたのです。校区内の安全のための見回りをしていた副校長をスマホで叩いて妨害した「公務執行妨害」の疑いで、この少年は二〇日間も拘留されています。この国では青少年の政治的な直接行動は、「犯罪」とさえみなされているのです。〈註37〉

柴山は、文部科学大臣在任中に「教育勅語には普遍性がある」と発言し、物議を醸した人物です。〈註38〉第1章でも述べたように教育勅語の問題は、その内容の当否という点にあるのではなく、国家権力が実践すべき徳目を定め、それを子どもたちに押し付けた点にあります。教育勅語は、国家と宗教の分離、個人の内面への権力の不干渉という近代国家の大原則から逸脱しているからこそ問題なのです。

教育勅語のベースにあるのは、儒教道徳であり、それは丸山が指摘したように「である」価値・意識を代表するものでした。教育勅語を讃美する柴山の中には、高校生は高校生「らしく」、政治になど関心をもたずに、その「分」に安んじて勉強していればよいという意識が根底にあり、それが先の発言をもたらしたとみることができます。

丸山の言うように、儒教道徳は同質的な人間関係の中での主に縦の関係についての規範を提供するものでした。「アカの他人」との水平的な関係については何も語ってはいません。今日進展中のグローバリゼーションとは、「アカの他人」との関係を取り結ぶことを強いられる状況に他なりません。儒教道徳の称揚と、グローバル化の推進との間には大きな矛盾があります。

柴山の後任の萩生田文部科学大臣は、英語の民間試験の導入が、都会の受験者に有利だという批判に対して、「(受験生は) 身の丈にあわせてがんばればいい」と記者会見で発言しましたが、囂々たる非難に晒され、後に撤回しています。〈註39〉「貧乏人の分際で一流大学に入ろうなどと大それたことを考えるな」というのが本音なのでしょうか。この発言も儒教的な「分際」・「分限」意識の発露といえるでしょう。それが英語の民間試験の導入というグローバル化推進の政策とペアになっていることが、非常に興味深く思われます。日本の支配層の頭の中は、世界の現実と大きく乖離しているのです。

3　冷笑する文化英雄――シニカルな日本の私

「意識高い系」を嗤う――若者たちのピア・プレッシャー

韓国に留学した娘が驚いていました。日本では大学生のデモなど、まず目にすることはなかった。しかし、韓国では学生たちが頻繁にデモをしていた、と。娘が留学していたのは二〇一四年。修学旅行の高校生を乗せた客船が沈没し、三〇二人の死者行方不明者を出したセウォル号事件のあった年でした。この事件に対する政府の責任を厳しく追及する動きが高まっていた年でもあります。そうではあるにしても、学生たちの抗議行動が、民主化への道を切り開いてきた韓国の伝統は、当時もまだ健在であったといえるでしょう。

日本の若者もまったく社会運動をやらないわけではありません。二〇一五年、集団的自衛権の行使を容認するいわゆる「戦争法案」（安全保障関連法案）が国会に上程された際、全国で激しい反対運動が巻き起こりました。その運動の中核には「シールズ」という若者たちのグループがいたのです。遡れば二〇〇〇年代の後半に、経済的に苦しい立場に置かれたフリーターたちによる、サウンドデモが話題になったことがありました。また近年では、性的少数者の若者たちの権利主張も盛んになっています。日本の若者の社会運動を研究する富永京子によれば、これらの運動の特徴として、ネットを活用し、前の世代のような生真面目なものであるよりもむしろ、サブカルチャーを取り込んだ、「楽しい」運動であることをあげています。〈註40〉

声をあげようとする弱者や少数者の口を塞ぐ力には、前節でみた強者の側からの恫喝とともに、多数者の側からの冷笑があります。社会学者の江原由美子には、「からかいの政治学」という有名な論文があります。一九七〇年代には、ウーマンリブの運動が盛り上がっていました。〈註41〉しかし彼女たちの行動は、当時まだ男性社会であったマスメディアによって「からかい」の対象となります。ウーマンリブに参加した女性たちは、世間からの冷笑の的となったのです。誰かをからかう人は遊びのつもりでやっています。「からかい」に生真面目に反論すれば、大人げないということにされてしまう。「からかい」は、それに対する反論をあらかじめ無力化してしまうという意味で、弱者少数者の口を塞ぐ大きな力となっているのです。〈註42〉

江原が描いた「からかい」は、強者多数者である男性から、弱者少数者である女性活動家になされたものでした。ところが現在では、若者たちが、政治的社会的問題に関心をもつ同世代の人間を「意識高い系」とからかう風潮が根強くあります。インターネット上では、フェミニズムをはじめとする、様々な「意識高い系」運動や言説に対する冷笑的な言辞を多く見出すことができるのです。前の節では、権力をもった大人たちが若者の政治的・社会的関心を抑圧する様をみてきました。それと同時に、政治的・社会的関心をもつ同世代をからかう、若者たちの「ピア・プレッシャー（同調圧力）」を見逃すわけにはいきません。

「それはあなたの感想ですよね」――論破王・ひろゆき

そして現在、「進歩的」な・「意識高い」言説を嘲笑う若者たちにとっての文化英雄が、「ひろゆき」こと西村博之です。一九九九年、中央大学文学部教育学科の学生だった「ひろゆき」は、匿名掲示板「2ちゃんねる」（現在は5ちゃんねる）を立ち上げています。筆者も当時の記憶をもつものですが、トップページには大きな痰壺が描かれていて、そこには「この世の憂さの捨てどころ」と書かれていました。「2ちゃんねる」の名を一躍世に知らしめたのが、二〇〇〇年五月に起きた西鉄バスジャック事件でした。中学時代に受けたいじめが遠因となって不登校を続けていた一七歳の少年が、「ネオむぎ茶」のハンドルネームで、「2ちゃんねる」に書き込みを続けていました。その書き込みが「2ちゃんねる」上で中傷され、自暴自棄になった少年は、西鉄バスを乗っ取り、広島まで走らせます。その間に少年は、一人を殺害し、二人を負傷させています。

「2ちゃんねる」にはたくさんのスレッドが建てられ、膨大な数の人が閲覧をしていました。この掲示板の書き込みはすべて匿名でなされています。もちろん事実に即した書き込みもありましたが、偽情報もたくさん書かれていました。ひどく汚いことばで、他者を罵る発言は珍しくもなく、誹謗中傷と炎上が「2ちゃんねる」では常態化していたのです。

「2ちゃんねる」が誕生した一九九九年は、「失われた一〇年」と呼ばれた九〇年代の最後の年でした。バブル崩壊以降の日本の経済は停滞し、「就職超氷河期」が若者たちを襲いました。その結果、正規雇用の仕事に就けない若者が急増していったのです。経済的な窮境に置かれていたのは若者たちだけではありません。「リストラ」という名の解雇によって、仕事を奪われた中高年も少なくありませんでした。長引く不況による企業倒産も相次いでいたのです。「2ちゃんねる」は、窮境に置かれた人々の「この世の憂さ」を吐き出す格好の場所として急成長を遂げていったのです。

日本経済が低迷を続ける中で、中国や韓国などの近隣諸国が目覚ましく台頭していきます。これまで見下してきた国々に、追いつき追い越された。そのことを面白く思わない人たちも当然でてきます。この時代には従軍慰安婦問題も浮上してきていました。韓国が日本に、重ねて謝罪を求める場面も出てきたのです。こうした動きに反発して、韓国を罵る「ネトウヨ」（ネット右翼）が登場しています。「2ちゃんねる」は、「ネトウヨ」の主戦場となりました。

二〇〇〇年代の前半が「2ちゃんねる」の最盛期でした。二〇〇五年には、「電車男」のブームが「2ちゃんねる」から生まれています。「彼女いない歴」が年齢と等しいもてないオタクの「電車男」が、電車内で酔漢に絡まれていた美女「エルメス」に恋心を抱き、「2ちゃんねる」に集う人々の応援で恋を成就させるという物語です。実際に起こったことか否かはまったくわかりませんが、「電車男」は大きな話題になり、TBSテレビでドラマ化され、劇場映画にもなっています。「電車男」は宮崎勤の事件以来もたれていた、オタクに対する否定的なイメージを払拭させる役割を果たしたと、社会学者の辻泉は述べています。〈註43〉

二〇〇〇年代の後半に入ると、スマートフォンが普及し、SNSが発達していきます。SNSの出現によって個人の情報発信が容易になった結果、「2ちゃんねる」は徐々に廃れていきました。ですが匿名での書き込み、誹謗中傷、そして炎上という「2ちゃんねる」の生んだ悪しき文化は、SNS

にも引き継がれていくことになります。

「ひろゆき」の影響力は日本国内だけにはとどまりません。「2ちゃんねる」を模倣して二〇〇三年には、アメリカで「4chan」が生まれています。「4chan」は、二二〇〇万人のユーザーを抱える世界最大級のサイトです。現在はひろゆきが管理人を務めています。二〇二一年一月。大統領選挙でのバイデン大統領の当選を認めない、トランプ支持者によるアメリカ議会襲撃事件は世界に大きな衝撃を与えました。襲撃に加わったトランプ支持者に大きな影響を与えたのが、「Qアノン」というグループであったといわれています。世界は、人肉嗜好や小児性愛者の集う悪魔的な組織に支配されているというのが、このグループの信条です。「Qアノン」は、「4chan」から生まれています。

アメリカ人ジャーナリストで日本のポピュラー文化に詳しいマッド・アルトは、「2ちゃんねる」をオモチャ、マンガ、アニメ、ゲーム、カラオケ、ウォークマン、そして「かわいい」文化等々とともに、世界を席巻した日本発のポピュラー文化として位置づけています。〈註44〉他のすべてのものと「2ちゃんねる」を決定的に分かつのが、「2ちゃんねる」のもつ強い反社会的性格です。

「2ちゃんねる」の管理者である「ひろゆき」は、誹謗中傷を放置した件でたくさんの訴訟を起こされ、そのほとんどで敗訴しています。しかし、彼は三〇億ともいわれる賠償金を踏み倒しています。海外に居住しているため、裁判所は財産を差し押さえることもできないでいます。

「ひろゆき」は、しばしば日本にも姿をみせています。二〇二二年一〇月三日沖縄県のキャンプ・シュワブのゲートの「新基地断念まで座り込み抗議不屈三〇一一日」と書かれた看板の前に立った「ひろゆき」は、こんな投稿をしています。「座り込み抗議が誰も居なかったので、0日にした方がよくない?」〈註45〉。たまたま彼がそこに行ったときに誰も座り込んではいなかった。ずっと座り込みを続けてこなかった以上、「ゼロ日」とすべきだ。普天間基地の辺野古への基地移転は、沖縄を分断する大きな争点となってきました。これまで沖縄の基地問題に何の関わりもなかった「ひろゆき」の、運動に関わる人たちを嘲るかのようなこの発言は沖縄の人たちの怒りを誘います。『琉球新報』はツイッターアカウントで「ひろゆき」にその真意を正しています〈註46〉。しかし「ひろゆき」は、そうした疑問に対して一切答えていません。

裁判で確定した損害賠償請求金を支払わず、アメリカでは意図したものかはさておくとしても、巨大な陰謀組織の誕生に手を貸している。カタールワールドカップの全試合放映権を獲得し、話題になったABEMAというインターネットテレビ局は、こうした好ましからざる人物にレギュラー番組をもたせています（二〇二二年時点）。ユーチューブ上で「ひろゆき」の動画は圧倒的な人気を誇り、そこで彼は「論破王」と持て囃されているのです。正面から論理を戦わせ相手を論破するのではなく、キャンプ・シュワブの例にみられるような、子どもじみた詭弁や揚げ足取りで相手を混乱させるのが彼の持ち味です。「それってあなたの感想ですよね」という彼の決まり文句は、二〇二二年のベネッセの調査で、小学生の流行語第一位に選ばれています〈註47〉。嘲笑と詭弁とをこととする人物を、子どもたちが英雄視している現実には慄然とさせられます。この国の言論はこの先、ますます貧しくなっていくに違いありません。

その政治的立場が右か左かと問うならば、辺野古で戦う人たちを冷笑する「ひろゆき」は、結果として右の側に与しているということになるのでしょう。しかし彼の人気は、その政治的主張の中身によるものではありません。相手を嘲笑い、小馬鹿にする冷笑的な姿勢が、若者を中心に支持されているのです。諸外国にも、もちろん右派や左派のオピニオン・リーダーは存在しています。しかし冷笑系のオピニオン・リーダーなるものが存在する国は日本以外にあるのでしょうか。テレビでおなじみの「社会学者」古市憲寿もその一人です。

一九八〇年代に辻元清美らによってはじめられたピースボート（以下ＰＢ）は、当初アジアの第二次世界大戦の戦跡を経巡るというイデオロギッシュな性格の強いものでした。そうした性格をとどめながらも現在は、格安の世界一周クルーズとして人気を集めています。古市は二〇〇八年、ＰＢの第六二回世界一周クルーズに参加しています。ＰＢに集う若者たちを観察対象とした修士論文を書くためです。その成果は『希望難民ご一行様』〈註48〉（以下『希望難民』）として刊行されています。

古市は、クルーズに参加した若者たちを、世界平和の実現という日本国憲法を称揚するＰＢの理念に強い共感を示す「セカイ系」や、旅の中から人生の指針を見出そうとする「自分探し型」系等、いくつかのタイプに分類しています。若者たちがクルーズに参加した動機や彼らの価値観は様々ですが、多くが不安定就労層とその予備軍に属しており、将来の展望を描くことができず、他者からの承認を渇望している若者であるという共通項が彼彼女らにはありました。〈註49〉

キャリアをやり直す仕組みのない日本で、普通の若者たちが身の程知らずの理想を追いかけ、自分探しに没頭することは時間の浪費であり、消耗でしかない。いま必要なのは普通の若者に夢や希望をもたせることではなく、彼らにそれらをあきらめさせる仕組みを作ることだと古市は言います。もちろんすべての若者があきらめる必要はありません。「社会全体で見ても、運動体規模で見ても、共同体をただの『居場所』だと考えず、『目的性』の達成のためなら冷徹になれ、だけど対外的にはお茶目な『エリート』が、社会を変えていくしかないと思う」。〈註50〉

『希望難民ご一行様』には、社会学者の上野千鶴子が帯に推薦の文章を書いています。教育社会学者の本田由紀が、古市への「反論」という形ではありますが、解説を書いています。〈註51〉二人の著名な東大教授の「協力」も相俟って、本書は大きな注目を集めました。この後の彼は「メディアの寵児」となっただけではありません。民主党の野田内閣、自民党の安倍内閣にまたがっていくつかの政府委員を歴任しています。二〇一四年には、種々の不祥事を引き起こしていた朝日新聞社の「信頼回復と再生のための委員会」の社外委員にも委嘱されています。二〇二二年には新型コロナウイルス対応を検証する有識者会議のメンバーにも選ばれています。古市は『社会学評論』（日本社会学会の機関誌）に掲載された論文で、日本学術振興会の奨励賞を受賞しています。〈註52〉社会学者としても高い力量の持ち主であることを証明したといえます。しかしながら博士の学位も、大学でのポストももたない若手学者がこうしたポジションに就くのは極めて異例のことです。

ピースボートのような平和運動ばかりではなく、古市はデモを始めとする政治運動一般に強い否定的な態度をとり続けています。古市は、3・11以降にさかんになった反原発デモに冷水をあびせかけます。複雑化した現代社会の中で諸悪の根源を名指ししたところで、それは人々の不満のガス抜きになるだけであって、社会を変える力にはならない。デモに参加する人たちは韓国中国に反感をもつ右派であれ、反原発を叫ぶ左派であれ、その問題に切実な関心をもつというよりは、のんきなピクニック気分で、あるいは運動に参加している自分に満足感をおぼえるために参加していると古市はみています。「ただのデモは無駄なのか。そんなことはない。社会に与えるインパクトは企業家たちに比べればほぼ皆無に等しいだろうが、それで本人たちが少しでも幸せになるのなら、それを生温かく見守ってあげればいい〈註53〉」。

普通の人たちが行う社会運動は単なる自己満足に過ぎず何の意味もない。社会を変えることは「開成学園」を出た学歴エリートたちに任せておけばよい。古市の言っていることは、恐ろしく陳腐なものであるといわなければなりません。古市は自民党の政治家たちと同じように「分際をまきまえろ！」と言っているのです。もっとソフトな装いのもとにですが。合唱コンクールで歌っている人の顔はおかしい。ハーフは（容貌の）劣化が早い……。数多の失言にも関わらず、そしてその言説が非常に陳腐であるにも関わらず、古市はデビュー以来、官庁や大新聞のような権威筋から寵愛を受け続けてきました。これは不思議なことです。

その謎を解く鍵を、学部時代の古市の師に当たる小熊英二のことばの中に見出すことができます。小熊は、古市を厳しく批判しています。「ここではない可能性を求める人々に対して、日常に安定した『若者の現代感覚』から冷水をかける、という路線で人気を得ていますね」。「しかも、安定をまだ信じている中高年層むけメディアでね。私からみると、そこが古臭く見える〈註54〉」。古市は、その装いは新しいが、その発言の内実が陳腐であるからこそ（であるにも関わらずではなく）、権威筋の寵愛を受けることができたのでしょう。

人命をも冷笑する文化英雄たち

冷笑系のオピニオン・リーダーは、いまやこの国の言論界で一つのジャンルをなしている観さえあります。非常に高学歴で、アカデミズムの世界で地歩を築いている者もその中には含まれています。著名なジャーナリストだった落合信彦を父にもつ、落合陽一もその一人です。情報科学を専門とする落合は筑波大学の准教授。三〇代の前半で筑波大学の総長補佐を務めています。ベンチャー企業の経営者でもあり、政府の委員を歴任した点で古市と似ています。二〇二一年にコロナ禍であるにも関わらず当時の菅首相と会食した際には、その古市にネット上で揶揄され、激高していましたが。〈註55〉

安倍元首相が銃撃された時、落合はツイッターでこうつぶやいています。「政府で働く人の悪口をみんなで言うと、その悪口を聞いた誰かが、日本を良くしようと思って銃でその人を撃ったりするんだよ。その人が撃たれた後にみんな暴力はいけない断固として許せないって言うんだよ. 言葉の使い方は気をつけようね。みんなの悪意の責任はみんなで取ろうね、メディアも個人も」。〈註56〉落合は政府を攻撃する人たちに元首相銃撃事件の責めを負わせています。事件の原因が全く別のところにあったことが、ほどなくして判明していますが。

成田悠輔は、三〇代前半でイエール大学助教授の地位を得た気鋭の経済学者です。成田は、ネット上で「老人は集団自決すべし　それが最強のクールジャパン戦略になる」という発言を繰り返し、物議を醸しています。〈註57〉本人は、高齢なのに居座り続ける人々に退いていただきたいというのが本意で、別に物理的な切腹でなくとも社会的な切腹でもよいと述べています。ある種のレトリックであるとしても「集団自決」ということばの歴史的由来を考えれば、軽々に使ってよいことばではありません。沖縄の人たちが聞けばどう思うことでしょうか。そうしたことばを高度な知識人であるはずの成田が繰り返し用いていることに驚きます。

古市は落合との対談で、財務省の友人と分析した結果として、終末期医療に膨大なお金がかかっているから、最後の一月の治療をやめるだけで大きな社会保障費の削減につながると述べ、落合もこれに同意しています。しかしこれはまったくの事実無根の言辞であるとして、多方面からの批判を浴びました。〈註58〉

「メディアの寵児」が、「財務省の友人」と検討したのだといえば、誰でもその発言を信じかねない危険性があります。現に落合もそれに乗せられてしまいました。命を軽んじる発言をする人物を登用するメディアの見識を疑います。しかしそれ以上に恐ろしいのは、価値のある命とそうではない命があるという考え方が、いまや公然と語られ始めていることです。

生命を「する」価値で測る——令和日本の倒錯

二〇一六年七月二六日未明。衝撃的な事件が起きました。神奈川県相模原市にある障碍者施設「津久井やまゆり園」に、この施設で働いていた植松聖が刃物を持って押し入り、入所者一九人を刺殺し、入居者と職員二七人に重軽傷を負わせたのです。植松は、凶行におよぶ直前に、大島理森衆院議長

（当時）にあてて、犯行声明ともとれる手紙を書いています。「私の目標は重複障害者の方が家庭内での生活、及び社会的活動が極めて困難な場合、保護者の同意を得て安楽死できる世界です。重複障害者に対する命のあり方は未《いま》だに答えが見つかっていない所だと考えました。障害者は不幸を作ることしかできません」〈註59〉。「家庭での生活」や「社会活動」を営むことのできない障碍者は、不幸でしかないから、保護者の同意の下に安楽死を認めるべきだと植松は主張しています。「する」ことのできない人間は生きている値打ちはない。植松のことばは、そう言い換えることができます。

こうした極端な考えをもっているのは、一人植松だけではありませんでした。雑誌『新潮45』に自民党の衆議院議員杉田水脈は、「彼ら彼女らは子どもをつくらない、つまり『生産性』がない」という理由で、LGBTへの行政支援をやめるよう提言したことは前章でもみたとおりです〈註60〉。「生産性」がない、すなわち「する」ことのできない人間には価値がない。杉田の発言は、植松の思想と同じ地平を共有しています。

二〇二〇年の九月。二人の医師が、ネットで知り合ったＡＳＬ（筋萎縮性側索硬化症）の女性患者を薬物を用いて安楽死させる、嘱託殺人事件が起きました。この時、れいわ新選組の舩後靖彦参議院議員は、「死ぬ権利より生きる権利を」と述べ、安楽死の合法化を安易に推奨する議論を批判しています。この舩後発言に対して、日本維新の会の馬場幹事長は、「（安楽死や尊厳死の）議論の旗振り役になるべき方が議論を封じている。残念だ」と述べています〈註61〉。

れいわ新選組に所属していた大西つねきは、「高齢者を長生きさせるため若者や子どもの時間を奪っていることが問題」だと述べています。命の選別は不可避であり、それこそが政治の任務である。

「その選択するんであれば、えっと、もちろんその、高齢の方から逝ってもらうしかないです〈註62〉」。

馬場の発言に対して、日本維新の会の松井代表は遺憾の意を示し、大西はれいわ新選組を除名されています。二人の発言は、それぞれの所属政党の見解を代表するものではありません。しかし、ここに例としてあげた政治家たちの一連の発言は、命は平等ではなく、その「生産性」の如何によって序列化されるべきものだという認識が、広く日本社会には浸透していて、そうした認識を抱く層にアピールすることを想定して、なされたものではないでしょうか。経済が後退を続け、国家財政破綻への不安が高まる中で、もっとも「する」原理が入り込んではならない、「命」の領域にまでそれが浸透してきているという「倒錯」が、令和のこの国には存在しているのです。

さて丸山は、「マルクスがヘルダーリンを読む」状況を民主主義の理想として語っていました。その丸山をある人物が熱心に読んでいた可能性を否定できないのです。その人物とは現上皇です。

【註】

〈1〉BBC News Japan 電子版「FIFA前会長、カタールでのW杯開催は『間違いだった』人権問題で批判広がる中」二〇二二年一一月九日（https://www.bbc.com/japanese/63564501）二〇二三年一二月一三日確認

〈2〉中日スポーツ電子版「ドイツ代表が手で口ふさぎ抗議　FIFAの差別抗議アームバンド着用禁止で【カタールW杯】」二〇二二年一一月二三日（https://www.chunichi.co.jp/article/587824）二〇二三年一二月一三日確認

〈3〉BBC News Japan　電子版「【二〇二二年サッカーW杯】イラン代表チーム、国歌斉唱を拒否　反政府デモを支持」二〇二二年一一月二二日（https://www.bbc.com/japanese/63712192）二〇二三年一二月一三日確認
〈4〉毎日新聞電子版「サッカー日本代表のロッカールームが話題　『ありがとう』と折り鶴も」二〇二二年一一月二五日（https://mainichi.jp/articles/20221125/k00/00m/050/018000c）二〇二三年一二月一三日確認
〈5〉モリス・バーマン、込山宏太訳『神経症的な美しさ―アウトサイダーがみた日本』慶応義塾大学出版会、二〇二二年、二頁
〈6〉バーマン前掲書、七九―八〇頁
〈7〉バーマン前掲書、四一頁
〈8〉近藤麻理恵『人生がときめく片づけの魔法』サンマーク出版、二〇一一年
〈9〉バーマン前掲書、九四頁
〈10〉バーマン前掲書、六四頁
〈11〉丸山眞男は、「無責任の体系」を次のように説明している。「明治憲法において『殆ど他の諸国の憲法には類例を見ない』大権中心主義（美濃部達吉の言葉）や皇室自立主義をとりながら、というよりも、まさにそれ故に、元老・重臣など超憲法的存在の媒介によらないでは国家意思が一元化されないような体制がつくられたことも、決断主体（責任の帰属）を明確化することを避け、『もちつもたれつ』の曖昧な行為連関（神輿担ぎに象徴される！）を好む行動様式が冥々に作用している」（丸山眞男『日本の思想』岩波新書、一九六一年、三八頁）。天皇、内閣、国会、そして軍部等の権限と責任の所在があいまいな明治憲法体制の下では、結局誰も国家の運営に関して責任を取らない仕組みがうまれてしまったと丸山は言う。
〈12〉バーマン前掲書、八四頁
〈13〉「近代の超克」を唱えながらも、京都学派の哲学者たちは、日本は非西欧世界で唯一近代化に成功し

ており、アジア諸国を指導する責務があるという自己矛盾的な論拠によって、「大東亜戦争」を肯定した。京都学派については、菅原潤『京都学派』（講談社現代新書、二〇一八年）がわかりやすい。

〈14〉バーマン前掲書、九四頁
〈15〉バーマン前掲書、六五頁
〈16〉戸部良一他『失敗の本質―日本軍の組織論的研究』中公文庫、一九九一年、六八頁
〈17〉バーマン前掲書、一一七―一二〇頁
〈18〉バーマン前掲書、五八頁
〈19〉バーマン前掲書、一四二頁
〈20〉バーマン前掲書、一四二頁
〈21〉バーマン前掲書、一四三頁
〈22〉丸山眞男『日本の思想』岩波新書、一九六一年、一九〇頁
〈23〉Youtube KYODO NEWS「『戦争は文化ではない』石田純一さんも抗議に参加」（https://www.youtube.com/watch?v=FghEoWIS3Rg）二〇二三年一二月一三日確認
〈24〉沖縄タイムス電子版「モデルのローラさんが辺野古工事停止の署名呼び掛け『埋め立て止めることができるかも』」二〇一八年一二月一八日（https://www.okinawatimes.co.jp/articles/-/360898）二〇二三年一二月一三日確認
〈25〉沖縄タイムス電子版「『今こそ沖縄の声に耳を』ウーマンラッシュアワー、漫才で辺野古に言及」二〇一八年一二月一四日（https://www.okinawatimes.co.jp/articles/-/359187）二〇二三年一二月一三日確認
〈26〉朝日新聞電子版「芸能人、政治語れば干される不安　政権側は寄ってくるが」二〇一九年七月二四日（https://digital.asahi.com/articles/ASM7M77LFM7MUCVL02J.html?iref=pc_ss_date_article）二〇二三年一二月一三日確認
〈27〉樫村愛子「共感を通した支援、連帯を示した #MeToo 運動　ツイッターで拡散したセクハラの告発、

日本では少ない当事者の訴え」論座アーカイブ、二〇一八年二月一五日（https://webronza.asahi.com/national/articles/2018013100005.html?page=1）二〇二三年一一月一三日確認
〈28〉スポーツニッポン電子版「大坂なおみ、七枚の黒マスクに思い込め…手にした四大大会三勝目」二〇二〇年九月一三日（https://www.sponichi.co.jp/sports/news/2020/09/13/kiji/20200913s00028000173000c.html）二〇二三年一一月一三日確認
〈29〉〈26〉と同じ
〈30〉松谷創一郎「アラフォー『ＳＭＡＰ』が乗り越えられなかった、典型的な日本型の〝商慣習〟とは　四〇歳前後の男性たちが、自由にモノを言えない社会で良いのだろうか」ハフィントンポスト日本版、二〇一七年一月二〇日（https://www.huffingtonpost.jp/2017/01/19/give-smap-freedom_n_14271476.html）二〇二三年一一月一三日確認
〈31〉丸山前掲書、一九二頁
〈32〉女性自身電子版「柴山文科大臣 Twitter で高校生の政治話に疑問呈し非難殺到」二〇一九年九月八日（https://jisin.jp/domestic/1772662/）二〇二三年一一月一三日確認
〈33〉柴山元文部科学大臣のＸ（旧ツイッター）二〇一九年九月九日（https://twitter.com/shiba_masa/status/1170868818257690624）二〇二三年一一月一三日確認
〈34〉高松平蔵「ドイツの小学生が『デモの手順』を学ぶ理由　まず役所、次に地元紙、それでもダメなら?」東洋経済ＯＮＬＩＮＥ、二〇一七年一〇月二二日（https://toyokeizai.net/articles/-/193857）二〇二三年一一月一三日確認
〈35〉AFP BB News「フランス各地で高校生がデモ、校内のコロナ対策強化訴え」二〇二〇年一一月六日（https://www.afpbb.com/articles/-/3314288）二〇二三年一一月一三日確認
〈36〉朝日新聞電子版「国民の怒り鎮められぬマクロン仏大統領　反年金改革で名門高校も封鎖」二〇二三年三月二四日（https://digital.asahi.com/articles/ASR3S2RN5R3SUHBI00D.html?iref=pc_

ss_date_article) 二〇二三年一二月一三日確認

〈37〉週刊金曜日電子版「ビラまき高校生を『私人逮捕』警察・裁判所の異常対応とは」二〇二〇年八月一八日（https://www.kinyobi.co.jp/kinyobinews/2020/08/18/antena-774/）二〇二三年一二月一三日確認

〈38〉NHK政治マガジン「教育勅語『現代風に』文科相発言に批判相次ぐ」二〇一八年一〇月三日（https://www.nhk.or.jp/politics/articles/statement/9451.html）二〇二三年一二月一三日確認

〈39〉朝日新聞電子版「萩生田文科相『身の丈』発言を撤回『説明不足だった』」二〇一九年一〇月二九日（https://www.asahi.com/articles/ASMBY3624MBYUTIL006.html）二〇二三年一二月一三日確認

〈40〉富永京子『社会運動と若者─日常と出来事を往還する政治』ナカニシヤ出版、二〇一七年

〈41〉一九七〇年代に世界中で展開された女性解放運動。ウーマンリブは、女性解放（Women's Liberation）の短縮形。日本では経口避妊薬ピルの解禁を求める、「中ピ連」等の過激でエキセントリックな活動が世間の耳目を集めた。

〈42〉江原由美子「からかいの政治学」『女性の社会問題』第四号、一九八一年（『増補　女性解放という思想』ちくま学芸文庫、二〇二一年所収）

〈43〉辻泉「オタクたちの変貌」（小谷敏編著『二十一世紀の若者論─あいまいな不安を生きる』世界思想社、二〇一七年所収）

〈44〉マット・アルト、村井章子訳『新ジャポニズム産業史　1945-2020』日経BP、二〇二一年

〈45〉ひろゆき・X（旧ツイッター）「座り込み抗議が誰も居なかったので、0日にした方がよくない？」二〇二二年一〇月三日（https://twitter.com/hirox246/status/1576859632668405760）二〇二三年一二月一三日確認

〈46〉琉球新報・X（旧ツイッター）「琉球新報です。辺野古の座り込みに関する投稿について、ご本人の見解を記事化いたしたく、以下の質問への回答をよろしくお願いいたします。／・来県の目的と投稿の意図、また「0日にした方がいい」との書き込みの意味をお聞かせください。」「・座り込みをしている

タイミングでもゲート前を訪問されたようですが、辺野古での座り込み行動へのひろゆきさまのご見解をお聞かせください。／・投稿について批判も起きていますが、批判に対する見解と謝罪や撤回をされるお考えについてお聞かせください。」二〇二二年一〇月五日（https://twitter.com/ryukyushimpo/status/1577608731466280960）二〇二三年一二月一三日確認

〈47〉毎日新聞電子版「ひろゆき氏の『それってあなたの感想ですよね』小学生の流行語一位」二〇二二年一二月一日（https://mainichi.jp/articles/20221201/k00/00m/040/291000c）二〇二三年一二月一三日確認

〈48〉古市憲寿『希望難民ご一行様―ピースボートと「承認の共同体」幻想』光文社新書、二〇一〇年

〈49〉古市前掲書、一四五―一四八頁

〈50〉古市前掲書、二七三―二七四頁

〈51〉本田由紀「解説、というか反論」（古市前掲書所収）

〈52〉古市憲寿「創られた『起業家』―日本における一九九〇年代以降の起業家政策の検討」『社会学評論』日本社会学会、二〇一二年六三巻三号、三七六―三九〇頁

〈53〉古市憲寿『絶望の国の希望の若者たち』講談社、二〇一一年、一九〇頁

〈54〉古市憲寿「古市くん、社会学を学び直しなさい!!　第一回　小熊英二先生に『日本の社会学』を聞く！」『小説宝石』二〇一五年四月号

〈55〉togetter「https://togetter.com/li/1649414」参照。二〇二三年一二月一三日確認

〈56〉落合陽一・X（旧ツイッター）https://twitter.com/ochyai/status/1545282099636625472 二〇二三年一二月一三日確認

〈57〉Youtube ホリエモンチャンネル「【成田悠輔 × 堀江貴文】高齢者は老害化する前に集団切腹すればいい？　成田氏の衝撃発言の真意とは」（https://www.youtube.com/watch?v=7vorIkYheFw）二〇二三年一二月一三日確認

〈58〉古市憲寿・落合陽一「『平成』が終わり、『魔法元年』が始まる」『文學界』二〇一九年一月号、

一七八―一九七頁

〈59〉神奈川新聞電子版「衆院議長に殺害示唆する手紙　相模原障害者施設殺傷で容疑者」二〇一六年七月二六日（https://www.kanaloco.jp/news/social/entry-79140.html）二〇二三年一二月一三日確認

〈60〉杉田水脈「ＬＧＢＴ支援の度が過ぎる」『新潮45』二〇一八年八月号、五七―六〇頁

〈61〉千葉日報電子版「松井維新代表が馬場幹事長に苦言　舩後氏への批判は『非常に問題』」二〇二〇年七月三〇日（https://www.chibanippo.co.jp/newspack/20200730/710432）二〇二四年二月四日確認

〈62〉荻上チキ「大西つねき氏の『命の選別』発言の問題点」note 二〇二〇年七月一六日（https://note.com/ogiuechiki/n/n96ed80d5f622）二〇二三年一二月一三日確認

第❹章 明仁が丸山を読む——「象徴」とは何か

1　昭和天皇が象徴したもの

日本とはかけ離れた国――マリの北米体験

アメリカ北東部のハイスクールに留学した日本人少女が、日本でいえば「現代社会」の授業のディベートで、昭和天皇は東京裁判で有罪にされるべきであったと主張する立場を担わされ、アイデンティティ・クライシスに直面する。発表当時大きな話題を呼んだ赤坂真理の『東京プリズン』〈註1〉は、著者自身の体験が投影されています。みんなが一斉に行動することを強いられる日本社会の同調圧力に息苦しさを感じた赤坂は、アメリカ留学に活路を求めます。日本がバブルへと向かい始めた一九八〇年のことでした。マリは著者の分身といえます。

主人公のマリが赴いたアメリカは、日本とはまったく異質な社会でした。『東京プリズン』の冒頭には、ハイスクールの同級生たちだけで、自動車を運転してヘラジカ狩りに出かける印象的なエピソードが描かれています。高校生が自動車を乗り回し、銃を携行するなど、日本では想像もつかないことです。このヘラジカ狩りの直後にマリは、アイスホッケー部の花形プレーヤーにレイプされそうになります。「帰らないと、父さんがあなたを殺す〈註2〉」。「父さん」とは、ホストファミリーの父親のことですが、少年はこの一言で、レイプを断念します。女性をレイプすれば、彼女の父親に殺される！　そうしたことが現実に起こりうる社会ということなのでしょう。

マリを襲ったデートレイプ未遂の顚末が示すようにアメリカはマッチョで、非常に暴力的な国です。そして禁欲を旨とするピューリタンの国でありながら、性愛的な雰囲気に満ち満ちた社会でもあります。日本ではいまでも男女交際を禁止する校則をもつ学校はめずらしくありません。「恋愛禁止」を売りにするアイドルユニットさえ存在しています。ところが、アメリカのハイスクールは、学校が主宰するパーティーに異性のパートナー同伴で参加することが求められるのです。[註3]日米の大きな差異に打ちのめされたマリは（そして著者である赤坂も）、留学の継続を断念し、一年で日本に戻ってきています。

何も知らされていなかった――マリを襲う困惑

天皇の戦争責任という論題を与えられたマリは、大きな困惑に襲われます。日本では、この問題はタブーとされています。マリはあまりに自分が何も知らないことに絶望してしまいます。無理もありません。これまで日本の近現代史についてほとんど何も教わってこなかったのですから。「日本の中学校では、近現代史に触れることは暗黙の、公然とした、タブーだった。（略）カリキュラムは卑弥呼からはじめて明治維新あたりで時間切れになるようになっている」。[註4]優秀なチューター役の友人の助けを得て、マリは様々な気づきを得ます。東京裁判は、勝者が敗者を後づけの法律（事後法）で裁く正統性の極めて疑わしい代物であったということ。アメリカは、はじめから天皇を免責するつもりであったということ。大日本帝国憲法の記述は、天皇は〝独裁者〟とも立憲君主とも読める曖昧なものであったということ。そして人間宣言というが、実は昭和天皇は、自分が人間だと明言したわけではないということ……。

チューター役の友人と、ＧＨＱが起草した日本国憲法の原文を読みながら、マリは、深い驚きにうたれます。憲法九条は戦争の放棄を謳っています。「放棄」には仕方なく投げ出すという意味もあるabandonではなく、自発的にやめるという意味をもつrenounceが充てられています。「私はこのとき、ショックのあまり失笑した。なんてことだ。『自発的にやめる』と、他人の言葉で私たちが言うとは！

そのうえそのことさえ、アメリカ人に教えてもらうまで知らないとは！」〈註5〉。自国の歴史とこの国の形を定めた憲法についてほとんど何も知らない。それはひとりマリだけの問題ではありません。日本人のほとんどが、敗戦後の日本国家の成り立ちから目を背けてきたのです。

ディベートの準備のために日本国憲法の英語と日本語の条文を対比しながら読んでいたマリは、大きな違和感を覚えます。「天皇は、日本国の象徴であり、日本国民統合の象徴であって」という件は、英文では「Symbol of the state and of the unity of the people」となります。「people」とは「人々」であって、「国民」ではありません。「ピープルがある理念や概念のもとにまとまって、初めて『国民』になるんじゃないのか」〈註6〉。ところが日本語の条文では、国民は所与のものとしてあって、そのまとまりを象徴するものが天皇だということになってしまう。

リンカーンのゲティスバーグ演説は、南北戦争がもたらした悲惨な分断から、国民としてのまとまりを生み出す神話としての役割を果たしてきました。マリは痛切に思います。ゲディスバーグ演説のように、「私たち自身が、新しい神話をつくる必要があった」〈註7〉。神話とは国民というまとまりを作るための理念や概念と置き換えてもよいかもしれません。人々を国民として束ねている理念は何か。憲法

たのです。その意味で、「日本国民」はいまだ存在しないのかもしれません。それを明らかにする努力を敗戦後の日本人は払ってはこなかったのです。その意味で、「日本国民」はいまだ存在しないのかもしれません。

「私の家には、何か隠されたことがある」――解離という名の防衛機制

赤坂がこの小説を書いた動機は何だったのでしょうか。赤坂の母親は、敗戦の直後、東京裁判の中での、BC級戦犯の裁判に関わる資料の翻訳をしていました。しかし、それを赤坂が知ったのは、それから半世紀近くもたった一九九五年のことでした。認知症気味の祖母の、ふともらしたことばがきっかけでした。「この家には、何か隠されたことがある。ごく小さな頃から、そう思っていた」。隠されていたのがこの事実でした。しかし、赤坂の家族はなぜそれを隠さなければならなかったのか。祖母はこう答えます。「味方を裁くことだから、つらかったみたいよ〈註8〉」。

日本の戦争をめぐっての赤坂と母親との対話は興味深いものです。日本兵の行った残虐行為はたしかにひどい。広島長崎への原爆投下や東京大空襲はそれ以上に非道な戦争犯罪なのではないかという問いに、『お前ら真珠湾やったじゃないか』と言われたら、仕方ないわ〈註9〉」。東京裁判で真珠湾攻撃はだまし討ちではないと認められたと赤坂が述べても、母の意見は変わりません。もしアメリカが主張するように、戦争の非の一切が日本の側にあるのだとすれば、昭和天皇は戦争責任による処罰を免れないでしょう。「天皇に戦争責任はあると思う?」という問いに母は、「天皇陛下を裁いたら、日本はめちゃくちゃになったわ」と答えます。軍国主義を信じていたかつての自分を嫌悪しているとまで言った、知的でリベラルなはずの母親が、日本の戦争と天皇のことに関しては判断停止に陥っている

ことに赤坂は驚きます。母をみて赤坂は、精神医学の言う「解離」ということばを想起しています。解離とは、自分の経験の中から苦痛をもたらすものを切り離すことによって、自己を守ろうとする防衛機制です。親から虐待を受けている子どもは、それを耐えるために、想像の中で別の人格を生み出すことさえあります。これが俗に多重人格と呼ばれる、解離性人格障碍です。真理の母も、東京裁判への関与の記憶に蓋をして、自己を守ろうとしたのでしょう。たしかにこれは解離と呼びうるものです。赤坂はこの蓋をこじ開けるために、この小説を書いたのです。

敗北を抱きしめて——性愛的なものとしての占領

アメリカが敗戦国である日本に憲法を与え、防衛と経済の両面で日本を庇護し、日本がアメリカの「指導」に唯々諾々と従って来た戦後の日米関係の中に、マリは性愛的なものを見出しています。「なるほど私の国の人たちは、戦争が終わって、女のようにふるまったのではないかと。男も女も男を迎えるように、占領軍を歓迎した」〈註10〉。黒船によって無理やり開国させられた日本は、自分たちの男性性を否定されたと思い、一路富国強兵に邁進しました。そしてアメリカとの間に無謀な戦端を開きます。「そしてそれに敗れ、国に男がやってきたら、女としてもてなした」〈註11〉。

この文章に触れて、筆者は地元で自治会長を長く務める方から聞いた、次のようなエピソードを思い出しました。筆者の住む神奈川県のS市は、大日本帝国時代には陸軍士官学校が所在し、軍都としての歴史をもつ町です。敗戦を境に軍都は、「進駐軍の町」に生まれ変わります。戦争に負けた大人たちは、打ちひしがれ、背中を丸めて歩いていました。米兵を相手にする女性たちは違います。「実家は商売やってたんだけどね。米兵がパンパン（アメリカ兵を相手にする娼婦）と一緒に買い物に来たことがある。『パパさーん、これもってえ』とか指図するんだよね、米兵に。尻に敷いてるって感じでさあ。『元気いいなあ』と思ったね」。「オンリー」と呼ばれる米兵の愛人たちもいました。「オンリーさん相手の戸建ての借家が、いくつもこの通りには立っていたよ〈註12〉」。

一九五〇年に朝鮮戦争が勃発しています。足かけ四年に及ぶ戦争で、朝鮮半島では三〇〇万人の人命が失われたといわれています。日本ではこの戦争の特需景気を奇貨として戦後復興が始まりました。戦争の勃発によって「進駐軍の街」であるS市に生じた変化を、幼い自治会長さんも敏感に感じとっていました。会長さんの友だちのお父さんが経営していた「パンパンハウス」には、昼間からたくさんの米兵が訪れていた。幼いころの会長さんが友だちの家に遊びに行くと、「兵隊さんが深刻な顔をしていた。死が待ち受けている厳しい戦場に向かう恐怖を、ああいうことをすることで紛らわしていたんだろうなあ。あ、いまにして思えばだよ〈註13〉」。

占領期の日本を描いたジョン・ダワーの名著に『敗北を抱きしめて』があります。「抱きしめる」ということばには、言うまでもなく性愛的なニュアンスが付随しています。同書の中にも、会長さんが語ってくれたような、多くの事象が言及されています〈註14〉。

自分たちを蹂躙した国の男たちと、自国の女たちが性愛的な関係を結んでいる。それを目の当たりにした時の男たちの屈辱感は容易に想像することができます。そうした関係をアメリカ兵との間に結んだ女たちは何を思っていたのか。日本女性とアメリカ人男性との関わりについての記憶もまた蓋をしたいものであったはずです。

ハイテク時代の平癒祈願――天皇の逝く国で①

日本はアメリカの庇護の下に目覚ましい経済発展を遂げています。力をました日本経済は、アメリカの脅威とさえなっていったのです。日本の貿易黒字とアメリカの貿易赤字は膨張の一途をたどっていました。一九七〇年代から始まった日米貿易摩擦は八〇年代に入るとさらに激化していったのです。貿易赤字をもたらすドル高の是正のために、一九八五年にニューヨークのプラザホテルで、主要五カ国の大蔵大臣と、中央銀行の総裁が集まり会議が開かれます。そこで出された円高誘導策（いわゆる「プラザ合意」）を、日本政府は容認しています。円の価値はわずか二年半ほどの間に二倍近くも高くなりました。この極端な円高によって日本の輸出産業は大きな打撃を受け、中小企業を中心に多くの倒産が起こっています。いわゆる円高不況です。赤坂の家族も、この円高不況の犠牲者でした。彼女の父親は円高不況のため事業に失敗し、自死を遂げています。

円高不況の後にはバブル景気が訪れます。円高のためアメリカ市場で荒稼ぎのできなくなった日本企業は「財テク」と呼ばれた投機に走ります。円高によって「半額セール」となったアメリカの資産を次々と買い占めていきました。その中にはアメリカの象徴と呼ばれたロックフェラーセンターも含まれていました。国内においては、膨大な資金が株と不動産に向かいます。株価は、東京証券取引所の一九八九年の大納会での取引期間中に四万円近い高値を記録しています。不動産価格の総額も、二五倍の面積をもつアメリカ全土の二倍を、バブルのピーク時には記録したとされています。街にはにわか成金が溢れ、普通の人々もバブル景気に浮かれ騒いでいたのです。

昭和天皇の容態の悪化が告げられたのはバブル景気の最中の一九八八年のことでした。日本社会はこの時、「自粛」ブームに覆われます。花火大会や音楽やスポーツなど様々なイベントが中止となりました。全国各地には、快癒記念の記帳所が設けられます。当時社会党の党首であった土井たか子も記帳しています。バブル真っただ中の超ハイテク国家での、平癒祈願！　まさしく丸山の述べた「過近代と前近代の同居」を象徴する光景です。

同年一二月長崎市の本島等市長は、市議会での共産党議員の質問に答えて「天皇に戦争責任がある」と答えています。本島の発言は、私にも戦争責任があるように天皇にもあるという穏当なものでしたが、本島はすさまじいバッシングに晒されます。そして翌八九年一月に右翼に銃撃され、重傷を負っています。〈註15〉

ヒロヒトが「象徴」したもの――天皇の逝く国で②

赤坂は、昭和天皇に関して、次のように述べています。「人々は、被害者でもあり加害者でもある自らの姿を、ひとつの象徴として、昭和天皇に見たのではないだろうか〈註16〉」。だからこそ天皇を裁けなかった。「自分も、免罪されるほどに罪のない存在だとは思えないから〈註17〉」。

日中戦争とアジア太平洋戦争を生き抜いた日本の庶民は、自分たちは戦争の被害者だという自己認識をもっていました。筆者が子どものころに親世代から聞かされた戦争についての語りは、たとえば原爆や各地の空襲の悲惨さについてであり、愛する者を戦争で失った悲しみであり、引揚者やシベリアに抑留された人たちの苦難や、敗戦直後の貧しさ・ひもじさの記憶でした。これらはすべて被害体験についての語りでした。加害体験を語る大人に出会ったことはありません。そして日本を破滅させたものは「軍部」であるという認識を繰り返し聞かされたものです。戦争について語る時、筆者の亡き父は「軍部がいけん。東條がいけん」と口癖のように繰り返していました。

これらの語りの中には、多くの真実が含まれているはずです。しかし、戦争を生き抜いた日本の庶民は、ただ被害者だけであったはずがありません。戦地に送られた日本の庶民は、皇軍兵士として現地の人々に様々な蛮行を働いていています。中国や韓国の人たちに対する差別的な意識も往時の日本庶民の中には広く持たれていました。たしかに「軍部がいけん」。しかし、それも事実の半面でしかありません。新聞報道に煽られたものだとはいえ、日中戦争の緒戦の勝利に日本の庶民は熱狂的な支持を与えていたのです。世論が「軍部」の背中を押した結果、日本は戦争の泥沼にはまったという見方も否定できません。往時の日本の庶民は、よほど幼かった人を除けば、その加害性を完全に免れると思える人は、おそらく非常に少ないのではないでしょうか。

日本の庶民は加害者としての記憶に蓋をしてしまった。自らの姿を昭和天皇に仮託したと赤坂はのべていました。GHQは、あらかじめ天皇を訴追しないことを決めていました。東條英機を首魁とする「軍部」を、ドイツにおけるナチスの対応物とみなす方向で、東京裁判の公判は進められていったのです。天皇を訴追しないというGHQの方針は、当時の日本の庶民にとっても好都合なものであったはずです。天皇の戦争責任を追及すれば、それはブーメランのように自らに返ってくるリスクがあります。天皇を免責して、すべての責任を軍部に押し付けてしまえば、自分たちも天皇と同様、安全地帯に立つことができます。

加害者としての自覚を持ちながら生きることはつらいものです。日本の庶民は、加害につながる日中戦争とアジア太平洋戦争の記憶を「解離」にも似た心理操作によって忘却し、敗戦後の日常を生きてきたのです。大日本帝国の戦争下、自分が何を思い、何をしたのか。それについては一言も語らず、死の床に横たわる昭和天皇の姿に、戦争経験世代は、自分たちの「象徴」をみていたのではないでしょうか。天皇の戦争責任に言及した本島の発言を、この世代の人々は一人天皇だけではなく、自分たちへの攻撃として受け止めた可能性があります。それが本島発言への異常なまでの強い反発を生んだのではないでしょうか。

しかし赤坂の母親の「解離」の原因は、戦争に対する加害性とは、また別の性格のもののようにもみえます。アメリカとの戦争の最中、戦場では男たちが、天皇の名の下に、戦死を遂げていました。銃後では老若男女を問わず、アメリカの戦略爆撃と原爆投下によって、夥しい人命が失われていたのです。赤坂の母親は、連合国の戦犯裁判に協力していました。日本人を裁くために連合国に協力することを、赤坂の母は命を賭けて連合国と戦った同胞への裏切りと感じ、後ろめたく感じていたのかもしれません。そしてこの種の罪悪感は、往時の多くの庶民に持たれていた可能性があります。自分の愛する者たちの命をアメリカに奪われながら、敗戦後の日本人は、アメリカの改革を受け容れ、アメリカの庇護の下に経済発展を遂げ、アメリカ的な豊かな消費生活を享受していったのですから。

マリが「解離」と呼んだ心理的メカニズムによってもたらされる、人々の意識と文化の全般にもたらされるひずみ。その問題について以下に考えてみたいと思います。

2　敗戦後日本の精神的空洞——あるいは「内的自己」と「外的自己」の分裂について

解放者としてのアメリカ？

一九四五年に入ると戦争の帰趨はもはやだれの目にも明らかなものとなっていました。しかし、大日本帝国陸海軍は、激烈な抵抗をやめません。硫黄島と沖縄でアメリカ軍は大きな人的被害を出していました。本土決戦ともなればさらに大きな損害を免れない。このことが長く広島と長崎への原爆の投下を正当化する論理として用いられてきました。最近ではこれに疑問が投げかけられているようですが、戦闘のすさまじさを思えば、日本の占領は大きな困難が伴うと多くのアメリカ人が思ったことでしょう。しかし、占領軍に対する抵抗はほとんど起こりませんでした。それどころか日本人は、進駐軍を歓迎しさえします。獄中非転向を一五年間も貫いた日本共産党の徳田球一は、アメリカを「解放軍」と呼び歓迎しています。ＧＨＱの総司令官であるマッカーサーのもとには、その在任中五〇万通もの「ファンレター」が寄せられたといいます。戦時中には、ニミッツ提督とマッカーサーを対にして、地獄に落としてやるという軍歌が歌われていたのですから、日本人の変わり身の早さには驚かされます。

マッカーサーは、本来は保守的な人物ですが、日本占領時にはニューディラーのテクノクラートを積極的に起用し、急進的な戦後改革を推し進めていきます。一九四六年一一月三日に公布され、一九四七年五月三日から施行された日本国憲法は、戦争の放棄を謳い、アメリカ合衆国憲法にさえ当時はまだなかった男女の平等を明文化した画期的なものでした。経済民主化のための財閥解体、自作農を増やし、農村民主化をはかった農地改革、そして六三制と男女共学を柱とする教育改革等の戦後改革が、日本人から大きな抵抗にあうことはありませんでした。

しかし占領軍による改革には大きな限界がありました。日本の統治を容易にするために、アメリカは天皇制と霞が関の官僚機構を温存します。米ソ冷戦の激化以降、GHQは公職追放の解除や、レッド・パージ、さらには警察予備隊の創設等、保守的な方向に舵を切るようになりました。いわゆる「逆コース」です。戦後改革は当初考えられたものよりは、不徹底なものに終わりました。しかし日本国憲法の制定に始まる一連の戦後改革が、この国の民主化に大きな寄与をなしたことは否定できないでしょう。鶴見俊輔は、一九五二年に「見事な占領の終わりに」というエッセイを著し、アメリカの日本統治を讃えています。〈註18〉

軍国主義的な体制の下で弾圧を受けていた左派リベラルの知識人が、その軍国主義を打倒したアメリカを歓迎する心理はよく理解できます。そして軍国主義的な抑圧にうんざりしていた庶民が、それとは正反対の民主主義をもたらしたアメリカに感謝の念を抱くこともわからないではありません。また大正デモクラシー以降、日本にも民主主義が浸透していった素地があります。さらには、ハリウッド映画やベーブ・ルース、ジャズ等のアメリカのポピュラー文化は、日米開戦前から日本では高い人気を博していました。ですから、アメリカの民主主義とアメリカ的な生活様式と価値観とが、多くの日本人に歓迎されたことも、それほど不思議なことではないのかもしれません。

しかし、疑問も生じてきます。多くの同胞の命を奪ったアメリカに日本の民衆は恨みや敵意を本当に抱くことはなかったのでしょうか。そしてマリが驚いたように、日本とアメリカは大きく異なった文化と行動様式をもつ国です。その異質な国の文化と、それに根差した政治制度を受け容れることに、抵抗感をもたなかったのかという疑問です。

「自分たちの文化を否定し、生活をダメにする」──敗戦後日本の精神的空洞

筆者が大学院生だったころ、すべては幻であるという「唯幻論」を唱えた岸田秀という精神分析家が、人気を博していました。岸田は、ペリーに強いられた開国と、マッカーサーの占領という二つの被強姦体験をもつ日本人は、アメリカに追随する「外的自己」とアメリカ的なものを忌避する「内的自己」の間に引き裂かれた精神分裂病（現在でいう統合失調症）に陥ったと論じています。[註19] 強姦という表現は穏やかなものではありません。またすべてを幻と切り捨てる岸田の理論の生産性には疑問符がつきます。しかしアメリカによる占領の性愛的な特徴を強調する赤坂の視点は、岸田と重なりあうものです。そして、第3章で登場したバーマンも、開国と占領が日本人にもたらした深刻なトラウマを指摘しています。

バーマンは、歴史家のクリストファー・ジョーンズが記した印象的なエピソードを紹介しています。ペリー来航の際、日本側は「相撲取りの興行を手配し、物質に対する心（精神）の力の優

位を示そうとした」。これに対してペリーの贈り物は、円状のレールの上を走る小型の蒸気機関車でした。「このおもちゃの汽車は……相撲の原始的な力よりはるかに脅威を与えるものだった」〈註20〉。日本の「精神」は、ペリーの黒船やトルーマンの原爆の前には無力だったのです。

敗戦後の日本はアメリカ流の民主主義はもとより、生活様式においても熱狂的にアメリカニゼーションを受け容れていきました。しかしマリも認めていたように、アメリカと日本は何もかもがあまりにも異質です。第3章でみたように、若き日のバーマンは、物質主義的で自己中心的で拡張的なアメリカ文化の対極にある、精神主義的で、他者の存在を重要視し、欠乏の中に美を見出す日本文化に強く惹かれています。何もかもが似ていない文化を丸ごと受け容れることには無理があります。過度のアメリカニゼーションに走った日本についてバーマンは次のようなアーシュラ・ル・グウィンのことばを引用しています。「自分の文化をまるごと否定して、生活を駄目にすることに同意してしまった」〈註21〉。その結果、敗戦後の日本は神経症に罹患した。それがバーマンの見立てです。

岸田は統合失調症といい、赤坂は解離と呼び、バーマンは神経症の診断名を与えています。表現は様々ですが、敗戦後の日本人の精神構造にはどこか病理的なところがあり、それがアメリカとの関係に由来しているという認識は三者で共通しています。自分に屈辱を与えた者に従属して、その生き方を模倣することを強いられた人間が、心を病んだとしても何の不思議もありません。

「自分たちの文化をまるごと否定し、生活を駄目にすることに同意した」日本人の中には、大きな精神的な空洞が生じてしまいました。それを埋めるために、あるいはそれと向き合うことを避けるために、日本人は懸命に働き、一九七〇年までには世界第二位の経済大国にのし上がっています。バーマンは、日本人のアイデンティティの空白に大きな危機感を抱いていた二人の文学者をあげています。三島由紀夫と川端康成です。三島は天皇の中に、川端はもはや失われてしまった伝統的な美の世界の中に日本人のアイデンティティのコアを見出そうとしていました。三島は剣道やボディビルで身体を鍛え上げ、「楯の会」を作って、若者たちとともに自衛隊への体験入隊を重ねていました。一九六八年にノーベル文学賞を受賞した川端の受賞講演のタイトルが「美しい日本の私」であったことは象徴的です。

日本の経済発展を寿ぐ、大阪万国博覧会の閉会から約二カ月がたった一九七〇年一一月二五日、三島は「楯の会」の学生たちとともに市ヶ谷の陸上自衛隊総監部に押し入っています。バルコニーに立った三島は、隊員たちに蹶起を促しますが、彼らは冷笑をもってこれに応えました。直後に三島は、「楯の会」の隊員だった森田必勝とともに切腹し、果てています。

川端は三島の死に大きな衝撃を受けています。三島の死から約一年半後の一九七二年四月一六日。自宅でガス管をくわえ、三島と同じように自ら命を絶っています。日本を代表する二人の文学者の自死は、「自分たちの文化をまるごと否定し、生活をダメにすることに同意した」敗戦後の日本への絶望が表明されています。

ブランドブーム——内面の空洞を埋めるために

筆者は川端が自殺したまさに一九七二年の四月に高校に入学しています。一九五〇年代の中葉に生まれ、一九七〇年代に青春を送った筆者たちの世代は、「三無主義（の世代）」とも「しらけ世代」とも呼ばれています。「三無主義」の三無とは、無気力・無関心・無感動。クラスの話し合いで意見を言うものがいない。生徒会活動も低調で、生徒総会で意見を述べたり、生徒会長に立候補したりすれば、冷笑の的となる。これが「三無主義」の高校生の典型的なイメージであり、筆者の経験した高校生活も、まさにそうしたものでした。「意識高い系」を冷笑する、現在の若者の原型がここにみられます。第3章で指摘した若者のシニシズムには、半世紀を超える歴史があるのです。

作家で、後に政治の世界に転じて、長野県知事や衆議院議員を務めた田中康夫も「しらけ世代」の一員です。一橋大学の四年生だった一九八〇年、田中は『なんとなく、クリスタル』で衝撃的なデビューを果たしています。これは奇妙な小説です。作品の中には膨大なブランド品やおしゃれなお店についての脚注が付されています。その反面、登場人物は軽薄でスノッブなだけでとりたてて魅力があるわけではありませんし、小説の中でさしたるドラマが起きるわけでもありません。人間ではなく、ブランド品が主人公であるような小説！　シニカルな「しらけ世代」の作家が書くにふさわしい作品といえます。バーマンは、豊かさの果てに日本人が経験した虚無を描き出した作品として、この小説を高く評価しています。「物質的な成功は裏目に出て、心の平穏ではなく空虚感をもたらしたようだ。一九八〇年代、日本が経済的成功の絶頂に達したまさにその時、日本人は茫然自失の状態に陥り何に価値を置くべきかわからなくなっていた。これこそ『なんとなく、クリスタル』の真のメッセージである」〈註22〉。

八〇年代の日本人は、憑りつかれたようにブランド品を購入していました。日本人は内面の空洞を埋めるために消費に狂奔していたのです。しかし、それは田中の小説が暗示するように、空洞をより大きなものにする結果に終わっています。

「ディスカバー・ジャパン」——日本回帰の潮流

他方、バーマンは高度経済成長期が終焉した一九七〇年代に生まれた、物質主義の徹底とは異なる流れを指摘しています。それは、一九七〇年代に国鉄が行ったディスカバー・ジャパンのキャンペーンです。このキャンペーンのポスターには、「神社で枯れ葉を集める村娘たち」や「山奥の神社で祈りを捧げる仏僧」の姿を写した写真が使われています。「七〇年代には過去の価値観へのノスタルジーが日本を席捲し始めていたわけだ。それは自国が何か大切なものを失いつつあるという感情を反映していた〈註23〉」。失われた日本の美への共感という川端と同じ心性が、七〇年代の多くの日本人には共有されていたとバーマンは言います。女性向け雑誌を小脇に抱えて、古い日本情緒を残したひなびた温泉や「小京都」を旅して廻った「アンノン族」にもこうした心性は共有されていたのでしょう。

日本のアニメーションは、世界でも高い人気を誇っています。日本のアニメには農漁村の風景や古い神社仏閣など、懐かしい日本の景色がしばしば登場し、作品に独特の興趣を添えています。アニメにおいて描かれた日本の懐かしい景色は、日本だけではなく、それを観る世界の人たちにとっての癒しとなっています。日本アニメのこうした特徴は、七〇年代に生じた日本回帰の流れをひくものであるとみるべきでしょう。

「多くの人々が近代《モダニティ》の探究が無目的に際限なく続いていくように感じ始めていた。ディスカバー・ジャパンは、前に進むための道徳的指針を示そうとしたのだ〈註24〉」。「ディスカバー・ジャパン」のキャンペーンのような注目すべき試みはたしかにありました。しかし、内的自己と外的自己の分裂の克服は、容易なことではありません。七〇年代には「アンノン族」であり、八〇年代にはブランド漁りに狂奔した女性も少なくはなかったはずです。そして日本の精神的空洞は、若者たちの中にも大きな影を投げかけていました。

空疎な社会から逃れて――オタクとオウムと引きこもり

筆者たちの親世代はひたすら働いて、空前の経済的成功を実現させました。しかし、何の理想ももたずただ金もうけに専念する日本人の姿は、海外の人たちから奇異の目でみられていました。フランスのシャルル・ドゴール大統領は、当時の首相、池田勇人を「トランジスタラジオのセールスマン」と評しています。パキスタンのブット外相は、日本人は「エコノミックアニマル」であると喝破しています。

敗戦後の日本の大人たちは、私生活を犠牲にしてひたすら働いてきました。そして子どもたちにも、ひたすら勉強をして、「よい学校」→「よい会社」というベルトコンベアに乗ることを強いていったのです。筆者たちの親世代が、子どもに何かの理想を指し示すことはありませんでした。子どもや若者にとってこうした社会や大人の姿が魅力あるものとして映ることはありません。六〇年代の日本の学生運動は、こうした空疎な社会の在り方に対する若者たちの異議申し立てとしてとらえることができます。学生運動を主導した「団塊」の世代に続く世代の中からあらわれてきた、オタクや引きこもり、そしてオウム真理教事件も、この空疎さに対する若者たちの異議申し立てであるとバーマンは考えています。

現在オタクは世界で知られることばになっています。オタク産業は巨大な経済規模を誇っています。自分がオタクであることを公言する若者は、男女を問わず珍しくありません。今日オタクはすっかり市民権を得たといえるでしょう。今からでは想像もつかないことですが、オタクということばは最初は非常に忌まわしいイメージを纏っていました。一九八七年に東京と埼玉で起きた連続幼女誘拐事件の犯人の部屋の書架に並ぶ特撮もののビデオのコレクションが映し出されたことからオタクということばは、人口に膾炙するようになりました。初期のオタクは、アニメやマンガ、そして特撮ものといった幼児的な趣味に執着する、大人になることを忌避する若者たちだと考えられていたのです。

フランス人ジャーナリスト、エチエンヌ・バラールは、大人の世界に背を向け、理想を冷笑しているかにみえるオタクたちは、実は一九八〇年代における屈折した理想主義者であったと述べています。日本の大人たちは、子どもに政治的・社会的理想を語ることなど一切せず、ただただ子どもたちに勉強をすることを強いるだけでした。一九八〇年代のオタクたちは、彼らの親たちの生き方の空疎さを嫌悪して、理想化された子ども時代の記憶の中に引きこもったのです。

初期のオタクの一人は、バラールにこう話しています。「私たちは、見てくれだけで中身のない、パロディのような社会で大きくなりました。……その時にあったのが……子供の頃の世界でした。……この優雅な時期、私たちの想像力を占めていたのは、漫画やテレビ番組のヒーローたちでした。……同じ世代の若者の大半は内心、本当に小さい頃の数少ない友だちか、子供の頃観たアニメのヒーローしか信用していないと思いますよ〈註25〉」。「人々」が「国民」としてまとまるための概念や理念を示しえない国家は、「パロディのような社会」しかもちえないでしょう。

現実の社会が空疎でつまらないから、初期のオタクたちは理想化された幼児期の中に引きこもりました。そして一九八〇年代から注目されてきた現象に引きこもりがあります。当初は若者の問題として語られてきた引きこもりも、いまや中高年にまで及んでいて、高齢の両親が中高年に達した引きこもりのわが子の面倒をみる、「８０５０問題」が語られています。引きこもりに至る事情は様々でしょうが、空疎な社会から逃れ、物理的に引きこもってしまったとみることもできます。

一九九五年の三月二〇日。オウム真理教は、東京の複数の路線で毒ガスのサリンを散布し、死者一三人、負傷者五八〇〇人以上の大きな被害を出す惨事を引き起こしています。いわゆる地下鉄サリン事件です。この事件に関しては、多くの高学歴の信徒たちが、サリンの製造や散布に関与していたことが話題になりました。この事件に先立つ一九九二年には、旧統一教会が主宰する大規模な合同結婚式がソウルで開かれ、歌手の桜田淳子ら多くの著名人も参加しています。一九八〇年代には空前の新宗教ブームが起こっていますが、物質的な繁栄が、若者たちの内面の空洞を広げたことが、このブームの原因であると考えることができるでしょう。

3　明仁が丸山を読む——「象徴」とは何か

敗戦国のプリンス

明仁は、一九三三年に昭和天皇・香淳皇后の第一男子として誕生しています。学習院初等科五年生の時には、戦局の悪化に伴い、現在の栃木県日光市へと疎開し、敗戦の日を疎開先で迎えています。多くの同世代の人たちと同じように、明仁にも疎開体験があります。もちろん疎開先での暮らしぶりは庶民に比べれば格段に恵まれたものであったのでしょうが。

疎開先の明仁に昭和天皇が送った手紙があります。戦争に負けた原因について、天皇はこう述べています。「敗因について一言いはしてくれ。我が国人が、あまりの皇国を信じ過ぎて、英米をあなどつたことである。我が軍人は、精神に重きをおきすぎて、科学を忘れたことである〈註26〉」。

「マレーの虎」と恐れられた山下奉文が、アメリカ人記者に日本の敗因を訊かれた際、「サイエンス」と叫んだ逸話は知られていますが、昭和天皇も同様の認識であったようです。日本が戦った相手は、米英だけではありません。中国とは一〇年近く戦争を続けても勝つことができず、その結果英米との戦争に突入していったのです。当時の日本が科学の力で中国に劣っていたとは思えません。山下のそして昭和天皇の視野には、中国は入っていなかったのでしょうか。

一九四八年一二月二三日、明仁の一五回目の誕生日に、東條英機らA級戦犯七人が絞首刑に処されています。これは偶然ではなく、東條らの死刑執行の日として、マッカーサーはあえて次期天皇の誕生日を選んだとみるべきでしょう。そこにはどんなメッセージが込められていたのか。そして多感な年代の明仁がそれをどう受け止めたのか。知りたいところです。

敬虔なフィラデルフィアクエーカー（キリスト教プロテスタントの一宗派）であるエリザベス・バイニングが、昭和天皇の意向を受けて、明仁の英語の家庭教師につけられています。英語のレッスンに際して、明仁は「ジニー」のニックネームで呼ばれています。クエーカーは徹底的な反戦思想で知られています。バイニング夫人の名で知られるこの女性は後にベトナム反戦運動に参加し、逮捕、投獄されています。リベラルなバイニング夫人の薫陶を受けたことが、明仁の人格形成に影響を及ぼしたであろうことは容易に推測されます。〈註27〉

「ミッチーブーム」――「開かれた皇室」の虚実

明仁の教育係には、慶応義塾の塾長だった小泉信三が就任しています。小泉は新しい時代の皇室の姿として、イギリス王室を模範とする「開かれた皇室」の像を提示しています。皇族が一般の人たちと同じ生活感覚をもち、一般の人たちの家庭生活の模範を示すことに、新しい皇室の存在理由を小泉は見出そうとしたのです。〈註28〉明仁のお妃選びもこの原則の下に進められます。明仁のお妃に選ばれた正田美智子は、日清製粉の社長令嬢。皇族でも旧華族出身でもない女性が皇太子妃となるのは、はじめてのことでした。

軽井沢でのテニスを介して恋が芽生えたという、ストーリーが流布されました。このラブロマンスに庶民は熱狂します。美智子が女優顔負けの美貌の持ち主であったことも相俟って、「ミッチーブーム」が起こります。一九五九年の皇太子夫妻の成婚パレードをみるために、庶民がこぞってテレビ受像機を買い求めました。皇太子成婚が、日本のテレビの普及に大きな役割を演じたとされています。二人の結婚後も女性誌は多くの皇室関連の記事を掲載していました。皇族の動静を扱った民放テレビの番組も高い人気を誇っていました。皇族はもっとも人気の高い有名人だったのです。

美智子妃は、それまでのお妃のように、子どもと別居して乳母に子育てを任せるのではなく、子どもたちと同居して自ら子どもの養育にあたりました。現天皇（徳仁）が生後七カ月の時、日米修好通商一〇〇周年の記念式典参加のために美智子妃が一六日間訪米した際、幼い徳仁への対応を細やかに指示したメモを侍従や女官たちに残しています。これは「ナルちゃん憲法」として大きな話題になりました。〈註29〉高度経済成長期を迎え、従来のイエ制度が弛緩し、都市部を中心に多くの核家族が生まれていた時代です。家名や家産の継承ではなく、子どもを産み育てること自体が目的となった敗戦後の核家族の模範を提供する役割を、若き日の上皇夫妻は担ったのです。普通の人たちの家庭生活の模範を提供するという「開かれた皇室」のヴィジョンは、見事な成功を収めたかにみえました。

しかし、「開かれた皇室」は事実の半面でしかありません。皇室には古くからの数多くのしきたりがあります。皇族になれば神道に由来する儀式もこなさなければなりません。それらは外部からは伺い知ることのできないものです。そして何より皇太子妃となった女性には、「お世継ぎ」としての男子を産むことが期待されます。「開かれた皇室」の一員として、核家族におけるよき母親という新しい時代に相応しい女性像を美智子妃は見事に演じました。しかし彼女は同時に古い「閉ざされた皇室」の掟にも従わなければならなかったのです。皇族でもなければ華族ですらない、そしてクリスチャンでもある美智子妃のとまどいには、大きなものがあったはずです。その上美智子妃は、「開かれた皇室」の宿命として、メディアの好奇の目にも晒され続けてきたのです。

新しい「開かれた皇室」と古い「閉ざされた皇室」の分裂に苦しめられたのは、美智子妃だけではありません。現皇后である雅子妃は、日英米の最高学府に学び外交官としての華麗なキャリアを持つ、女性も男性と対等に働く時代の象徴的な存在として皇室に嫁ぎました。しかし、男子の出産を急がせる、古い閉ざされた皇室の掟は、彼女に大きな苦しみを与えました。現在に至るまで雅子妃は、精神的な健康を取り戻してはいません。

平成の天皇の歩み

明仁は、三〇年間にわたって天皇の座にありました。昭和天皇が逝くころに、日本はバブル経済の絶頂期を迎えていました。周知のようにバブル崩壊以降、日本の国力は衰退の一途をたどっていったのです。経済は低迷を続け、歴代自民党政権が続けた新自由主義的改革の結果として、非正規雇用が増え続けていきました。格差の拡大が問題化していったのです。日本が衰退する一方、中国・韓国・台湾等の近隣諸国は、急速に経済力を伸長させていきます。そして日本の過去の侵略と植民地支配の問題をめぐって、日本と中韓両国の間には、大きな緊張が生じていきました。

平成の時代の日本は、繰り返し大きな天変地異に襲われています。一九九五年の阪神淡路大震災では、七〇〇〇人を超える、そして二〇一一年の東日本大震災では、二万人を超える死者行方不明者を出しています。地球温暖化による気候変動によって、異常な高温と豪雨災害に、毎年のように見舞われるようになりました。旭日昇天の勢いにあった昭和後半の時代と異なり、平成の日本は多事多難な時代となりました。その中にあって明仁は、大いなる光彩を放っていたのです。

一九九〇年一一月一二日に行われた即位の礼において、明仁は、「日本国憲法を順守し、日本国民および日本国民統合の象徴としてのつとめを果たすことを誓い」と宣誓しています。〈註30〉この宣誓を筆者は非常に新鮮なものとして受け止めました。立憲君主が即位に際して、憲法への忠誠を誓うのは当然のことです。それが新鮮に響いたのは、明仁が、日本国憲法の下で即位した最初の天皇であったからでしょう。

一九九〇年五月に韓国の盧泰愚大統領が訪日した際、歓迎パーティーで明仁は、「我が国によってもたらされたこの不幸な時期に、貴国の人々が味わわれた苦しみを思い、私は痛惜の念を禁じ得ません」と述べています。この発言は反省謝罪の弁としては不十分なものとして韓国側の反発を買うことになりますが、天皇が過去の植民地支配に対する遺憾の念をあらわしたことの意味は小さくはありません。〈註31〉

明仁は、二〇〇四年、秋の園遊会の席上で、東京都教育委員を務める棋士の米長邦雄が、「日本中の学校で国旗を掲げ、国歌を斉唱させることが私の仕事でございます」と話しかけた際、「強制になるということではないことが望ましい」と述べています。国旗国歌について天皇が発言をすることは極めて異例でこの発言も大きな反響を生みました〈註32〉。先の韓国に対する発言も含めて、民主党政権時代の数年間を除けば、日本が右傾化の度合いを強めていた平成の時代において、リベラルととりうる明仁の発言は、従来は天皇制に対して批判的もしくは懐疑的であった人たちからも、共感をもって迎えられていたのです。

沖縄では、大戦末期に激しい地上戦が展開され、多くの県民が命を落としました。そして沖縄は敗戦後二七年の長きにわたって米軍の統治下に置かれてきたのです。地上戦では「皇軍」が沖縄の人たちに蛮行を働いています。そして昭和天皇はかつてマッカーサーに「米国による琉球諸島の軍事占領の継続を望む」というメッセージを送っています〈註33〉。沖縄の人たちは、当然天皇制によい感情をもっていません。昭和天皇が亡くなった際にも沖縄の新聞は「崩御」ではなく「逝去」ということばを用いました。明仁夫妻は一九七五年の沖縄海洋博に際して、天皇の名代として沖縄を訪れています。その時夫妻は、未遂に終わりましたが、火炎瓶を投げつけられるテロ事件に遭遇しています〈註34〉。天皇に即位後も昭和天皇が一度も訪れなかった沖縄を、夫妻で一一回も訪れています。それは慰霊と同時に、謝罪の旅であったということができます。

明仁夫妻の慰霊の旅は沖縄だけにはとどまりません。南太平洋の激戦の地を、夫妻は訪れています。ペリリュー島で明仁は、以下のメッセージを発しています。「太平洋に浮かぶ美しい島々で、このような悲しい歴史があったことを、私どもは決して忘れてはならないと思います〈註35〉」。

先にもみたように、平成の時代には天変地異が相次ぎました。阪神淡路大震災をはじめとして、大きな災害が起きるたびに、明仁夫妻は、被災地に足を運び、被災者と同じ目線に立って、慰めと励ましのことばを送り続けたのです。二〇一一年の三月一六日に天皇は被災地に向けてビデオメッセージを送っています。〈註36〉福島第一原発事故に伴う計画停電の期間には宮中の電力消費を抑える自主停電を行っています。国民と苦難を共にする明仁夫妻の姿勢は国民の強い共感を生みました。

二〇〇四年に日本共産党は、綱領を改定しています。その中で天皇の問題にもふれ、「国民主権の原則の首尾一貫した展開のためには、民主共和制の政治体制の実現をはかるべきだとの立場に立つ」という原則を示しつつも、「しかし、現在の国民の多数はいまの天皇制の存在を肯定しています。この状態が変わって国民多数が廃止・解消の立場で合意しなければ、天皇制の改革は実現しません。天皇の制度の改革は、それ自体が憲法の改定を必要とする問題でもあります」〈註37〉。「天皇の制度」の「容認」ではないとしながらも、当面その廃止を求めるつもりはないことを明言しています。このことの背景には、明仁の姿勢が国民から高く評価されたことがあるとみるべきでしょう。

行為する象徴——明仁が丸山を読む

二〇一六年八月八日、明仁の生前退位を求めるビデオメッセージが、テレビを通して流されました。高齢のために象徴としての役割を果たすことができなくなった。それが彼が退位を求める理由です。明仁は言います。自分は国民に理解を求めるため、そして自分の中に象徴としての自覚を深める必要を痛感してきた。「こうした意味において、日本各地、とりわけ遠隔の島々への旅も、私は天皇の象徴的行為として大切なものとして感じてきました」。しかし八〇歳を超えたいま、こうした活動を続けることに困難を感じている。天皇が行う国事行為を縮小することも難しい。摂政を置くことは制度的には可能である。「しかし、この場合も、天皇が十分にその立場に求められる務めを果たせぬまま、生涯の終わりに至るまで天皇であり続けることに変わりはありません」〈註38〉。さらに退位を希望する理由として明仁は、自分が在位のまま亡くなれば、葬儀や服喪のために、家族や社会が大きな負担を負うことをあげています。

このスピーチを聴いた時、筆者はとても驚きました。明仁が、日本国憲法に示された象徴としての天皇の地位を、「である」論理ではなく、「する」論理の上に位置付けているからです。象徴とは、抽象的なものを具体的な何かで表現すること、象徴ときけば、多くの人が、国旗や校旗のようなものを思い浮かべるのではないでしょうか。旗が何かをするとは誰も思いません。筆者が明仁のスピーチに驚いた所以です。

明仁はまた、「象徴的行為」ということばを使っています。全国を歩き、人々と触れ合うことによって、はじめて国民統合の象徴という、天皇の役割を果たすことができるという認識を、このメッセージは伝えています。そして象徴としての役割を果たすことができなくなった時に、天皇たる者はその座を退かなければならないという、非常に厳しい認識を示しているのです。

明仁のスピーチを聴きながら、筆者は、丸山が引用していたトーマス・マンの「カール・マルクスがフリードリッヒ・ヘルダーリンを読む」ということばを思い浮かべていました。明仁はハゼの研究者として知られていますが、大学は学習院大学の政治経済学部を中退しています〈註39〉。その意味からも象徴としての天皇の地位を、「である」論理ではなく、「する」論理の上に位置付けた明仁が、丸山を読んでいた可能性は小さくありません。正真正銘の貴族である明仁が、ラディカルな民主主義者である丸山を読んでいた可能性がある。このことの意味は考えるに値するでしょう。

誰一人として見捨てない——「象徴的行為」の意味

赤坂真理の『箱の中の天皇』は、生前退位のビデオメッセージへの優れた文学的応答です。赤坂の分身と思しきマリが、一九四六年の横浜にタイムスリップします。そこで彼女は謎の老女から、マッカーサーのもとにある天皇の魂の入った箱を、偽物とすり替えて奪還して欲しいと頼まれます。マッカーサーのもとを訪れたマリは、箱の奪還に成功しますが、中は空っぽ。マリは元帥の性的な魅力の虜になります。敗戦後の日本人が、不在の「父」の像をマッカーサーに投影していたこと。そして占領がアメリカという「男」が日本という「女」をかき抱く、性的なニュアンスを強くもつ現象であったことを感受するのです。

『東京プリズン』で高校生のマリは、戦争で命を落とした「英霊」たちの姿を幻視しています。死者と交響する幻想的な作風は、石牟礼道子を彷彿とさせるものです。『箱の中の天皇』にも数多の死者が姿をあらわし、マリは彼彼女らと対話をします。マリの父も、姿をあらわした死者たちの一人です。父は言います。あの空っぽの箱は、私の人生なのだと。戦争に敗れすべてを失った空虚を満たすために、家族を顧みず懸命に働いた。その挙句、バブル期直前の円高不況で破産して、自ら命を絶った自分を許して欲しいと。戦争に敗れ、その男性性を否定された日本の男たちの屈辱と不安に、マリは思いを致します。その苦しみを理解していなかったことを、マリは父に対して詫びました。父娘は和解を果したのです。

憲法と占領政策を立案したGHQの幹部たちも姿をあらわし、マリと一緒に生前退位のメッセージに耳を傾けます。彼らは言います。天皇は歴史的に権力者から利用されて来た。空虚で実体のない存在だからこそ利用価値があった。われわれはそれに倣った。占領を円滑に進めるために天皇を利用した。だから「象徴」という空っぽの箱を憲法の最初に据えたのだ。その空虚を満たすのは日本人の仕事なのだと。しかし日本人は誰もその空虚を満たして、民主的な国家を創ろうとはしませんでした。箱は空っぽのままで、経済の発展に邁進していったのです。その中で明仁は、どうすれば国民統合の「象徴」たりうるかと考え、奮闘していたのです〈註40〉。

明仁は、第二次世界大戦の激戦地や大災害の被災地、そして僻地離島への慰霊と慰問の旅を退位の直前まで重ねてきました。大きな災害にあい、あるいは日々困難な状況に置かれた人たちによりそい、彼彼女らのために祈りを捧げることによって、誰一人として日本国民を見捨ててはならない。日本国家の責任で命を落とした人々のことを決して忘れてはならないという、暗黙のメッセージを発し続けてきました。日本国憲法の理念を明仁は、その「象徴的行為」によって訴え続けたのです。

疎開先で敗戦を迎え、アメリカ人家庭教師によって教化され、自分の意思で伴侶を選びとった明仁は、敗戦後の、さらにいえば戦後民主主義の申し子でした。憲法を守りますという即位時の宣誓は、ことばだけのものではありませんでした。明仁と丸山が、思想的に極めて近い地点にいたという見方も決して突飛なものではないはずです。

自民党政治への暗黙の批判

明仁の「象徴的行為」は、様々な意味で平成の自民党政治への暗黙の批判を含んでいました。小泉首相は、たとえば郵政職員のような「既得権益」にしがみつく、「抵抗勢力」を叩くことで、国民的な人気を博すという排除主義的な政治手法を採用していたのです。そして平成の自民党政治が一貫して採用した新自由主義的な経済政策は、格差を拡大し、国民の間に持てる者と持たざる者という分断を招くものでした。誰一人として見捨ててはならないという明仁が発したメッセージと正反対のことを平成の自民党政治は続けてきたのです。小泉政権は敗戦後はじめての海外派兵を実現し、第二次安倍政権は、集団的自衛権を認める「戦争法案」を国会で通過させています。両政権に特徴的な、憲法無視の軍事力拡大路線もまた、沖縄をはじめとするかつての戦地への慰霊と慰問の旅に明仁がこめたメッセージとは相反するものでしょう。

高齢をおして、明仁は、憲法で定められた国事行為と、宮中の儀式、さらには自らが「象徴的行為」と呼ぶものに邁進していました。高齢によって激務に耐えられなくなれば、その職から潔く身を退く。明仁はまさに「ノブレス・オブリージュ（高貴な者の使命）」ということばを体現していたのです。明仁が示したものは、権力者の取り巻き連中が、「上級国民」としてうまい汁を吸う、第二次安倍政権下の「お友だち政治」とはまさに正反対の姿です。

もちろん筆者には象徴天皇制を手放しで礼賛するつもりはありません。アメリカは日本の占領を容易ならしめるために、天皇制と霞が関の官僚機構に手をつけることはしませんでした。象徴天皇制は、霞が関の官僚機構とともに、敗戦を生きながらえた「國體」そのものであったといえます。男系男子によって継承される天皇の位は、日本的イエ制度の「象徴」であり、ジェンダー後進国日本の「象徴」であるともいえます。特定の家系に生まれた人々が高貴な存在とされる皇室制度が、基本的人権の保障を定めた日本国憲法の諸条項とどのように整合するのか。浅学の筆者にそれを説明する能力はありません。そして天皇制に対する批判がいまだにタブーである部分も残っていますが、それと同時に興味本位のマスコミ報道は、女性皇族や未成年皇族への人権侵害を繰り返しています。現天皇徳仁のお妃選びが、候補者が次々と辞退したために難航したことは、筆者の世代にとっては記憶に新しいところですが、好んで皇室に入ろうとする女性は今後ますます少なくなっていくことでしょう。この意味からも象徴天皇制は存亡の淵に立たされているということができます。

明仁の強い意向によって、生前退位のための特措法が作られ、約二〇〇年ぶりの譲位が実現しています。徳仁が天皇に即位し、明仁は上皇に退きました。天皇の生前退位については、様々な意見があります。憲法学者の中には天皇の退位を皇室典範の改正ではなく、特措法によって行ったことには憲法違反の可能性があると指摘する者もいます。〈註41〉筆者自身も、明仁の発言によって特措法が制定されたことは、結果的には立法過程への天皇の介入であり、立憲君主としての則を超えた振る舞いではなかったかと考えています。共産党すら生前退位に異を唱えることもなく、こうした問題が国会の場において深く議論されることはありませんでした。これはまことに残念なことです。

くり返しになりますが、筆者には象徴天皇制と明仁を手放しで賛美するつもりはありません。しかし、この章を書き終えたいま、私の脳裏に浮かぶのは、ガンディーについて論じた、ジョージ・オーウェルの次の文章です。「しかし、彼を単に一人の政治家として考え、現代の他の指導的政治家たちの姿と比較するなら、彼はなんと清らかな匂いを後に残しえたことだろう」〈註42〉。この文章の「政治家」を「わが国の公人」と置き換えれば、平成の世を生きた多くの人々は、明仁の姿を思い浮かべるのではないでしょうか。明仁の「象徴的行為」がなぜあれほどの支持を得ることができたのかを理解する鍵が、このオーウェルの文章の中にあります。

【註】

〈1〉赤坂真理『東京プリズン』河出文庫、二〇一四年
〈2〉赤坂前掲書、五三頁
〈3〉赤坂真理『愛と暴力の戦後とその後』講談社現代新書、二〇一四年、二五頁
〈4〉赤坂前掲書、二八一―二八二頁
〈5〉赤坂前掲書、三五〇頁
〈6〉赤坂前掲書、三五三頁
〈7〉赤坂前掲書、三五三頁
〈8〉赤坂前掲書、七九頁
〈9〉赤坂真理『愛と暴力の戦後とその後』講談社現代新書、二〇一四年、三五頁
〈10〉赤坂前掲書、四五二頁
〈11〉赤坂前掲書、四五二頁
〈12〉小谷敏「『さがみ』は、誰に住み良いか―語りのなかからみえてくるもの」塚田修一編『大学的相模ガイド』昭和堂、二〇二二年、所収
〈13〉小谷前掲論文
〈14〉ジョン・ダワー、三浦陽一・高杉忠明訳『敗北を抱きしめて』増補版、岩波書店、二〇〇四年

〈15〉昭和天皇死去の前後に起こったことについては、ノーマ・フィールド、大島かおり訳『天皇の逝く国で』増補版（みすず書房、二〇一一年）を参照されたい。
〈16〉赤坂真理『愛と暴力の戦後とその後』講談社現代新書、二〇一四年、四三頁
〈17〉赤坂同右書、四三頁
〈18〉鶴見俊輔「見事な占領の終わりに」『新大阪新聞』一九五二年五月一六日
〈19〉岸田秀『ものぐさ精神分析』青土社、一九七七年
〈20〉モリス・バーマン、込山宏太訳『神経症的な美しさ―アウトサイダーがみた日本』慶応義塾大学出版会、二〇二二年、六九頁
〈21〉バーマン前掲書、六九頁
〈22〉バーマン前掲書、二四四～二四五頁
〈23〉バーマン前掲書、二四三頁
〈24〉バーマン前掲書、二四三頁
〈25〉エチエンヌ・バラール、新島進訳『オタク・ジャポニカ―仮想現実人間の誕生』河出書房新社、二〇〇〇年、四七頁
〈26〉産経新聞電子版「昭和天皇の八七年　皇太子と一年四カ月ぶりに再会　『我が軍人は科学を忘れた…』」二〇二〇年三月一日（https://special.sankei.com/a/society/article/20200301/0001.html?953612&KAKINMODAL=1）二〇二四年二月四日確認
〈27〉エリザベス・グレイ・バイニング、小泉一郎訳『皇太子の窓』文春文庫、二〇一五年
〈28〉小泉信三と明仁の関係性については、小川原正道『小泉信三―天皇の師として、自由主義者として』（中公新書、二〇一八年）が詳しい。
〈29〉松崎敏彌『ナルちゃん憲法』光文社新書、二〇一六年
〈30〉宮内庁ＨＰ「主な式典におけるおことば（平成二年）」(https://www.kunaicho.go.jp/okotoba/01/okotoba/okotoba-h02.html)

〈31〉宮内庁ＨＰ「主な式典におけることば（平成二年）」
〈32〉朝日新聞電子版「国旗・国歌『強制でないのが望ましい』天皇陛下が園遊会で」二〇〇四年一〇月二八日（https://www.asahi.com/edu/news/TKY200410280332.html）二〇二三年一二月一三日確認
〈33〉沖縄公文書館所蔵資料「天皇メッセージ」（https://www.archives.pref.okinawa.jp/uscar_document/5392）二〇二四年一月八日確認
〈34〉一九七五年七月一五日、新左翼組織「沖縄解放同盟準備会」のメンバーが、明仁夫妻がひめゆりの塔に献花した際、夫妻に対して火炎瓶を投げつけた。「ひめゆりの塔事件」と呼ばれている。この事件は、沖縄の本土や天皇制に対する複雑な感情を浮かび上がらせたものとして、大きな衝撃を与えた。
〈35〉宮内庁ＨＰ「天皇皇后両陛下　パラオご訪問時のおことば」二〇一五年四月八日（https://www.kunaicho.go.jp/okotoba/01/speech/speech-h27e-palau.html）二〇二四年一月八日確認
〈36〉宮内庁ＨＰ「東北地方太平洋沖地震に関する天皇陛下のおことば」二〇一一年三月一六日（https://www.kunaicho.go.jp/okotoba/01/okotoba/tohokujishin-h230316-mov.html）二〇二四年一月八日確認
〈37〉日本共産党ＨＰ「天皇制を『容認』したか？」二〇〇四年二月四日（https://www.jcp.or.jp/akahata/aik3/2004-02-04/0204faq.html）二〇二四年一月八日確認
〈38〉宮内庁ＨＰ「象徴としてのお務めについての天皇陛下のおことば」二〇一六年八月八日（https://www.kunaicho.go.jp/page/okotoba/detail/12）
〈39〉一九五三年に、人生最初の外遊を行った際、進級を果たせず、大学二年で中退している。
〈40〉赤坂真理『箱の中の天皇』河出書房新社、二〇一九年
〈41〉深澤友紀「天皇の生前退位『特措法』は違憲の可能性」AERA dot. 二〇一七年九月二七日（https://newspass.jp/a/x7en6）二〇二三年一二月一三日確認
〈42〉ジョージ・オーウェル、川端康雄編『水晶の精神　オーウェル評論集2』平凡社、一九九五年、二一九頁

第5章　「訓練された無能力」はその来歴を語りうるか

1　マートンと「官僚制の逆機能」——「訓練された無能力」との出会い

出所不明の概念

無能は、社会に大いなる災厄をもたらします。無能のよってきたるところを解明し、予防策を講じることは、社会科学の大きな使命であるともいえます。しかし、社会科学の領域でこの問題が正面から論じられることは、それほど多くはありませんでした。ただ「訓練された無能力（trained incapacity）」ということばは、社会科学を学んだ人間であれば、耳にしたことぐらいはあるはずです。

「訓練された無能力」は、二〇世紀前半のアメリカで活躍した異端の経済学者にして社会学者の、ソースタイン・ヴェブレンの創ったことばだと考えられてきました。ヴェブレンの生み出したことばの中でも、「訓練された無能力」は、「衒示的消費」や「怠惰な好奇心」と並ぶ知名度を誇っています。ヴェブレンの『有閑階級の理論』が世に出るまでは、消費は生活の必要を満たすためになされる行為だと考えられていました。それを自分の金銭的能力を見せびらかしたいという、見栄の心理と結びつけたところ（衒示的消費）に、ヴェブレンの独創性が示されています。

私の前著である『怠ける権利！』（高文研、二〇一八年）においても取り上げた、「怠惰な好奇心」

ということばは、「衒示的消費」以上に、私たちの意表をつくものです。「怠惰な好奇心」とは、コスパを一顧だにせず、知的欲求を満たそうとする人間の活動のことです。好奇心を抱く人間は、外界に対して活発な関心を寄せています。「好奇心」にとりつかれている人間は、およそ怠惰にはみえないはずだからです。一見かけ離れた二つのことばをつなぎ合わせることで、われわれの思考を刺激していく。そこにヴェブレンの真骨頂があります。

「訓練された無能力」もまた然り。「訓練」とは、技術や知識の習得を目的になされるものです。人間の中に有能さを増進するためになされるのが、「訓練」です。「訓練」が「無能力」をもたらすといわれれば、誰しもが驚くことでしょう。「訓練された無能力」は、いかにもヴェブレンらしいことばです。

しかし不思議なことがあります。「訓練された無能力」ということばが、ヴェブレンのどの著作のどのページで使用されているのか。それがこれまでよくわかっていなかったのです。ヴェブレンほどの有名な学者の、「訓練された無能力」という、これまた非常に有名なことばが、どの本で使われていたのかが明らかになっていない。これは大変に珍しいことです。この小稿をまず、「訓練された無能力」ということばの来歴を探るところからはじめてみることにしましょう。

マートンという社会学者

筆者が「訓練された無能力」ということばに初めて触れたのは、学部生時代にロバート・マートンの『社会理論と社会構造』を読んだ時でした。〈註1〉本題に入る前に、まずマートンという人について説明をしておきましょう。ロバート・キング・マートンは、一九一〇年貧しい東欧系ユダヤ人移民の家庭に生まれています。マートンの父親は、トラックの運転手や大工仕事など、主に肉体労働によって生計を立てていました。フィラデルフィアのスラムで育ったマートンは、子ども時代には、少年ギャングの一員として暴れまわっていたようです。手品の腕前は玄人はだしで、それで小銭を稼いでいたという逸話も伝わっています。偉大な学者としては、極めて異例な少年時代をマートンは送っていました。

当時のアメリカ社会には、ユダヤ人に対する差別もまだ根強く残っていました。東欧系ユダヤ人移民の子どもとして人生を出発したことは、一つの大きなハンディに違いありません。しかし、アメリカ社会の十全な成員として受け容れられることのない、マージナルマン（異端者）の位置に置かれたことは、多数派とは異なる目で、マートンがアメリカ社会をみることを可能にしたともいえるでしょう。ヴェブレンも貧しいノルウェー移民の子どもであったことは、前著において述べたとおりです。

マートンはただのやんちゃ坊主ではありませんでした。幼い頃から抜群の知力を発揮していた彼は、テンプル大学からハーバード大学の大学院に進み、タルコット・パーソンズや、ピエトロ・ソローキン等の有名な社会学者の薫陶を受けています。そして数多くの社会調査を行い、その中から数多の独創的な理論を、マートンは構築していったのです。〈註2〉

マートンと「官僚制の逆機能」

官僚制的な組織は、規則に従って合理的に運営されています。しかし同時に、合理性を極限までに追求した官僚制的な組織の中では、非合理の極みともいうべき「お役所仕事」が常態化しています。「規則ですから」といわれて、様々な窓口をたらいまわしにされる。そうした経験をもたない大人は、この国ではむしろ珍しいのではないでしょうか。合理性を極限まで追求した官僚制的な組織において、なぜ非合理かつ非効率的な「お役所仕事」が生じるのか。それがマートンの提起した問いでした。

官僚制的な組織の中で人々は、ある地位に伴う役割を担い、規則に忠実に従いながら職務を遂行していきます。官僚制を成り立たせている規則順守の習慣を、官僚制的な組織の中で働く人は、日々の仕事の中で徹底的に叩きこまれていくのです。

だが、ここには陥穽が潜んでいます。眼前の問題に対応するためには、官僚制的な組織で働く人たちも、多少規則を曲げてでも、柔軟に対応しなければならない状況に直面することがあるはずです。災害等の緊急を要する場面で、そうすることが規則に照らして許されるのか否かを、いちいち上に判断を仰いでいたのでは、多くの人々の命を脅かしかねません。ところが規則順守の規範を過剰に内面化した官僚制的組織の住人は、柔軟な対応をとることを大変苦手としています。彼らは、臨機応変な対応が求められた時に、しばしば「訓練された無能力」に陥ってしまうのです。〈註3〉

本来は目的を達成するための手段に過ぎなかった規則の順守が、自己目的化してしまう形式至上主義と繁文縟礼《はんぶんじょくれい》（規則が細かすぎ、煩雑な手続きが多く、非常に非能率的な状況を指す）が組織内部にははびこっていきます。規則の順守という官僚制の鉄の掟が、組織を円滑に機能させるのではなく、むしろそれを阻害させてしまっているのです。かつてマックス・ウェーバーも指摘した、官僚制の病理を、マートンは「官僚制の逆機能」と呼んでいます。〈註4〉「官僚制の逆機能」を生み出しているものが、マートンのみるところ、官僚制的組織の成員たちの状況への臨機応変な対応に関する「訓練された無能力」なのです。

実はヴェブレンのことばではなかった？

ここで読者の皆さんは不思議に思われるはずです。マートンはヴェブレンのことばとして、「訓練された無能力」に言及しているのだから、彼が「訓練された無能力」について述べた個所にマートンが付した脚注をみれば、ヴェブレンのどの著作でそのことばを用いているかがわかるのではないか、と。たしかにそのとおりですが、いくら脚注をみても、ヴェブレンの著作名と当該のページは示されてはいません。ただケネス・バークの『永続性と変化』〈註5〉が記されているだけです。

どうやらマートンは、ヴェブレンの原典には当たらず、バークからの孫引きで済ませてしまったようです。いま大学院生がこんなことをすれば、指導教授の先生から大目玉を食らうことでしょう。ではバークを参照してみましょう。『永続性と変化』の中には、「ヴェブレンの訓練された無能力」というタイトルの独立したセクションがあります。しかしこの本のどこをみても、ヴェブレンのどの著作のどのページからの引用なのかを明記した箇所はみつかりません。バークも自分の記憶だけに頼って記述を進めていたようです。バークやマートンが活躍した時代では、文献引用の規則がいまよりずいぶんと緩やかであったようです。古き良き時代、というべきでしょうか。

多くの社会学者が、ヴェブレンの原典に当たって、「訓練された無能力」の存在を確認しようとしますが、果たせません。アメリカの有力な社会学者ロバート・ストーリングスは、ヴェブレンの著作のどこにも、「訓練された無能力」ということばを見出すことはできず、このことばはヴェブレンに触発されたものであるにしても、バークによって創られたものだと断言しています〈註6〉。ストーリングスの言うとおりであれば、ヴェブレンの著作をしらみつぶしに調べたところで、このことばがみつかるはずもない。

これに対して、エリン・ウェイスという若いアメリカの記号論学者が、敢然と異を唱えています。ヴェブレンの全著作を精査した彼女は、ヴェブレンがこのことばを用いている唯一（！）の箇所を「発見」したのです〈註7〉。

2　アメリカンドリームの闇――ソースタイン・ヴェブレン

自己の利益のために公共の福祉を無視する「能力」

アメリカは伝統的に金融業が強い力をもっている国です。ものを生産するよりも、事業で得られた資金を様々な投機によって増幅させることによって成功した人が巨富を築き、「セレブ」として尊敬を集めてきた国です。アメリカ経済を支配しているのは、「セレブ」たちですが、彼らのある種ギャンブラー的で、自分の利益のためには詐術や暴力をも厭わぬ性向と、機械生産が主流になり、合理的な運営の求められる現代の経済過程の間には、本質的な矛盾があるとヴェブレンは考えていました。

ヴェブレンは、機械が生産活動の主力を担うようになった二〇世紀初頭のアメリカにおいては、「金銭的階級（pecuniary class）」と「産業的階級（industrial class）」の分化が生じていると述べています。技術者や工場労働者のような生産の現場に立つ人々は、生産性を向上させ、よい製品を供給することで、社会全体の福利を増進させることに強い関心をもっています。他方、ビッグビジネスの経営者や銀行家等、アメリカ経済を支配する人々はそうではありません。彼らは自らの富の増殖のみをひたすら考えている。自分たちの金銭的な利益のためには、それ以外の一切を顧慮せず、時には法を枉げ、社会全体の経済的福利に反するような行動も辞さない訓練を、彼らはその長いキャリアの中で受けてきたのです。

ヴェブレン中期の代表作、『製作者本能論』の中の、「金銭的階級」の習性を指摘した文脈において、「訓練された無能力」ということばが姿をあらわしていることをウェイスは指摘しています。

> もちろんこの対立の作用は、完全にある競争的主体のより大きな産業状況を評価する上で訓練された無能力によるものではない。おそらく主にこの無能力によるものでさえなく、金銭的な思考以外のものを無視する、ある習慣的で因習的な正しさによるものである。〈註8〉

アメリカのビジネスを支配する人たちは、いかに大きな利益を得るかを考えることが、骨がらみになってしまっているので、社会全体の福利について考える能力をもたないわけではないが、そうしたものを完全に無視して利己的に振る舞うことのできる能力を、訓練の中で獲得していったとヴェブレンは述べています。

ウェイスの言うように、ヴェブレンが「訓練された無能力」ということばを用いたのはこの一箇所だけであるとすれば、彼が意識的にこのことばを用いたとは考えにくいところがあります。しかしながら、「金銭的階級」が、社会全体の福利を無視する特別な能力を発達させているという認識は、ヴェブレンの著作の中に繰り返し姿をあらわしています。

ウェイスは、バークがさる雑誌のインタビュー記事の中で、ヴェブレンの『アメリカの高等教育』

の中での次の記述に強い印象を受けていたことを指摘しています（（　）内、引用者）。

（ビジネススクールの）商業への専門特化は、他の専門特化と同じように、（学生の関心が）その専門以外のものへと、関心と注意が向かないように仕向けてしまう。そのことによって、学生たちの無関心の領域を広げ、専門性における有能さを高めようとする。……「通商を妨害する陰謀」に関する無駄な能力を学生たちの中で高めていく。そして、物質の利用に関わる事柄への無能と無知をも拡大していくのである。〈註9〉

この記述の中には、「訓練された無能力」ということばこそ用いられてはいませんが、アメリカの経済界を支配する人たちの揺籃ともいうべきビジネススクールが、自分たちの私的利益を追求するためには、社会全体の経済的福利や科学技術の発展すら無視し、妨害さえすることのできる、ある種のネガティブな能力（すなわち無能力）を学生たちの中に涵養している様をヴェブレンは浮かび上がらせています。

他人の不幸の上に自分の幸福を築く——アメリカンドリームの闇

誰でも努力をすれば大金持ちになることができる。「アメリカンドリーム」として知られる信念です。先にみたマートンは、アメリカはなぜ犯罪の多い国なのかという問いを発しています。マートンのみるところ、このアメリカンドリームこそが、その元凶なのです。大金持ちになるという「文化目標」は存在している。しかし、大都市のスラムに生まれた貧しい移民の子が、社会の階梯を登っていく方法は実際には存在していません。大金持ちになるという「文化目標」を達成するための「制度的手段」は閉ざされているのです。その結果生じる絶望が、数多の犯罪を生み出している。これがマートンの見立てです〈註10〉。

マートンがアメリカンドリームが犯罪を生み出していると考えた一方で、ヴェブレンは、むしろアメリカンドリームを実現した人たちは、ある種の犯罪に手を染めた人たちであると考えていました。ロックフェラーやバンダービルトのように、一九世紀の後半に巨富を築いた人たちは、アメリカ先住民や開拓者たちの土地と財産を詐術と暴力によって奪いとることで、巨富を築いていったのです。ビジネスで成功するためには、公共の利益を慮ることへの無能力を長年の訓練によって獲得する必要がある。そうした認識がヴェブレンにはあります〈註11〉。

二〇二二年の原爆記念日の平和宣言で、広島市の松井市長は、折からのロシアによるウクライナ侵攻を、トルストイのものとされる「他人の不幸の上に自分の幸福を築いてはならない」ということばを引用し、非難しています〈註12〉。大変立派な平和宣言を発した同じ人物が教育勅語を肯定する発言で物議をかもしたのは皮肉なことですが。ヴェブレンの観るところ、アメリカンドリームの体現者たちは、他人の不幸の上に自分の幸福を築くことを厭わない能力を身につけた人たちなのです。

スティーブ・ジョブス、ビル・ゲイツ、マーク・ザッカーバーク、ジェフ・ベソス――IT技術の飛躍的発展によって利益を得たアメリカンドリームの体現者が数多出現しました。さすがに彼らはかつてのロックフェラーたちのように、わかりやすい詐術や暴力に訴えて富を築いたわけではありません。しかし彼らが、様々な手段を用いて独占状態を築き上げ、公正な競争を阻害してきたことは事実です。彼らが創り出したＧＡＦＡＭ（グーグル・アマゾン・フェイスブック・アップル・マイクロソフト）なる企業群による独占は、現在国際的な非難を浴び、分割と様々な規制が検討されています。ジョブスらもまた、公共の利益を慮ることへの無能力を、訓練によって身につけた人たちなのです。

「ショック・ドクトリン」——経済学者たちの「訓練された無能力」①

ヴェブレンの後輩にあたる経済学者たちも、他人の不幸の上に自らの幸福を築こうとしたビジネスマンたちに力を貸してきました。

アメリカの著名なジャーナリストで、アクティビストでもあるナオミ・クラインは、「惨事便乗型資本主義」ということばを創っています。一九七〇年代以降、世界は様々な政治的経済的混乱、さらには自然災害や戦争など数多くの苦難に直面してきました。

チリの社会主義的なアジェンデ政権は、同国の民主化に大きな成果を収めていました。しかし、これをよく思わないアメリカは、ピノチェト将軍を援助し、クーデターを実行させています。ソ連崩壊時にはソ連東欧圏の経済が大混乱に陥っています。旧ソ連を構成した国々では当時、数百万人の餓死者が出るのではないかとさえいわれていました。そうはならなかったのは、この地の人たちがダーチャと呼ばれる農園付きの別荘で、野菜を自給していたからだといわれています。アメリカ南部ニューオーリンズを襲ったハリケーン・カトリーナは、貧しい人たちを中心に大きな犠牲者を出しています。また一九九七年には、アメリカの機関投資家の空売り攻勢によってタイのバーツと韓国のウォン等が暴落し、これらの国々は、深刻な経済危機を経験しています（本書六八頁註〈8〉参照）。そして二〇〇三年のアメリカによるイラク攻撃は、フセイン政権を打倒することには成功しましたが、イラクを「第二の日本」とすることには失敗し、同国は未だ混乱状態にあります。ブッシュジュニアが開戦の理由としたイラクによる大量破壊兵器の保持も、結局みつけられていません。

ＩＭＦ（国際通貨基金）と世界銀行は、経済的破綻に直面した先述の国と地域をいわば銀行管理下におきます。この時ＩＭＦと世銀の参謀役を務めたのは、ミルトン・フリードマンの薫陶を受けた、シカゴ大学の経済学者たちでした。フリードマンは、小さな政府と競争の徹底を金科玉条としています。それが実現されれば福祉・教育・医療の予算は大幅な削減の憂き目にあい、一部の企業家が利益を得る一方、普通の人々には大きな苦しみを与えるものです。しかし大惨事に直面し、茫然自失している人たちには、それに抗う術はありません。フリードマンは大惨事こそが変革のチャンスであるという「ショック・ドクトリン」を奉じていたのです。大惨事のどさくさに紛れて大きな利益を得る。クラインはこれを「惨事便乗型資本主義」と呼んでいます〈註13〉。フリードマンをはじめとするシカゴ学派の経済学者たちは、人々の苦しみに共感することに関して、「訓練された無能力」を発揮していたのです。

「どうして先が読めなかったのですか」――経済学者たちの「訓練された無能力」②

前世紀の末からたくさんの億万長者がアメリカでは生まれていました。その膨大な資金は、投資や投機にまわりますが、それを効果的に運用するための金融工学が発達していきます。その成果を生かした様々な金融商品が発明されます。サブプライムローンもその一つでした。低所得層にお金を貸し付け、ローンを組ませます。本来はお金を貸してはいけない人たちにローンを組ませるわけですから、その多くは当然破綻します。その負債を証券化して売るのがサブプライムローンです。不動産価格が際限もなく上昇していた時期なので、差し押さえられた住宅はもとの値段よりも高く売れ、証券化された負債をもっていた人が利益を得るというシステムです。しかし、いつまでも不動産価格の上昇が続くわけがありません。二〇〇八年の九月、サブプライムローンが破綻します。サブプライムローンは様々な金融商品と組み合わせて発売されていたために、その被害は、天文学的な額に及びました。このいわゆるリーマン・ショック〈註14〉によって、世界経済は奈落の底に沈みます。

リーマン・ショックの直後、イギリスのエリザベス女王は、居並ぶ高名な経済学者たちを前に、「どうして先が読めなかったのですか」と問うたといいます。〈註15〉地価と住宅価格が永遠に上昇し続けるはずもないから、サブプライムローンがいずれ破綻することは、女王に限らず、常識ある大人の目からは明らかであったはずです。現代の経済学者たちは、精緻な数理モデルを組み立てるために、複雑な現実的条件を捨象するのが常です。長年にわたって彼らが受けてきた、そうした訓練が、素朴な常識的判断をさえ曇らせてしまった。経済学者たちは、自分たちが失敗するはずがないという慢心をビジネスマンたちと共有していたのではないでしょうか。まさに「訓練された無能力」です。

恐らくヴェブレンは自覚的に「訓練された無能力」ということばを用いてはいなかったのでしょう。しかし、バークに啓示を与えたヴェブレンの記述は、残念なことに二一世紀の現在もなお古びてはいません。世界の「金銭的階級」とそのブレーンたる経済学者たちの「訓練された無能力」によって、世界経済は奈落の底に沈んだのです。

3　ヴェブレンからバークへ――「訓練された無能力」の二つの形

ケネス・バークという思想家

ケネス・バークは、二〇世紀アメリカを代表する文芸批評家です。彼の関心は、文学にとどまらず、フロイトに代表される精神分析学やヴェブレンのような社会科学にも及んでいます。広範な読書の中から彼は「バーク学」ともいうべき独特の体系を築き上げていきます。同時代のアメリカの知識人と同様、バークも社会主義に関心を示していました。アメリカの資本主義を強烈に批判したヴェブレンへの傾倒も、そのあらわれとみることができます。彼が批評家としての地位を確立していった一九二〇年代から三〇年代にかけてのアメリカは、大恐慌からニューディールへと至る経済的混乱の時期に当たります。社会主義に共鳴する者が増え、アメリカ共産党が支持者を拡大していった時代でもありました。しかし、社会主義者のレッテルを貼られることはアメリカ社会で生きる上で好ましくはありません。バークがいわば「検閲」の目を意識しながら、文章を書いていた可能性も否定できません。バークの文章は大変難解で読みづらいのですが、それもこのことと無関係ではなさそうです。

バークは、フロイトの精神分析理論やマルクスの文献を大いに参考にしていますが、人間の行動を、性的な衝動や経済的関心に還元するような議論には、後にみるように疑問を投げかけています。ある行為の動機は、異なる時代や文化の中で異なる説明が与えられること。すなわち、それぞれの時代や文化が固有の「動機の語彙」をもつとバークは考えていました〈註16〉。この着想は、社会学の中ではチャールズ・ライト・ミルズに受け継がれ発展させられています〈註17〉。一九六九年に四人もの人たちを銃殺して逮捕された永山則夫は、貧しさ故に自分は殺人に走ったと自らの犯罪の動機を説明し、それは一部の識者の共感を呼びました。ところが、一九九七年に、あの酒鬼薔薇の事件が起きた時には、少年の抱える「心の闇」が、事件を引き起こしたのだと語られました。わずか三〇年で少年犯罪を説明する「動機の語彙」は、「経済」から「心理」へと大きく変わってしまったのです〈註18〉。

バークには、人間は場面や状況に応じて、その意味が変化するシンボルを用いる存在であるという認識がありました。バークは、社会は舞台で人間は役者だというシェイクスピアと同じ認識を示しています。そして、行為者=役者の行為の動機を理解するためには、行為、行為者、場面、媒体、意図を考慮しなければならないとも述べています〈註19〉。人間はシンボルを操る存在だという認識。そして社会をドラマとしてとらえる観点。これらも後年の社会学に大きな影響を与えています。

パブロフの鶏の苦衷

バークは、「訓練された無能力」を、「彼のその能力が、盲点として機能する可能性があるような状況」と定義しています〈註20〉。訓練によって獲得された能力が、誤った行動の採用をもたらし、彼もしくは彼女に災いとして降りかかる。そうした状況を言い当てたことばが、「訓練された無能力」なのです。

バークが、「訓練された無能力」のわかりやすい例としてあげているのが、ベルが鳴ると餌がもらえると条件づけられた鶏たちが、ベルの音におびき寄せられて集まり、首を刎ねられてしまうという、パブロフの実験結果です。この鶏たちは、ベルが鳴った方向に集まると餌がもらえるという体験をもっています。ところが学習によって得られたこの行動様式が、ベルが彼らを処罰するために用いられた時には、首を刎ねられるという災いを鶏たちにもたらしました。学習の成果がかえって災いしたという意味で、パブロフの鶏たちは、「訓練された無能力」の罠に嵌ってしまったのです。

鶏たちが受けた過去の訓練が、現在の状況への判断を間違えさせたのである。〈註21〉

人間はしばしば傍目に非不合理な行動に走ることがあります。バークは、人間の非合理な行動は、過去のトラウマや厳しい現実からの「逃避」の結果もたらされるという、精神分析的な説明に疑問を抱いていました。精神分析理論は、性的なものを抑圧する一方で、それに強い関心を示し、現実と虚構の間に厳然たる区別のあった、一九世紀から二〇世紀にかけてのヨーロッパ社会を背景に生まれており、それをすべての時代と文化に適応することには無理があるとバークは考えていたのです。バークは、また人間の行動の動機を経済的な利害関係に還元し、自分たちとは異なる立場の主張を「虚偽意識」として指弾するマルクス主義にも強い疑問を抱いていました。論敵は虚偽意識にまみれ、現実逃避を行っているが、自分たちはそうではないと考える精神分析理論やマルクス主義は、党派的でフェアではないとバークは考えていたのです。

給餌を知らせるベルにおびき寄せられた結果、破滅を招いた鶏たちの誤った行動を、「訓練された無能力」の発露であると考えるなら、鶏たちを「現実に向き合っていない」とか、「虚偽意識に支配されている」と責める者はいなくなるはずだとバークは言います。人間の（バークが持ち出したのは鶏の例でしたが）一見して非合理な行動が、それが妥当性を失っているにも関わらず、これまで慣れ親しんできた（そして過去には成功をもたらした）行動を採用したために生じると考えれば、「逃避」や「虚偽意識」のようなことばに頼らなくてすむようになるとバークは言います。〈註22〉「訓練された無能力」の罠に嵌るのはパブロフの鶏だけではありません。

人は、過去に受けた訓練にあわせて、手段を選択する。そしてこの訓練がまさに健全であるがゆえに、あやまった尺度を適用することがありうるのである。人々は、不適合な適合性に適合しているがゆえに、不適者となりうるのだ。〈註23〉

人間は過去の経験から多くのことを学び、それに応じて目的を達成するための手段を選択していきます。しかし、状況は常に変化しています。過去には合理的であった手段が、いまもそうであるという保障はどこにもありません。豊富な経験をもち、過去に華々しい成功を収めた個人や集団ほど、かつて有効だった手段に固執することによって、「訓練された無能力」の罠に陥る可能性が高いのです。このバークの洞察は、日本の現状を考える上で、多くの示唆を与えてくれているようにみえます。

ピーターの法則

「階層社会学者」を名乗るローレンス・J・ピーターは、人々が努力をして有能さを発揮すると、社会の無能の総量が増大する、という逆説的な命題を提起しています。「ピーターの法則」と呼ばれるものです。このタイトルの本は、あるジャーナリストのピーターへの聞き書きによるもので、厳密な意味での学術的な著作であるとはいえません。しかし、訓練とそれがもたらす有能さが、社会の無能を増大させるという認識は、「訓練された無能力」と重なりあう部分が大きいでしょう。

有能な教師は、その有能さを評価されて教頭や校長のような管理職に出世を果たします。しかし、悲しいかな「名プレーヤー必ずしも名監督ならず」。優秀な教師が管理職としても有能だとは限りません。校長なり教頭なりが、有能な教師の到達した「無能レベル」なのです。同様なことは、目覚ましい業績をあげたセールスマンやエンジニアが、企業の管理職に出世した場合にも起こりえます。有能さを発揮して目覚ましい出世を遂げた人も、例外なく最後には無能レベルに到達し、社会に損害を与える存在に成り下がってしまう。そうした冷厳な事実を、ピーターらは軽妙に描き出しています。〈註24〉

筆者は職業柄、新聞記者から取材を受けることがありますが、しばしば「編集委員」という肩書の名刺を受け取ることがあります。私が名刺を眺めていると彼彼女らは、判で押したようにこんな説明を始めます。「一定の年齢になるとみんな管理職になるのですが、中には現場から引き離すのがもったいないような有能な人もいれば、とても管理職など務まらないだろうと思われる人もいます。そうした人たちのために造られたのがこの肩書なのです」。この説明を受けるたびに「あなたはどちらですか」と問いたいに衝動にかられました。「編集委員」という肩書は記者たちが管理職という「無能レベル」に到達することを防ぐための知恵といえなくもありません。

「訓練された無能力」と「ピーターの法則」

ピーターの指摘する状況がなぜ生じるのか。「訓練された無能力」という概念を補助線として導入するとその理由がよく理解できます。教師、研究者、セールスマン、エンジニア等々の世界で業績をあげた人々は、それぞれの世界で求められる訓練によく耐え、その資質を大いに発展させてきたに違いありません。ところが校長、学長、企業の部長や重役といった管理的な仕事の場合には、そうした訓練はあまり役にはたたないのです。プロ野球の名プレーヤーは引退後、コーチや監督の地位に就くことが多いのですが、競技する能力と指導する能力は別のものなので、現役時代の実績と指導者としての実績は必ずしも比例するものではありません。

かつての名選手が、ダメな監督になったとしてもそれはさして社会に害をもたらすものではありません。かつてオリンピックで大活躍をして、国民に多くの感動を与えた名選手が、その名声を背景として、国際競技連盟のトップや政治家（?）になった時に目も当てられない無能さを晒す様を、われわれは東京オリンピック・パラリンピック２０２０でいやというほど見せつけられたばかりです。

プレーヤーにとっては大いに役立つ資質が、監督する立場に立った時には、有害である場合すら考えられます。一字一句をおろそかにしない厳密な学問的姿勢は、学者としては称賛に値するものですしょう。しかし、大学の管理者が執務においてもそうした態度をとり続ければ、業務は渋滞してしまいます。優秀なセールスマンや技術者が管理的な仕事に就いた場合にも、同じことが起こりえます。個人で仕事をこなす能力に優れた人が、人に仕事を割り振り、さらには人を育てていく能力に長けているとは限りません。また個々のプロジェクトという「戦術」を立案することに長けた人が、組織全体の「戦略」を構想する能力を保証するものであるかといえば、これも心もとないものがあります。過去の訓練に過剰に適応した者は、新しいそれに適応することが困難になってしまうのです。

ノモンハンで日本軍と対峙したソ連の英雄ジューコフ元帥は、日本軍について、下士官は勇猛で、若い士官も狂信的に職務に取り組んでいるが、将軍は愚劣だと述べていたことはすでに第3章でも述べました。将軍のポストが、多くの帝国軍人が到達した、「無能レベル」ということなのでしょうか。東条英機は、課長としては敏腕であり、陸軍のためには献身的に働いたが、国全体を見渡す力を欠き、いわんや外交的センスはゼロに等しかったといわれています。〈註25〉これは社会人経験のある多くの人が同意されるのではないかと思いますが、日本の組織を実質的に動かしているのは、課長クラスの人たちであり、それ以上の職位にいる人たちは、恐らく「無能レベル」に到達した人たちではないのかと考えられます。日本の多くの組織が沈没している所以でしょう。

「訓練された無能力」の二つの形

これまでの議論の中で、「訓練された無能力」には、二つの形があることがわかりました。

一つは訓練によってもたらされた過去の成功体験が、新しい状況への適応を阻害し、その能力をもつ主体にとっての災いとなるという側面です。バークが論じたのはまさにその問題であり、マートンの官僚制の逆機能についての議論も、杓子定規な対応をとることによって昇進を重ねてきた人たちによってもたらされる弊害であると考えれば、バークの議論と一致します。能力を発揮することによって出世した人が、過去の訓練によって身につけた資質がかえって災いして、その高い地位では無能者となるというピーターの議論も、バークの命題と重なるものです。

他方、バークにインスピレーションを与えたヴェブレンの記述からは、「訓練された無能力」の異なる側面が浮かび上がってきます。アメリカのビジネスマンたちは、「公共の福祉」を無視するような訓練を、ビジネススクールの学生であったころから施されています。ヴェブレンの時代のアメリカで巨富をなしていたのは、こうした無能力を身につけていた人たちでした。

「訓練された無能力」の二つの形を次のように言い換えることも可能でしょう。

世の中には、過去の成功の記憶にとらわれ、過去には有効であったが、いまではその有効性が失われた手段に固執して、失敗を繰り返す者がいる。他方では、自分の利益になることならば、社会の全体に与える損害を顧慮しない能力を訓練によって獲得した者たちがいる、と。

日本は、「昭和」の時代に大きな経済的成功を収めました。しかし経済的成功の条件が消え去った後にも、過去の栄光にしがみつき、かつてなら有効であった手段を取り続けることによって、ますます窮境に追いやられていっています。それでは日本の「訓練された無能力」は、いかにして生まれ、どのように社会に打撃を与えてきたのか。それを以下にはみることにしましょう。

【註】

〈1〉ロバート・キング・マートン、森東吾・森好夫・金沢実・中島竜太郎訳『社会理論と社会構造』みすず書房、一九六一年

〈2〉マートンの生活史と社会学理論については、C・クロザース、中野正大・金子雅彦訳『マートンの社会学』（世界思想社、一九九三年）を参照されたい。

〈3〉マートン前掲書、一八一頁

〈4〉マートン前掲書、一八一頁

〈5〉Kenneth Burke 1935 *Permanence and Change.* Berkeley: California UP 1984.（未邦訳）

〈6〉Robert Stallings 2003 *President's Column.*"UnScheduled Events:International Committee on Disasters. 21.N2:9 pars.4 Jan.

〈7〉Erin Wais 2005 *Trained Incapacity:Thorstein Veblen and Kenneth Burke* The Journal of the Kenneth Burke Society Volume 2, Issue 1, Fall 2005

〈8〉Thorstein Veblen 1914 *The Instinct of Workmanship and the State of the Industrial Arts.* New York:Macmillian, p347

〈9〉Thorstein Veblen 1918 *The Higher Learning in America.* New York:Sagamore Press p152

〈10〉マートン前掲書、一一三頁

〈11〉ソースタイン・ヴェブレン、小原敬士訳『有閑階級の理論』岩波文庫、一九六一年

〈12〉「平和宣言」広島市HP　二〇二三年八月六日
(https://www.city.hiroshima.lg.jp/site/atomicbomb-peace/179784.html) 二〇二四年一月九日確認

〈13〉ナオミ・クライン、幾島幸子・村上由見子訳『ショック・ドクトリン―惨事便乗型資本主義の正体を暴く』上・下、岩波書店、二〇一一年

〈14〉二〇〇八年九月一五日、アメリカの大手証券会社リーマン・ブラザーズが経営破綻をして、世界的な金融危機の引き金を引いた。

〈15〉ヤニス・ヴァルファキス、早川健治訳『世界牛魔人―グローバル・ミノタウロス　米国、欧州、そして世界経済のゆくえ』那須里山舎、二〇二一年
〈16〉ケネス・バーク、森常治訳『動機の文法』晶文社、一九八二年
〈17〉C・W・ミルズ、田中義久訳「状況化された行為と動機の語彙」(C・W・ミルズ、青井和夫・本間康平監訳『権力・政治・民衆』みすず書房、一九七一年所収)
〈18〉少年犯罪をめぐる言説については、鈴木智之「この〈世界〉の中で〈他者〉に出会うことの困難」(小谷敏編著『二十一世紀の若者論―あいまいな不安を生きる』世界思想社、二〇一七年所収)を参照されたい。
〈19〉Kenneth Burke 1935 *Permanence and Change*:California UP, 1984.
〈20〉ibid、七頁
〈21〉ibid、一〇頁
〈22〉ibid、八―九頁
〈23〉ibid、一〇頁
〈24〉ローレンス・J・ピーター、レイモンド・ハル、渡辺伸也訳、『新装版　ピーターの法則―「階層社会学」が暴く会社に無能があふれる理由』ダイヤモンド社、二〇一八年
〈25〉一ノ瀬俊也『東條英機―「独裁者」を演じた男』文春新書、二〇二〇年

第6章

日本の「訓練された無能力」

——後ろ向きにしか進めない国

第1章から第4章にかけて、筆者は、日本の政治の著しい退行を指摘しました。その退行がなぜ生じたのか。それを「訓練された無能力」という概念をキーにして考察していきたいと思います。

1　町人国家の繁栄――高度経済成長期からバブルへ

「御曹司国家」――西ドイツと日本

第二次世界大戦後間もない時期のアメリカは、圧倒的な経済力をもち、膨大な貿易黒字を計上していました。アメリカが、ドルを西側世界に流通させ、安定的に世界経済を発展させる。ギリシャの経済学者ヴァルファキスは、この構想をアメリカの「世界計画」と呼んでいました。「世界計画」は、ドルを世界貿易の基軸通貨とすることを定めたブレトンウッズ体制〈註1〉と一体のものでした。貧困が支配すれば、西側の国々も社会主義化してしまうかもしれない。豊かさを西側の国々に均霑《きんてん》していくことは、第二次世界大戦後すぐに始まった、米ソ冷戦に勝ち抜くために必須のものであるとアメリカの指導層は考えていたのです。

ヨーロッパ復興のための巨額の援助と融資とを行ったマーシャルプランは、まさに「世界計画」の一端でした。復興の途上にあるヨーロッパに惜しみなくドルを与え、豊かになったヨーロッパをアメリカ製品の市場にするという、貿易黒字の循環システムの構築を目指したのです。マーシャルプランのもたらした巨額のドルを有効利用するために、後のEUの原型となる「ヨーロッパ石炭鉄鋼共同体（ECSC）」が形成されました。統一ヨーロッパの基礎は、実はアメリカの「世界計画」の一環として築かれたのです。

ヨーロッパ経済を牽引する中心的な存在として、アメリカは力強い産業の潜在能力をもつ西ドイツを指名します。連合国は当初、ドイツが三度世界にとっての脅威とならないように、ドイツの工業力を徹底的に破壊することを目論んでいました。しかし冷戦の激化に伴って、アメリカは西ドイツに対する姿勢を一八〇度転換したのです。

アジアにおいては、日本がヨーロッパにおける西ドイツの役どころを担うことになります。敗戦で国土が灰燼と帰し、経済が瀕死の状態に陥っていた日本経済を蘇生させたのが、一九五〇年に始まる朝鮮戦争でした。日本は米ソ冷戦の最大の受益国家であったといえます。アメリカは、「共産主義の防波堤」とすべく、アジアで唯一高い工業技術力をもつ日本をヨーロッパの西ドイツと並ぶ「御曹司国家」（ヴァルファキス）として厚遇します。〈註2〉

アメリカの日本の技術力・経済力に対する評価は、ドイツに比べてひどく低いものでした。冷戦期アメリカの対日本外交に大きな影響力をもった政治家であるジョン・フォスター・ダレスは、戦後間もない頃、アメリカの経済使節として来日した際、テーブルに置かれた紙のナプキンをつまんで、先々日本もこうしたものをアメリカに輸出できればいい、と言ったというエピソードはよく知られています。「御曹司国家」としてアメリカの庇護を受け、経済を目覚ましく発展させた日本は、一九八〇年代にはアメリカにとっての大きな脅威になっていきます。

「吉田ドクトリン」――「町人国家」の経済至上主義

日本の経済的繁栄は、日本人の勤勉さや高い教育水準、そしてそれらの上に築かれた、高い技術力の賜物として語られてきました。たしかにそれも一面の事実ではあります。しかし、日本が冷戦の最大の受益国家であったという現実を直視すべきでしょう。悪性インフレと外貨不足に苦しめられて、戦災からの復興が思うにまかせなかった日本経済にとって干天の慈雨となったのが、先にもみた一九五〇年に始まる朝鮮戦争がもたらした特需景気でした。戦争の前線基地となった日本の工業製品を、アメリカが気前よく買ってくれたことによって、日本経済は復興の軌道に乗ったのです。

ベトナム戦争当時、アジアの共産化を恐れたアメリカは、様々な援助によって、東南アジア諸国に巨額のドルを投下していったのです。豊かになったこれら諸国は、日本製品の有力な市場に成長していきました。そして豊かになった東南アジア諸国の教育水準の向上に伴い、日本企業はこれら諸国に生産拠点を配置していったのです。人件費の安いアジアの国々で生産される日本製品は、アメリカ市場で大きな競争力を獲得していきました。近隣民族の悲劇を奇貨として、日本は大きな経済的利益を得ることに成功したのです。

そしてこの時代の為政者たちは、ソ連と中国という、社会主義の二大大国と近接した日本のポジションを、対米交渉に巧みに利用していきました。日本はソ連や中国に容易に侵略されやすい状況に置かれており、もしそうなれば、アジア全体で共産主義化のドミノ倒しが起こりかねません。日本を豊かにして、アメリカの軍事力を後ろ盾にして日本の安全を保障することは、アメリカの利益にもなるはずだと、当時の日本の為政者たちは踏んでいたのです。

日米関係についての研究を長年続けてきたアメリカの日本近代史研究者であり、日本政治思想史にも造詣の深いケネス・パイルは、次のように述べています。敗戦後長く総理大臣の地位にあった吉田茂は、アメリカが制定に深く関与した日本国憲法第九条をたてにとって、アメリカの再軍備要求を拒絶し続けていました。吉田に連なる自民党本流の池田勇人と佐藤栄作は、吉田の路線を忠実に踏襲していきます。池田と佐藤は、アメリカに日本製品への市場開放を認めさせる一方で、通商産業省が主導する、日本の重商主義的な産業保護主義政策を黙認させたのです。こうして日本は、重い防衛費の負担を免れ、経済を成長させることに専念できたのです。

「二人は吉田の政策を練り上げて本格的な戦略にした。戦後復興のための時間を稼ぐ戦術と吉田が考えていたものが、冷戦下の特殊な国際秩序の中で国益を追求するための国家戦略へと成長したのだった〈註3〉」

アジアにおける反共の防波堤としての役割を担った日本は、アメリカから特別な恩恵を受けていました。しかし、その代償は小さなものではありませんでした。外交と軍事は完全にアメリカに従属し、日本の防衛のために大規模なアメリカ軍基地を置くことを容認したのです。そしてその見返りとして、同じ敗戦国である西ドイツと比べてもはるかに大きな便宜を、日米地位協定によってアメリカに与えたのです。NATOという集団的安全保障組織に頼ることのできる西ドイツと、軍事的にはアメリカに依存せざるを得ない日本との違いが如実にあらわれています。その犠牲となったのが、一九七二年までアメリカの施政権下にあった沖縄でした。

沖縄には日本の米軍基地の七割が集まっています。そして狭い沖縄県の一四％の土地が米軍基地として使用されています。これでは沖縄の産業の発展はかないません。そして度重なる米兵の犯罪によって、県民は塗炭の苦しみを舐めてきたのです。住宅密集地に近接した普天間基地は、世界でもっとも危険な基地とも呼ばれてきましたが、その代替地として提示されたのが、サンゴの群生する名護市辺野古でした。辺野古基地建設に反対する県民の総意を無視して、国は建設工事を強行しています。

他国に従属する状況は国民の自尊心を傷つけるものです。従属する相手が、先の大戦で日本を完膚なきまでに叩きのめしたアメリカであれば、国民の心理が屈折しない方が不思議です。しかし、その屈折をぐっと飲みこんで、日本は第二次世界大戦前のように、「サムライ」として国際舞台で居丈高に振る舞うことはありませんでした。江戸時代の町人のように、面子を捨てて実利をとる、「町人国家」としての姿勢を貫きました。「自負心や原理原則にこだわって利潤追求」を「疎かに」することはありませんでした。第4章で触れた岸田秀のことばを用いれば、「アメリカ憎し」の内的自己を抑圧するわけですから、これは愉快な話ではありません。しかし、それを補って余りある実利が冷戦時代の日本にはもたらされたのです。

「御曹司国家」から仮想敵へ――一九八〇年代に生じた変化

一九七一年のドルショック、そして七三年のオイルショックとによって、「世界経済の黄金時代」は終わります。一九七四年には日本の経済成長率はマイナスとなり、長きにわたった高度経済成長期も終わりを告げました。オイルショックの痛手から立ち直ることのできない欧米諸国を尻目に、日本の製造業は、「減量経営」と称された生産過程の徹底的な合理化と、目覚ましい技術革新とによって、急速に国際競争力を高めていきました。一九八〇年代の日本企業は世界の市場において、一人勝ちの状態にあったのです。

アメリカは日本に対する巨額の貿易赤字に苦しめられていました。一九七〇年代の初頭までは、繊維問題が貿易摩擦の焦点になっていました。一九八〇年代に入ると、日本の家電製品や自動車がアメリカ市場を席巻したことによって、貿易摩擦は深刻さの度合いを増していったのです。アメリカの製造業は日本企業の輸出攻勢によって壊滅的な打撃を受けていたのです。日本製品をハンマーで叩き壊す、過激な行動によって話題となった政治家もいました。それまでアメリカの「御曹司国家」として、ヨーロッパの西ドイツとともにアメリカの寵愛を一身に受けていた日本ですが、あまりに強すぎる製造業の競争力によって、アメリカの敵意を買うようになっていました。一九八〇年代の半ば以降、ゴルバチョフ政権の誕生で、米ソの雪解けムードが高まると、日本がソ連にかわるアメリカの仮想敵とみなされる状況すら生じていたのです。〈註5〉

米ソ冷戦体制の下では日本の安全保障はアメリカの安全にとっても喫緊の課題でした。だから日本が対米交渉を対等に進めていくことが可能だったのです。ところが冷戦終結後は両国の関係性は完全に非対称なものになります。日本は防衛力をアメリカに完全に依存しています。アメリカの庇護なしには存続することができません。ソ連は相変わらず強大な核大国ではありましたが、国内の立て直し（ペレストロイカ）に手一杯のゴルバチョフ政権は、アメリカにとっての軍事的脅威ではなくなっていたのです。日本の共産化を心配する必要がアメリカにはなくなった。アメリカはさして日本を必要としていないが、日本はアメリカなしでは生きていけない。こうした非対称的な関係性の中では、日米間の対等な交渉は成立しません。日本はアメリカの要求を唯々諾々と受け入れる他はなくなってしまったのです。この時代以降アメリカは、日本に理不尽な経済的要求を次々につきつけてきたのです。

その嚆矢となったのが、プラザ合意でした。

2　経済の奈落へ ――「失われた一〇年」

「失われた一〇年」――八方塞がりの日本

一九八五年、ニューヨークのプラザホテルを舞台とした主要五カ国（日、米、英、独、仏）大蔵大臣・中央銀行総裁会議において、円高ドル安への誘導を日本は国際公約として受諾させられました。この「プラザ合意」によって大幅な円高が生じ、日本の輸出産業は大きな打撃を受けました。八〇年代の半ばには、中小企業を中心に企業倒産が増大していきました。「円高不況」に見舞われたことはすでに第4章でみたとおりです。

不況対策のため、日銀は大規模な量的緩和政策を行っています。政府も景気拡大のため公共事業を乱発していったのです。市中にお金があふれる状態が続いていました。円高によって本業で利益を出すことが期待できなくなった企業は、「財テク」と当時呼ばれた株や不動産への投資によって利益を生み出す方向に走りました。中曽根民活路線による国鉄用地の売却等、不動産投資を煽る動きも活発化していました。こうした様々な要因が相俟って、だぶついていた資金は、不動産と証券市場に向かったのです。不動産の儲けを株に、株の儲けを不動産に、というスパイラルが生じていきました。こうして両者の価格は、実体経済をはるかに乖離して上昇していったのです。一九八八年ごろから、日本は「バブル経済」の時代に突入していきました。

バブル（泡）は必ずはじけます。一九九〇年の東京証券取引所大発会における株価の大暴落からバブルの崩壊は始まったのです。株価の急降下が、不動産価格の急激な下落を呼ぶという、負のスパイラルが生じていきました。バブルの崩壊は実体経済にも影響を及ぼしました。「失われた一〇年」の到来です。この後、日本経済は長期におよぶ経済の停滞に苦しむことになります。

不良債権の処理のためには、公的資金を注入することが早道だったはずですが、責任追及を恐れる銀行幹部の思惑によって、ずるずると先送りされていきました。一定の自己資本率がなければ、国際業務に参入できないというＢＩＳ規制の基準が、一九九二年に四％から八％に引き上げられました。〈註6〉日本の銀行は自己資本率を高めるために、「貸し渋り」や「貸し剥がし」を行っています。そのため中小企業の倒産が相次ぎました。このＢＩＳ規制の引き上げは、アメリカが邦銀を狙い撃ちにしたものといわれています。円高によって重いハンデを負った製造業は、圧倒的に安価な製品を供給できる近隣諸国の急追にあい、徐々に従来の比較優位を失っていきました。

景気の後退局面では、政府が公共事業による財政出動を行い、景気の浮揚を図ることが常道です。しかし国と地方とを合わせた政府債務が、先進国最悪の状況にあることを背景として、自社さ連立政権（村山富市首相）の武村蔵相は、「財政危機宣言」を発しています。村山首相の後を受けた橋本龍太郎内閣は、財政立て直しのための緊縮財政の方へと舵を切ったのです。景気回復のための財政出動が、いわば「禁じ手」とされたこと。そして、やはり橋本政権下で、消費税の税率が、三％から五％

に引き上げられたこと。こうした様々な要因が重なることで、景気の後退はいつ果てるともなく続いていったのです。一九九七年には、四大証券の一つ山一証券と、北海道最大の金融機関である北海道拓殖銀行が相次いで経営破綻をしています。翌九八年には、自殺者の数は三万人を超えています。一九九〇年代の日本は、ついにバブル崩壊の痛手から立ち直ることができませんでした。一九九〇年代が、日本の「失われた一〇年」と呼ばれる所以です。

脱工業化した冷戦後世界への不適応――「理想国」の伝統を欠いた国

丸山眞男は、日本人は模範国を追い求めることには熱心だが、理想国を構想する力を欠いていると述べています。〈註7〉たしかに近代日本の思想史を振り返った時、キリスト教徒であり、社会主義者でもある安部磯雄は『地上の理想国瑞西』（平民社、一九〇四年）を書き、内村鑑三は『デンマルク国の話』（聖書研究社、一九一三年）を著しています。明治国家の指導者はドイツを仰ぐべき模範としていましたし、開国以来、アメリカは一貫して日本人の憧れの対象だったのです。敗戦後の左派的な知識人は、ソ連や中国さらには朝鮮民主主義人民共和国（!?）を理想化していました。今日ではあるべき社会の模範として、北欧がさかんに言及されています。他方、日本近代の思想史の中に、みるべきユートピア思想が存在しないことも、丸山の指摘するとおりです。

八〇年代に日本経済は世界の先頭に躍り出ました。工業化の時代には、日本の産業界には常に倣うべき模範が海外に存在していました。海外で開発された最新技術を導入して、改良を加え、オリジナルよりもはるかに使い勝手のよい、優れた製品を造ることによって、日本企業は目覚ましい成長を遂げたのです。しかし、日本が最先端に躍り出れば、もはや模倣の対象は存在しません。そして日本が世界の最先端に立ったその時には、すでに工業化の時代は終焉を迎えようとしていたのです。脱工業化のお手本となる国は、まだどこにも存在していません。

理想国を語る力をもたない日本人には、脱工業化の時代を主導するヴィジョンを描くことはできませんでした。これはある原則に立って全体を俯瞰する「軸」が日本社会には欠けていたという、第3章でのバーマンの議論と重なる問題です。そして工業化の時代に強固に築き上げられた、終身雇用制や性別役割分業等々の社会と経済の構造は、脱工業化への転換に際して、大きな足かせとなったのです。IT産業の発展において、中国・韓国・台湾が日本のはるか先を行っているのは、これらの国々がこうした制約を受けていないからではないでしょうか。工業化の時代に適合的だった訓練が、脱工業化の時代に適合する上での「無能力」を生み出しているようにみえます。

自ら好んで貧しくなった日本

日本には貿易立国というイメージがもたれています。しかし、現在の日本の貿易依存度（GDP＝国内総生産に対する輸出入の比率）をみると、主要国の中では極めて低い水準にあります。二〇二一年の時点で二九・九六％の日本は、一九・九七％のアメリカよりは高くなっていますが、六八・〇五％の韓国や、七一・一三％のドイツに比べれば、はるかに低くなっています。〈註8〉

高度経済成長期の日本においては、アメリカが容認した保護主義政策の下で、家電や自動車のメーカーが、国内に分厚い市場を築くことができました。高度経済成長は、内需の拡大によってもたらされたものです。これは輸出主導で経済発展を遂げた韓国との大きな違いです。国内市場において、複数の企業が激烈な競争を行うことによって、日本の製造業の製品とサービスの質は劇的に向上していきました。それが八〇年代の日本の製造業の世界制覇を可能にしたのです。

バブル崩壊後も日本は、円安を歓迎しています。そして企業は賃金の抑制に努めてきました。その方が輸出競争に有利に働くからです。脱工業化社会に適した新しい産業を興すのではなく、日本は従来型の産業構造にしがみついていきました。裕福な国になった日本がどんなに頑張っても、こうした方法によっては、本物の発展途上国に敵うわけがありません。そして過去のものとなった戦略に固執し続けるという、「訓練された無能力」に陥ってしまった結果、一億二〇〇〇万の巨大な日本の消費市場は、その購買力を大きく減じてしまったのです。かつては一位だった一人当たりGDPもいまや三〇位台。主要国の中で給与所得は日本のみが減り続けています。円の値打ちは五〇年前の水準にまで落ち込んだという報道もありました。

バブル崩壊後の一九九二年には、『清貧の思想』（草思社）というドイツ文学者中野孝次の書いた本が大ベストセラーになりました。当時筆者は、この先生は印税で「清貧御殿」を建てたのだろうかとシニカルな気分になったことを覚えています。それに先立つ八〇年代の半ばには、東芝の社長であり、政府臨調の会長も務めていた土光敏夫の、目刺しを愛好する質素な暮らしぶりが話題になりました。何を食べようとも、世界的大企業の社長が、富裕層でないはずがありません。冗談や皮肉はさておき、バブルの前後にみられたこの「清貧」礼賛の風潮は、当時の日本人の中に、急速な経済発展によって「世界一豊かな国」になったことに対する、居心地の悪さが表明されていたようにも思います。

　最近では社会学者の上野千鶴子が、東京新聞の二〇一七年二月一一日のインタビュー記事で、日本人は異質なものと共存する力がないから、無理に移民を入れて豊かになろうとするよりも、「みんなが少しずつ貧しくなろう」と発言し、大炎上しています。リベラルな社会学者が、排外主義ともとられかねない発言をしたことへの驚きも広がっています。テレビ番組（TBS「情熱大陸　社会学者上野千鶴子」二〇一九年六月三〇日）で、タワーマンションの最上階に住み、高級外車に乗り、別荘を持つ彼女の豊かな暮らしぶりが紹介されたことが、バッシングを再燃させます。貧しさを勧めるのは、豊かな人たちばかりであるというのが、なんとも皮肉なことではあります。上野は、大学紛争を引き起こした団塊の世代に属する知識人です。この世代について、京都大学の総長だった岡本道雄は、急速に豊かになったことに対する罪悪感を抱いている世代という注目すべき指摘を行っています〈註9〉。

　アメリカの政治社会学者、バリントン・ムーアは、インドがその巨大な経済の潜在能力にも関わらず、長年にわたって経済的停滞に陥っていたのは、インドを支配してきた国民会議派の指導者たちの中に、豊かさを深く嫌悪していた、ガンジーの影響が根強かったことが一因していると述べています〈註10〉。日本が自らの経済力を弱めるような施策に固執し続けたのも、上野の世代にみられる豊かさへの罪悪感が作用していたのかもしれません。あるいは、「欠乏の中に美を見出す」という、第3章でバーマンが指摘していた伝統的なメンタリティが、むしろ経済の衰退を歓迎したとみることもできます。もしそうだとすれば、日本は自ら好んで貧しくなった国だともいえます。

3　後ろ向きにしか進めない国――日本政治の訓練された無能力

アメリカによる「再占領」――パブロフの鶏と化した日本

冷戦構造の最大の受益国であった日本は、ポスト冷戦の世界への適応にも失敗しています。加藤典洋は、かつての保守派の中には、経済活動に専心するために九条を守ろうとする保守本流とは別に、アメリカからの独立を獲得するための憲法改正を主張した流れがあったという注目すべき指摘を行っています。石橋湛山は、九条を高く評価し、この戦争放棄が世界警察軍の創設へとつながる道筋を示唆しています。〈註11〉鳩山一郎も改憲論者でしたが、彼のような国家主義的な色合いの強い政治家が、総理大臣として日本とソ連との間の国交を回復したことは、注目されてよいでしょう。日ソ国交回復は、日本の「中立化」志向のあらわれとして、アメリカに警戒心を抱かせます。中立化は、やがて「共産化」へとつながっていくのではないかと、アメリカは危惧し、岸内閣と新しい日米安全保障条約を締結しました。〈註12〉

冷戦構造が過去のものとなった時に、アメリカ以外の依存先をみつけることで、日本の国家的自立を達成するという選択も日本にはありえたはずです。しかし、石橋的な国連中心主義の復権や、鳩山的な、近隣諸国との友好関係を深めることによって、アメリカへの依存度を軽減し、日本の安全保障を確固たるものにするという方向性が、真剣に模索されることもありませんでした。その結果、冷戦後の日本はますますアメリカの従属国としての性格を強めていったのです。

アメリカは、一九九〇年代当時、日本に対して膨大な貿易赤字を重ねた原因は、自国の製品の性能が日本に劣るからではなく、日本の歪んだ政治・経済・社会の構造と慣習が、「非関税障壁」としてアメリカの前に立ちはだかっているからだと考えていました。アメリカは、「日米構造協議」や「年次改革要望書」〈註13〉において、大店法の改正や法科大学院の創設や裁判員制度の導入などの司法制度改革、そしてかの郵政民営化等々、内政干渉というしかない要望を日本側につきつけ、呑ませていったのです。〈註14〉

もちろんすべてがアメリカの思い通りになったわけではありません。大店法によって大きな利益を得たのは、ウォルマートではなく、イオンのショッピングモールでした。法曹人口を増やすために司法試験改革が行われましたが、急速に弁護士を増やせるわけもなく、多くの法科大学院が閉鎖の憂き目をみています。郵政民営化にしても、アメリカの保険会社や銀行がそこから大きな利益を引き出せた痕跡はありません。しかしアメリカのビジネスの利益のため日本がいそいそと「改革」を続けたというのは、何ともおぞましい状況です。

パブロフの鶏たちは、ベルの鳴る方にいけば、餌がもらえることを訓練の結果学習していました。それを信じて集まった鶏たちの首を、パブロフは非情にも刎ねてしまったのです。冷戦終結後の日本は、まさにこのパブロフの鶏のエピソードを彷彿させるものがあります。アメリカの言うことを大人しく聞いていれば何かよいことがある。日本政府は、冷戦期以来の惰性に支配され、国家主権の侵害にも等しいアメリカの要求を唯々諾々と受け入れていきました。「失われた一〇年」には、「経済敗戦」ということばが流行りました。アメリカが次々に打ち出した居丈高な要求には、かつてのGHQの「指令」を想起させるところがあります。こうした日米関係のあり方が、日本を益するものではないことは、誰の目にも明らかです。しかし日本はこれを続ける他はない。対米従属にかわる国是はないのですから。決して誇張ではなく、冷戦終結後の日本は、アメリカに再占領されてしまったのです。

小泉改革——惨事便乗型資本主義の一変種

新自由主義的な改革は、日本においても中曽根政権以降、一貫して進められてきました。一九八〇年代には国鉄や電電公社の民営化が断行されています。一九八六年の労働者派遣法の制定以来、派遣業務の範囲は拡大の一途をたどっていきます。自社さきがけ連立政権の武村蔵相による「財政危機宣言」以降、緊縮財政が基調となり、公務員定数の削減や公務員給与の引き下げ、さらには公共事業の削減等が行われていきました。

新自由主義的改革が全面展開していったのが、二〇〇一年に始まる小泉政権の時代です。小泉は、郵政民営化、地方交付税の減額と平成の大合併、さらには生活保護費母子加算の減額等の新自由主義的な改革をそれまで以上に推し進めていきました。これらの改革の多くは、一般国民に痛みを強いるものですが、不思議なことに多くの人々が小泉改革に、熱狂的な支持を与えていたのです。筆者は小泉改革には、「惨事便乗型資本主義」の一変種という側面があると考えています。

バブル崩壊以降、あまりに長く続く不況に人々は疲れ果てていました。そして現状の行き詰まりを打破することのできない、旧態依然たる自民党政治にも、人々は辟易としていたのです。そんな時、「自民党をぶっ壊す！」と叫んで首相の座に躍り出た小泉に人々は変革の担い手としての期待をかけたのです。長引く不況という経済的「惨事」に小泉は見事に「便乗」を果たします。その結果、本来であれば忌避されるべき様々な改革案が国民の間に受け入れられていったとみることができます。官僚出身者でもなく、企業人でもなく、これまでのキャリアの中でもさしたる党役員や閣僚経験のない小泉の政権基盤は、極めて脆弱なものでした。小泉が頼りにしたのが、国民的人気と「宗主国」アメリカの支持だったのです。

先に見た「惨事便乗型資本主義」の特徴は、惨事に見舞われた国の経済活動の仕組みをアメリカ企業を利するように変えてしまうところにあります。それを主導したのが、シカゴ大学の経済学者たちでした。日本でその役どころを演じたのは、竹中平蔵です。アメリカで新自由主義的な経済学を学び、小泉政権の経済政策の司令塔としての役割を演じた竹中は、派遣労働を全職種に広げています。その結果非正規雇用の労働者が急増し、日本社会の格差を広げる一因となりました。竹中は後に人材派遣大手、パソナの社外取締役に迎えられています。これが利益相反に何故当たらないのか理解に苦しむところです。竹中は、他人の不幸の上に自己の幸福を築くことになんのためらいも持たない人にみえます。ヴェブレン的な意味での「訓練された無能力」を体現した、わが国では稀有な人物といわなければなりません。

「日本はすでに死んでいる」？――ゾンビが総理の座に就いた

米ソ冷戦期にアメリカは、在日米軍に大きな便宜を与えることと引き換えに、日本の軽武装を容認していました。しかし冷戦の終結とともに、アメリカは日本にも軍事力の応分の負担を求めるようになりました。中曽根政権以降、長期政権を築き上げた宰相は、いずれもこうしたアメリカの要求に忠実に従ってきました。中曽根首相は、アメリカのレーガン大統領と、「ロン」、「ヤス」と呼び合う親密な関係を築き、日本列島を不沈空母にたとえ、日米の軍事的な同盟関係をより強固なものにしていきました。小泉首相は、世界が強く非難したイラク戦争に、イギリスのブレア首相とともに早くから賛意を示し、憲法上の疑義のもたれる自衛隊のイラク派遣を行っています。

すでにみたように、五五年体制以前の保守派の政治家たちは、アメリカからの独立を目指した改憲案を提示していました。ところが、二一世紀に入ってからの自民党の改憲案は、アメリカが強く求めている、自衛隊による軍事協力を可能にするための、すなわち対米従属を強化するための改憲案であった、と加藤典洋は述べています。〈註15〉安倍政権の時代になると、憲法の専門家や内閣法制局の見解すら無視して、解釈改憲を重ねるようになりました。集団的自衛権の行使が認められたことによって、「実は憲法改正する必要がなくなった」と安倍自身が述べているのです。〈註16〉

近年の日本政治の著しい保守化を、パイルは日米関係の変化という観点から説明しています。保守本流の吉田路線も、それの対抗軸となってきた社会党の九条平和主義も力を失ってしまいました。そこで台頭してきたのが、安倍元首相に代表される政治的ナショナリズムの流れです。安倍内閣、そして後継の菅内閣の閣僚の多くが、「日本会議」という極右的な政治団体に所属していました。しかしこの団体には思想的な内実はありません。「政治家の主張擁護のための集団で（中略）基盤となる哲学がほぼ欠如している」〈註17〉。

従来の左右対立図式にとらわれない、「リベラル」な政治勢力を代表することが期待された民主党の挫折も、右傾化に力を貸してしまったことは否めません。民主党の失敗の原因は様々に考えることができますが、鳩山首相が就任直後に「普天間基地は最低でも国外」という不用意な発言をして、「宗主国」アメリカの怒りを買ったことが大きく響いたことは間違いありません。

自民党と社会党の二大（現実には一・五）政党制である五五年体制は、米ソ冷戦構造を国内に投影したものです。ソ連が消滅すれば、社会党の存在の余地はありません。そして、アメリカの姿勢の変化によって、軽武装経済中心主義のかつての自民党本流も居場所がなくなります。民主党の自壊によってリベラルまでもが消えてしまった。残るは、右派だけということになってしまいます。極右的な主張を掲げる維新が勢力を伸長し、自民党の右傾化が始まります。二一世紀に入ると自民党は、大日本帝国的価値観への回帰を強めていったのです。

自民党本流の宏池会は、大平正芳、宮澤喜一、加藤紘一等々、数多の見識ある政治家を輩出しています。二〇二一年一〇月四日、第百代内閣総理大臣に就任した岸田文雄は、宏池会の会長でもありました。そして被爆地である広島市が含まれる広島一区選出の岸田には、右派的な安倍や菅とは一味違う、リベラルな政治を行うのではないかという期待ももたれていました。しかし、首相就任後の岸田は、多くの反対を押し切って安倍の「国葬儀」を強行しただけではありません。防衛費の大幅増額を定めた安保関連三文書を閣議決定して、国会よりも前にアメリカにその旨を「報告」しています。そして二〇二三年の二月には、同性婚を認めると「社会が変わる」と発言しています。岸田の数々の決定は、対米従属と議会軽視、宏池会の伝統に反する軍拡路線、そして、保守的な家族観という点で、右派とみまごうものです。

しかしこうなることに何の不思議もありません。軽武装経済優先の宏池会的政治思想は、すでに死んでいます。その意味で岸田首相はゾンビという他ありません。首相の座を維持するためには、アメリカに阿《おもね》り、いまや自民党の主流となった右派の要求を丸呑みする他ないのですから。それにしてもゾンビが総理大臣を務めているとは！　伝説の人気マンガ「北斗の拳」の名セリフではありませんが、「日本はすでに死んでいる！」のかもしれません。

後ろ向きにしか進めない国

自民党の改憲案は、家族の価値を重視し、現行憲法の国民の権利を、国民の義務へと置き換えようとしています。そして自民党の内部には、選択的夫婦別姓制度についての根強い反対があります。夫婦別姓は家族の絆を壊す、というのがその理由です。性的な多様性への自民党の頑な姿勢も目立ちます。自民党の女性政治家による「ＬＧＢＴには生産性がない」ということばが強い非難を浴びたのは、記憶に新しいところです。

たしかに日本人の、とくに男性の間には根強く性別役割分業意識が残っていることは、これまでも指摘されてきたところです。しかし、各種世論調査の結果をみれば、選択的夫婦別姓制度についても同性婚の容認についても、調査によってばらつきはあるものの六割内外の人が賛意を表しています。ともに当事者は助かり、それ以外の人には何の影響もなく、しかもまったくお金のかからない制度の導入ですから、これは理にかなった結果といえます。これだけの人が同性婚に賛成しているのですから、それを導入したところで「社会が変わる」はずはありません。日本社会においては、国民よりはるかに自民党の政治家の方が、古臭いジェンダー規範にしがみついています。

加藤典洋は自民党の大日本帝国への回帰を、対米従属する他ない屈辱的な現実を、強い本来的な日本という幻想によって補償するためのものだと説明しています〈註18〉。屈辱感の補償のために進歩的と目される理念を嘲笑するかのような一部自民党議員の言動は、近隣諸国に追い越された屈辱感への補償のために、差別的言辞を繰り返す「ネトウヨ」と並行関係にあります。ここにもまた岸田秀の指摘した「外的自己」と「内的自己」の分裂という問題が、顔を出します。「外的自己」がアメリカにこびへつらえばへつらうほど、「内的自己」のうっ憤は増していく。その憂さを古いジェンダー観や家族観にしがみつくことで晴らしているのでしょう。それにしても、日本の伝統の優越性を誇る自民党右派が、「反日」的な教義を掲げる旧統一教会とずぶずぶの関係にあったのですから、この政党の「内的自己」と「外的自己」の分裂は複雑怪奇の様相を呈しています。

日本の伝統を重んじると自民党は言います。しかしその伝統とは、明治国家より前にさかのぼることはないようです。江戸期のとくに庶民の女性は経済的にも自立していて、強い力をもっていました。家族が壊れることを自民党は心配していますが、明治の初年までは離婚率はむしろいまより高かったといいます。江戸期までは、性道徳は放縦で男性同性愛は公然と行われていたのです。自民党は明治期に「創られた伝統」にしがみついているのです。

高度経済成長期に日本は、「町人国家」として、国の進むべき方向について議論することに関してくの「訓練された無能力」を身につけてしまっていました。そのためにアメリカが日本を庇護してくれることが期待できない現在においても、高度経済成長期と同様のアメリカへの依存を続けざるを得なくなっています。この無能力は現在においても、まったく克服されてはいません。そのためこの国は、大日本帝国への回帰を志向する自民党政治が象徴するように、後ろ向きに進むことしかできなくなってしまっているのです。自民党にとってかわりうる野党勢力も存在していません。これはなぜ日本の政治がここまで退行してしまったのかという、冒頭の問いかけに対する答えとなります。

【註】

〈1〉一九四四年七月、アメリカは第二次世界大戦後の国際通貨体制を決める会議を、ニューハンプシャー州のブレトンウッズで開催した。この会議においてドルを国際貿易における基軸通貨とすべしというアメリカのホワイト案と、一国の通貨を基軸通貨とするのではなく、世界の中央銀行ともいうべき国際清算同盟を創り、そこで「バンコール」という帳簿上の単位を設けて決済を行うべきだとしたイギリスのケインズ案が厳しく対立したが、圧倒的な経済力を誇るアメリカの提案が採択された。

- ドルが世界貿易の準備及び決済通貨であること。
- 各国通貨はドルに対して固定的な交換レートをもつこと。
- 金一オンスと三五アメリカドルが交換可能であること。

この三点がブレトンウッズ会議の主な合意事項である。ドルを基軸通貨とする固定相場制を特徴とするブレトンウッズ体制は、当初はアメリカの経済力を背景に世界貿易の拡大に貢献したが、日本やヨーロッパとの間に貿易赤字を生じさせるようになると、アメリカは金の流出に悩まされるようになり、一九七二年のニクソン声明によってブレトンウッズ体制からの離脱を表明。ブレトンウッズ体制の崩壊の後、世界の通貨制度は不安定な変動相場制に移行し、現在に至っている。

〈2〉ヤニス・ヴァルファキス、早川健治訳『世界牛魔人―グローバル・ミノタウロス　米国、欧州、そして世界経済のゆくえ』那須里山舎、二〇二一年

〈3〉ケネス・B・パイル、山岡由美訳『アメリカの世紀と日本―黒船から安倍政権まで』みすず書房、二〇二〇年、二六六頁

〈4〉パイル前掲書、二七五頁

〈5〉加藤典洋『9条の戦後史』ちくま新書、二〇二一年、二五〇頁

〈6〉BIS規制とは、スイスのバーゼルに本部を置くBIS（Banks for International Settlements＝国際決済銀行）が定めた銀行の自己資本比率に関する規制のこと。自己資本率の求め方は、純資産÷自己資本。自己資本比率が高いほど、経営の健全度も高いとされている。融資が焦げ付けば、銀行の自己資本が減少し、国際業務に参入できなくなる恐れが大きくなるので、バブル崩壊後の日本の銀行は、貸し渋りや、強引な資金の回収（貸し剥がし）を行った。

〈7〉丸山眞男『後衛の位置から―『現代政治の思想と行動』追補』未来社、一九八二年

〈8〉「世界の貿易依存度・国別ランキング　推移」（https://www.globalnote.jp/post-1614.html）

〈9〉大崎仁編『「大学紛争」を語る』有信堂高文社、一九九一年

〈10〉バリントン・ムーア、宮崎隆次・森山茂徳・高橋直樹訳『独裁と民主政治の社会的起源―近代世界形成過程における領主と農民』岩波文庫、二〇一九年

〈11〉加藤前掲書、九〇頁

〈12〉加藤前掲書、一一五―一二〇頁

〈13〉「日米構造協議」は、一九八九年から九〇年にかけて、日米間の貿易摩擦を解消するために、五回にわたって協議が行われた。これが「日米構造協議」である。公共事業の拡大、土地税制の見直し、大店法の改正等をアメリカ側は日本に求めてきた。その流れを受けて二〇〇四年からは、「年次改革要望書」

が両国間で交換されることになり、日本の司法改革や郵政民営化などの要望が盛り込まれていた。年次改革要望書は民主党政権に移行した際、廃止されている。

〈14〉加藤前掲書、二七一頁
〈15〉加藤前掲書、三七四頁
〈16〉加藤前掲書、四三六頁
〈17〉パイル前掲書、四二八頁
〈18〉加藤前掲書、三九四—三九五頁

第7章

勉強のできる愚か者が世界を滅ぼす

――暴走するメリトクラシー

1　心理学と優生思想のディストピア——メリトクラシーの逆説

読まれざる名著

非常に有名であるにも関わらず、実はほとんどの人が読んだことがない。そうした本は、珍しくありません。マイケル・ヤングの『メリトクラシー』〈註1〉もその一つに数えることができるでしょう。社会学者であり、イギリス労働党のブレーンでもあったヤングは、ロンドン近郊の団地に住む、勤労者家庭の継続的な社会調査を行っています。またイギリスの消費者運動の発展にも寄与した人物としても知られています。ですが、彼の名を不朽のものとしたのは、何といってもこの『メリトクラシー』なのです。

一九五八年に書かれた本書は、メリトクラシーが徹底した近未来のイギリスが、身分制社会に酷似したものになってしまう陰鬱な未来を描いた反ユートピア（ディストピア）小説でもあります。能力の故に高い地位に就いた者は、やはり能力の高い伴侶を得て、能力の高い子どもを再生産していく。何世代かを経過するうちに、能力に基づく身分制度のようなものが社会の中には生じてくる。これがヤングの描き出したディストピアです。

メリトクラシーということばそのものが、この本ではじめて用いられたとされています。メリトクラシーとは、その人の生まれ（「であること」）ではなく、その人の達成したこと（「すること」）によって評価され、社会的な地位が決定される体制を意味しています。丸山眞男が、日本における「する価値」の不徹底を嘆いた三年も前に、「する価値」が暴走する危険性と、その帰結とを予見したヤングの先見性には、驚くべきものがあります。

日本では一九六五年に最初の翻訳が出され、一九八二年に復刊されていますが、長く絶版になっていました。「幻の名著」となっていた同書は、二〇二一年に復刊されています。本書の復刊の背景には、後にみるような世界的に生じているメリトクラシーの暴走があります。この小説は、メリトクラシーに反対する大きな暴動が起こった二〇三四年の時点から、語り手が過去を回想するスタイルで書かれています。

知能検査が人生を決める――心理学的ディストピア

一九五六年生まれの筆者にとって、子ども時代のイギリスのイメージは、かつては七つの海を制覇しながらも、いまや衰退を続ける「老大国」であり、また「ゆりかごから墓場まで」ということばによって象徴される福祉国家でもあるというものでした。そしてこの時代のイギリスは、子どもが概ね親と同じ職業に就く階級社会であり、高校や大学への進学率は日本に比べて低く、一一歳の段階で上級の学校に進むエリートが選別される社会であるという話を小学校の先生から聞かされて、ひどく驚いたことを覚えています。こうしたイメージはあながち間違いではありませんでした。とりわけエリートと大衆を分断する教育の在り方は、イギリス社会でも問題視されていました。平等主義的で能力のある者であれば、誰しもが高い教育を受けられる教育制度の創出が、第二次大戦後一貫して模索されてきたのです。

『メリトクラシー』の作品世界の中で、一九八〇年末のイギリスは、世界経済を牽引するトップランナーの地位に返り咲いていました。原子力エネルギーの導入によって、無資源国であることがハンディではなくなったこと、欧州統合によって市場が拡大したことと並んで、教育の場における徹底的なメリトクラシーの導入が、躍進の原動力となったのです。イギリス社会の指導層に、世襲からメリットへ（「であること」から「すること」へ）という転換を急がせたのは、国際競争の圧力でした。

人材選抜のために用いられたのは、統一的な学力検査ではなく、知能検査でした。教師たちは、自分と出身階層の似通った子どもを身びいきするので、「内申書も普通の筆記試験も、下層階級の子供にとって公平を欠くことが調査によって決定的に例証された。……知能テストこそは、偏向が少ないので、社会的公正の手段であり、当時のどんなに狂信的な社会主義者さえも完全に無視し切れない発見だったのである」〈註2〉。精確な知能検査を全児童に実施することで、才能のある子どもを早期に選抜し、高度な教育を施す。こうしたシステムの採用によって、イギリスの旧弊な階級社会は打破されていきました。能力のある者は、生まれの如何に関わらず、それに相応しい地位に就くことが可能な社会に、イギリスは変貌したのです。

イギリスには、オルダス・ハクスリーの『すばらしい新世界』〈註3〉とジョージ・オーウェルの『1984』〈註4〉という二つの反ユートピア小説の傑作があります。二つの作品はいずれも、科学の発達が人間にとって大きな災厄となる可能性を示唆しています。『すばらしい新世界』が描き出しているのは、人間が工場で生産され、薬物によって一切の苦痛が除去されてしまった、生物学と医学の発達の結果もたらされたディストピアでした。

他方、『1984』は、テレスクリーンを通してビッグブラザーが人々の行動や内面の細部に至るまでをも監視し、権力者にとっての都合のいい情報を一方的に送り届けることで、虚偽のリアリティを植え付ける、情報技術の発展が生み出したディストピアを描き出しています。ヤングの脳裏に、こうした先達の傑作があった可能性は否定できません。ヤングの描くディストピアは、知能検査の結果によって人々の社会的なポジションが決定される、心理学が権力装置と化した社会です。

勝者の驕り・敗者の屈辱——能力主義の果てに

作品世界に戻ることにしましょう。早期に知能検査による選別が完了してしまえば、晩成型の人間が日の目をみることはできません。そうした人々に敗者復活の機会を与えるために、大人になってから何度でも知能検査を受けることのできる制度が導入されました。知能検査と職業適性検査は、学校だけではなく、産業界にも導入されていきます。こうしたテストで高得点を得ることが昇進の絶対条件となります。

高い能力をもつ若者は、年長者をさし置いて組織のトップにたつことができるようになりました。こうしてイギリスの企業や官庁は高い競争力を獲得し、経済の黄金時代を築き上げたのです。この変化は、歳をとれば自ずと周囲から尊敬されるようになった古きよき時代の終わりを意味しています。

イギリス人は終生、心理学的な権力によって管理され、競争を強いられるようになりました。「英国の最大の長所である子供の管理体制と、アメリカの最大の長所である成人の管理体制とを兼ね備えるようにするために、競争を一生続けねばならなくなったのだった」〈註5〉。それこそ「ゆりかごから墓場まで」イギリス人は監視され、競争を強いられるようになったのです。

メリトクラシーの完成は、社会に残酷な結果をもたらしました。能力ある人材の選抜が不完全だった時代には、競争に敗れた人たちも大きく傷つくことはありませんでした。「教育が公正でなかったため、人びとは幻想をもちつづけることができ、機会が不平等であったため、平等の神話が培われた」〈註6〉。ところが選抜が完璧なものになってしまえば、競争の敗者にはいかなる逃げ場も用意されてはいません。「人間の歴史において初めて劣等者が、手の届くところに自尊心のとりでをもてなくなったのだ」〈註7〉。競争の敗者たちは、自尊心を完全に失ってしまいます。そして勝者たちは、「自分たちが支配する人たちに同情心をなくし」〈註8〉てしまいました。驕り高ぶるエリートと劣等感に打ちひしがれる普通の人々。メリトクラシーの全面化した社会においては、大きな分断が人々の間に生じていったのです。

新しい貴族制国家と女性たちの反乱——二〇三四年におこったこと

メリットに基づく選抜が不完全で、万人に出世の機会が開かれていなかった時代には、労働者階級の中にも優れた人材は多く存在していました。ヤングがブレーンを務めていた労働党は、伝統的にそうした人々を議会に数多く送り込んでいたのです。しかし、メリトクラシーの徹底によって、社会の下層の人たちは自分たちの代表を議会に送ることができなくなってしまいました。社会の下層には、公職に就くに値する能力を備えた人は、もはやいなくなってしまったのですから。

科学が発展し、政策決定のために高度な専門知識が必要になると、庶民を代表する下院は衰退し、知的エリートの中から議員が推薦される上院と、有能な官僚たちとが実質的な国家の統治者となってしまったのです。メリトクラシーの完成は、皮肉にも貴族支配への逆行をもたらすものでした。生まれではなく、高い能力をもつと判定された知的貴族たちが支配する国家へと、イギリスは変貌してしまったのです。〈註9〉

メリトクラシーが支配する社会においては、かつてはもたれていた身体を使う仕事への敬意は失われてしまいます。「労働」ということばは多くの人に屈辱感を与えるが故に禁句となりました。労働者は「技術者」と呼ばれるようになったのです。〈註10〉ヤングの作品世界の中で、教育の平等化の旗振り役を演じたのは労働党でしたが、その実現の結果、「労働」そのものが忌むべきものとなってしまったのです。

メリトクラシーの全面化によって、知能指数の高い男女同士の結婚が、奨励されるようになりました。ヤングの作品世界では、知能が血統と同じ役割を果たすようになっていったのです。知能検査は精度を増し、胎児の段階でその子の能力の判別が可能になってしまいました。ヤングのディストピアは、心理学のみならず優生思想のディストピアでもあるといえます。〈註11〉

競争に敗れた者たちの不満は鬱積していきます。自分たちの利害の代弁者はこの社会には存在しません。彼彼女らは敗者の汚名を着て、社会的上昇の機会を閉ざされたまま、屈辱に耐えて生きていかなければならないのですから。エリートは驕り昂り、敗者たちは屈辱にまみれて生きる他ありません。そうした社会の在り方に異議を唱えたのが、女性たちでした。家事労働者（召使い）のような下層の女性労働者ばかりではなく、勝者に属する女性たちも反乱の担い手となっていきました。

この社会においては、女性も社会で働き、エリートの家庭では家事労働者を雇う資力もありました。しかし妊娠出産による女性のハンディは当然残ります。そして心理学の教えるところに従えば、子どもを立派に育てるためには、親なかんずく母親の愛情を注ぐことが不可欠とされていたのです。子どもに愛情を注ぐことと、キャリアを積むことの両立は容易なことではありません。様々な意味において、メリット競争の社会において女性は不利な立場に立たされていたのです。「彼女たちの目からすれば、性は『不平等』に扱われていた。彼女らは、性の平等を求めたが、これは明らかに得られないことなので、男性一般に対する反感から、『支配階級』に対する反感へとうつって行った〈註12〉」。その結果、二〇三四年には「技術者」たちによるゼネストや、要人の暗殺未遂等々の、大規模な騒擾が生じていったのです。

2　教育が分断する世界――二〇一六年の騒擾

トランプ現象とブレクジット――二〇一六年の騒擾

ヤングの作品世界では、メリトクラシーへの反乱が起きるのは、二〇三四年でした。現実世界においてその反乱は、二〇一六年に起きています。ドナルド・トランプのアメリカ大統領選挙での勝利と、イギリスが国民投票において、ＥＵ離脱を決定した「ブレクジット」がそれにあたります。

二〇一六年のアメリカ大統領選挙には、クリントン元大統領の妻で、オバマ政権の国務長官を務めた民主党のヒラリー・クリントンと、不動産王でテレビタレントとしても知られる共和党のドナルド・トランプの争いとなりました。「アメリカファースト」を掲げるトランプは、孤立主義と不法移民への敵意を露わにする排外主義、そして性的マイノリティに対する差別的な姿勢を露わにしていました。トランプのエキセントリックな主張は、大きな反発を招くと同時に、熱狂的な支持をも生みだしました。当初ヒラリーの圧勝とみられていた選挙は、得票数ではヒラリーが上回ったものの、選挙人の獲得数で上回ったトランプが勝利を収めています。トランプに強い支持を与えたのは、「ラストベルト」と呼ばれる、アメリカ中西部の繁栄から取り残された地域の白人男性でした。選挙の結果が極めて僅差であったことも手伝って、トランプ支持者と批判者との間に大きな分断が生じてしまいました。その分断は、都市部の知的エリートと地方の非エリート層との分断でもありました。

もともと文化や社会的慣行が大陸ヨーロッパとは大きな違いのあるイギリスは、EU加盟当初から離脱論議がくすぶっていました。貿易交渉等もイギリス単独では行えず、様々な面でブリュッセルのEU本部によって制約を受けることも不満の種となっていました。二〇一〇年代に入って離脱論議が熱を帯びていった背景には、東欧からの移民の流入の問題があります。EUは加盟国間の労働力の移動に原則制約はありません。EUに加盟し続ける限り、移民の流入をおしとどめることはできないのです。二〇一六年六月二三日、自らは残留派であった保守党のキャメロン首相は、EU離脱についての国民投票を実施します。大方の予想に反して、離脱派が多数を占めました。しかし、賛成五二%、反対四八%と極めて僅差であったことから、イギリスの世論も定まらず、イギリスとEUとの離脱交渉は難航します。そして様々な紆余曲折の果てに、二〇二〇年の一月三一日、イギリスのEU離脱が最終的に決定しています。

アメリカファーストを掲げるトランプは、大統領就任後、二酸化炭素排出量を定めたパリ協定やTPP（環太平洋パートナーシップ協定）からの離脱を表明しています。ブレクジットとトランプ旋風は、アンチグローバリズムという共通項があります。トランプ支持者もブレクジット派も、移民に対する忌避感を共有しています。両者は「排外主義」というべきもので結ばれています。そしてトランプ支持者もブレクジット派も地方に多く分布しています。都会のエリートと地方のノンエリートという対立図式も、トランプ旋風とブレクジットの共通項です。トランプ旋風もブレクジットも、エリートのグローバリズムに、普通の人たちのナショナリズムが、反旗を翻し、勝利を収めた現象であるといえるかもしれません。

この二つの現象は当時、多くのメディアによって否定的に論評されていました。ポピュリズムの扇動に乗せられた民衆の愚かな判断であるという見方が主流をなしていたのです。「反知性主義」ということばが広く知られるようになったのもこの時期のことでした。しかし高名な歴史人類学者であるエマニュエル・トッドはそれとはまったく異なる観方をしています。

教育が分断する社会

トッドは、人口学的なデータから、様々な歴史的変動を「預言」した人物として知られています。一九七〇年代にトッドは、ソ連の乳幼児死亡率が途上国並みに高いことに注目して、ソ連崩壊が遠からず起きることを予見しています。乳幼児というもっとも弱い者を守ることのできない権力は脆弱であり、長く存続することはできない。そうした理由に基づいてトッドはソ連の崩壊を予見したのです。〈註13〉さらにトッドは、識字率や出生数、平均寿命の推移等に注目することで、リーマン・ショックや、「アラブの春」と呼ばれる二〇一〇年代の中東諸国で起こった相次ぐ民主化運動を予見したとされています。

現在、とりわけ先進諸国においては核家族が一般化し、世俗化によって宗教の影響力は大きく減退しています。しかし伝統的家族制度や宗教は、ゾンビのように現代社会の在り方を規定しているとトッドは言います。もともと核家族が一般的だったフランスやアングロサクソン諸国においてデモクラシーが発展し、長男がすべてを相続するドイツや日本、韓国のような直系家族の国々は権威主義に傾き、父親が専制的な権力を握る一方、きょうだいは相続において対等な権利をもつロシア、中国、ベトナムのような共同体家族の国では共産主義に対する親和性が高い。トッドの家族類型論がどこまでの妥当性をもつものなのかは、門外漢である筆者の判断の及ぶところではありません。しかし伝統的家族制度や宗教という「古層」が、現代社会の在り方を規定し続けているというトッドの観方には、興味深いものがあります〈註14〉。

宗教や家族と並んで、トッドが注目したものに、教育があります。女子の識字率が上がれば、合計特殊出生率は低下します。女性たちが知識を得ることで自律的な判断能力を獲得し、自らの健康と家族の生活の質を損ねる多産を拒否するようになるからです。識字率の上昇によって人々は自分の頭で考えるようになり、宗教者の権威は低下していきます。その結果社会は世俗化への歩みを始めます。トッドが「アラブの春」を予見することができたのも、当該の地域における識字率の上昇に着目した結果です〈註15〉。

トッドは中等教育の普及は、民主主義を推し進めると言っています。たしかに高校までの進学が主要国では一般化していった「世界経済の黄金時代」（日本の高度経済成長期）において民主主義は非常に安定していました。しかし大学は高校と違って、すべての人が進むところではありません。どの主要国をみても、大学進学率は五割か六割で頭打ちになっています。高等教育が停滞期を迎えると、高収入で高い威信を誇る大卒のエリート層と、所得にも威信にも恵まれない、非大卒のノンエリート層の分断が進んでいきます。いま主要国が直面しているのがこの状況です〈註16〉。

愚かなエリート、賢明な庶民——メリトクラシーの逆説

先にみたヤングは、メリトクラシー社会の勝者たちの驕りについて述べていました。トッドは、現代社会のエリートの傲慢に警鐘を鳴らしています。かつての社会の分断は経済的な分断でしたが、現在のそれは人々の受けてきた教育によってもたらされているとトッドは言います。教育こそが、将来の経済的地位を決定する大きな要因となっているからです。大学進学率が低かった時代の知識人たちは、高等教育を受けていない普通の人々の存在を常に念頭に置き、彼らにわかることばで語りかけることを心がけていました。大学進学率もまだ低く、自分たちの地位は恵まれた生まれ（「である」こと）に由来しているという自覚をもっていたかつてのエリートが、大衆を低くみることもありませんでした。しかし大学進学率の急騰によって、学歴エリートたちは自分たちだけの完結した世界を作り、その中で閉じた議論に興じるようになりました。

現代では非常に多くの人々が高等教育を受けるようになりました。ところが、彼らは自分たちが社会的に高い立場にいると思い、大衆を軽蔑的に見ています。そして「上から目線」でポピュリズムを語っている。私は高学歴の大集団が、ある種の愚かさを生んでいると思うのです。〈註17〉

トッドは過度なグローバリゼーションに反対しています。完全な自由貿易を実現してしまえば、生産拠点は海外に移転し、自国製品は安価な途上国のそれにとって代わられ、低賃金で働く移民労働力にその座を奪われる可能性が高くなってしまいます。つまりは普通の人々の生活が成り立たなくなってしまうのです。そうならないためにトッドは適度な保護貿易主義の導入を主張しています。グローバリゼーションの受益者は、高度に専門的な知識と技能を持つエリートたちなのです。自分たちの利益という観点から、イギリスとアメリカの民衆が、グローバリズムに反対するトランプとブレクジットを支持したことは正しい。それを「ポピュリズム」と「上から目線で」批判するエリートたちにトッドは憤りを隠しません。トッドは、二〇一六年の騒擾を「民主主義の復権」として位置付けています。〈註18〉

フランスでは大学は入学資格試験に受かれば誰でも進めますが、エリートになるためには、「グランゼコール」という高等教育機関に進まなければなりません。これは大変な難関です。激しい競争を勝ち抜いてきたエリートたちは、テストで高得点をとることがミッションとなっており、幼いころから考える時間を奪われ、順応主義に染まっています。以下に見るように、英米でも同様のことが起こっているようですが、とりわけフランスのエリート層は、途方もなく愚かになっているとトッドは言います。

このトッドの言は、意外な感じを与えるかもしれません。フランスの政治の世界は、ジェンダーとエスニシティの面で、日本とは比べものにならない多様性を誇っているからです。二〇二二年には、エリザベット・ボルヌが三〇年ぶりに女性宰相の地位に就きました。そして二七人の閣僚のうち、外相を含め約半数の一三人が女性です。セネガル出身の黒人女性が文部大臣（国民教育大臣）になっています。〈註19〉首相と外相はグランゼコールの出身であり、文相は大学教授です。蒙昧な男ばかりの世襲政治家が跋扈する日本とは、天と地ほどの違いがあります。しかし政権を担う者たちが知的エリート集団であるとすれば、学歴のない人たちの思いが政治に反映されることはあるのでしょうか。

また日本の特に知識層の中には、フランスの教育システムはエリートを育てることに優れているという思い込みがあります。フランスのバカロレア（高校卒業認定試験）では、哲学が文系理系問わず必修となっています。哲学の試験には、「芸術活動は世界を変えるか?」等の「正解のない」問題が出され、受験生は長時間にわたってそれと取り組むのです。もちろんリセ（日本の高等学校に相当）においても、哲学の授業は必修となっています。第3章でも述べたように、哲学の授業がフランスの若者たちの中に、思考の「軸」を培う訓練の場となっていることは疑いありません。

しかし、高い学歴を得て、有利な社会的な地位に就くというところに、若者たちの勉学の動機付けがあるとすればどうでしょうか。「正解がない」とはいいながら、出題者の好みそうな答案を書くということは大いにありそうです。そして、同じような社会的・経済的階層の、同じような価値観を持たされた同年代の人たちとのみ過ごし、自由な時間を奪われてひたすら勉強に明け暮れて青春を送れば、視野の狭い人間に育ってしまうでしょう。一見優れた教育システムの中から愚かなエリートが生まれる所以です。

二〇一八年に、燃料費や生活費の高騰に苦しむ地方の人たちが毎週土曜日の夜、黄色いベストを来てパリに集結する「黄色いベスト運動」が始まっています。彼彼女らが要求したのは、最低賃金の引上げ、富裕層への課税、そしてマクロン大統領の退陣等々でした。この運動の担い手たちは、地方に住む低学歴の貧しい人たちでした。しかし彼彼女らは、「私（トッド――引用者）からしてみたらとても賢い人々にみえました。一方で彼らに対抗している人々は、グランゼコール出身の愚か者たちでした〈註20〉」。グローバリゼーションがもたらした、普通の人々の窮境に理解を示そうともしないエリートたちは、愚かだといわれてもしかたないのかもしれません。それにしても最高の教育を受けた人たちが愚かで、そうではない普通の人々の方が賢明であるとは……なんとも皮肉な事態です。

3　頭のいい愚か者が世界を滅ぼす——暴走するメリトクラシー

「エリートの反逆」への「大衆の反逆」

グローバリゼーションが、普通の人たちに大きな不利益をもたらしているというのは、そのとおりでしょう。しかし、ブレクジットはさて置くとしても、ドナルド・トランプは、差別的な言辞をまき散らし、ツイッターで嘘を垂れ流し、挙句の果てには二〇二一年の支持者たちによる議会突入騒動を引き起こした人物です。二〇一六年アメリカ大統領選挙におけるトランプの当選を「民主主義の復権」と評価することには、筆者も違和感を覚えます。「ハーバード白熱教室」で知られるアメリカの政治哲学者、マイケル・サンデルは、本来はトランプの対極に位置するリベラルな知識人です。しかし、アメリカのエリートの傲慢がトランプ現象を招来したという認識をトッドと共有しています。

アメリカの民主党とイギリスの労働党は、かつては経済的社会的弱者の政党でした。ケネディとジョンソンの両政権は、キング牧師らの公民権運動を受けて、黒人差別解消に力を注いできました。現在でもアフリカ系アメリカ人の多くが、民主党に投票しています。「小さな政府」を標榜する共和党に対して、ルーズベルト大統領のニューディール政策以降、弱者に手厚い社会福祉制度の拡充に力を注いできました。イギリス労働党は、その名が示すとおり、労働運動を母体として生まれ、労働者階級の利益を主張する政党として、存在感を示してきました。

しかし一九九〇年代以降、民主党も労働党も、その性格を一変させてしまいました。グローバリゼーションの時代に、両政党は高学歴者をその支持基盤としてしまったのです。労働党が伝統的な支持基盤としていた労働組合は、サッチャーの新自由主義的な改革によって、壊滅的な打撃を受けてしまいました。労働党は、賃上げや社会保障の拡充によって、労働者階級の権利を守るのではなく、一層のグローバル化を推し進め、それに適応するための高度な教育を受けることを労働者階級にも求めていったのです。トニー・ブレアの有名な「教育、教育、教育」というスローガンは、その象徴です。(註21)

二〇一六年と二〇年の大統領選挙で、白人ブルーカラーの多くがトランプに投票しています。民主党が伝統的に労働者を支持基盤としてきたことを考えれば、これは驚くべきことです。民主党も労働党と同様、都市のエリート層を支持基盤とする政党に変貌してしまったのです。オバマとヒラリー、そしてブレアの間には、メリトクラシーの競争を勝ち抜いた、大エリートであるという共通項があります。メリトクラシーに凝り固まった両政党は、メリトクラシーの競争の敗者である低学歴層には極めて冷淡でした。高学歴層は、低学歴層を「努力」を怠った者として、蔑む傾向が根強くあります。そして見下された低学歴層の中には、「屈辱」が芽生えるのです。「こうした道徳的感情は、エリートに対するポピュリストの反乱の核心をなすもの」(註22)といえます。

学歴エリートがわが世の春を謳歌する一方、アメリカの白人低学歴男性たちは、悲惨な境遇に堕ちています。仕事を失い、経済的安定と社会的承認の感覚を失ったことによって、薬物やアルコールに耽溺することで命を落とす「絶望死」がこの層の中で急増しています。アメリカの白人の平均寿命は、近年短くなっています。〈註23〉

グローバル化の時代の高学歴エリート層の思いあがりについては、すでにクリストファー・ラッシュが一九九〇年代に厳しい批判を加えています。かつてのエリートは、同胞に対する強い責任感を抱いていました。他方、現在のエリートは、その優れた能力を用いて、自らの利益を最大化することしか考えていない。八〇年代以降アメリカのエリートたちは、自分を高く買ってくれる場所を求めて世界を移動している。途上国のエリートたちは、かつては母国の発展のために粉骨砕身の努力を惜しまなかった。しかし現在の彼彼女らは、先進国に活躍の場を求めている。こうしたエリートの利己的な振る舞いをラッシュは、「エリートの反逆」と呼んでいます。〈註24〉

現在の先進国のエリートたちは、同胞が「絶望死」に至るほどの屈辱と苦しみを抱えているにも関わらず、自らの特権的地位はその努力に対する当然の報酬だと考え、非エリート層の窮境に心を痛めるどころか、彼彼女らを努力を怠った劣者として蔑んでいるのです。二〇一六年に「エリートの反逆」に対する、「大衆の反逆」が生じたのも故なきことではありません。

世襲制への先祖返り

教育学者の本田由紀は、工業化の時代から脱工業化の時代に推移したことによって、たとえば筆記試験で測られるような狭義の「能力」が重視された「メリトクラシー」の時代に替わって、コミュニケーション能力や独創性、容姿や人間的な魅力までをも含めた全人格的な「能力」が評価の対象となる、「ハイパーメリトクラシー」の時代が訪れたと述べています。メリトクラシーの時代であれば、勉強ができて、テストで高い点をとれれば社会的上昇の階段を昇ることができました。しかし、ハイパーメリトクラシーの時代はそうではありません。「全人格的な能力」を身につける上では、様々な体験を積み、豊かな文化に幼い頃から日常的に接してきたものが有利になります。「経済的資本」だけではなく、「文化資本」や「社会関係資本」に恵まれた親のもとで育った者が、ハイパーメリトクラシーの競争においては、圧倒的な優位に立ちます。その意味で、ハイパーメリトクラシーは「ペアレントクラシー」でもあります。〈註25〉

いまやアメリカの学歴競争は、日本とは比べものにならないほど過酷なものになっています。難関大学の競争率は異常なまでに高騰しています。どこの大学、どこの大学院を出たのかによって、その人の経済的地位が決定される構造が強化されたために、多くの若者が難関校の門の前に群がることになりました。

アメリカの難関大学は日本のようにただペーパーテストでよい点をとれば合格できるわけではありません。学業成績はもちろん、スポーツや芸術、社会活動や生徒会活動等で卓越した業績を残さなければ合格することができないのです。

日本でも近年一般入試で入学する学生は減少の一途をたどり、アメリカの選抜方式によく似た「総合選抜型入試」で入学する者が増加傾向にあります。学業だけではなく、高校時代に行った課外活動もこの型の入試の評価対象になるのですが、たとえば同じボランティア活動でも、「鳥取砂丘で三年間清掃作業をやっていました」というのと、「カンボジアで学校を創る活動に従事してきました」というのでは、インパクトに大きな違いがあります。ヤングの作品世界では、生まれや育ちによって差がつかないよう、学力の筆記試験すら排除して、知能検査のみによって選抜を行っていました。アメリカ的な選抜方式は、受験生の生まれ育ちが反映されやすく、「ペアレントクラシー」に陥り易いものだといえます。

子どもの教育に大きなエネルギーを割き、高額の教育投資を行うことのできる豊かな親の下に生まれなければ、異常な学歴競争を勝ち抜くことはできません。そのため難関大学の学生たちは、豊かな親の子どもたちばかりになってしまいました。「機会と成功の国」アメリカは、主要国の中でもっとも階層的な流動性の乏しい国になってしまいました。そしてヤングがかつて指摘したように、エリートの地位は世襲制に近いものになってしまったのです。サンデル曰く、「アメリカの難関大学は、……既得権を手にした世襲エリートを追放した。しかし、世襲特権を持つこうした貴族階級に取って代わった能力主義的エリートが、先代と同じように特権を手に入れ、居座っているのが現状だ[註26]」。

エリートよ驕るなかれ

いまの日本の教育改革は「グローバル人材の育成」が金科玉条になっています。二〇二二年の八月に岩手県に開校したハロウ・インターナショナル・安比ジャパンは、世界各地から生徒を募っています。イギリスの名門パブリックスクール、ハロウ校の姉妹校ですが、年間の学費は高校二・三年生で寮費込みの九〇〇万円。途方もない金額です。こうした学校で育った「リーダー」がどのようなものになるのか不安を覚えます[註27]。

国籍や肌の色こそ違え、同じような富裕層の少年少女と、一般社会から隔離された空間で青春の日々を送るのです。普通の人たちの感覚とはかけ離れた「リーダー」が育つのではないかと不安になります。特権に伴う義務（ノブレス・オブリージュ）を果たす準備のある人間が、真のリーダーであり、エリートだと思うのですが、普通の人たちからは隔離された特異な環境で育まれた人間が、同胞に対する責任感をもつことができるのでしょうか。

わが国において、グローバル人材の育成を語る人たちにとってのライバルであり、目標でもあるのが、スタンフォードやハーバード等々のアメリカの超一流大学です。しかし、サンデルのみるところ、そうした大学で学ぶ学生たちの姿は必ずしも羨むべきものではありません。若者たちは、苛烈な競争に幼時から晒されてきました。彼らの頑張りのエネルギーとなっていたのは脱落恐怖です。大学に入ってからも学業のみならず、学生生活の全般にわたって、激しい競争を煽られ続けるのです。そのため難関大学の学生たちの多くが心を病んでしまう。そして競争の勝者となった若者たちは、ある種の心理的補償として、自分たちの努力を過剰に誇り、努力しなかった低学歴層をますます蔑むようになっていきます。〈註28〉

学歴エリート層の傲慢を諫める手段としてサンデルが提案するのが、入学試験におけるくじ引きの導入です。アメリカの超一流大学は、その大学で十分学ぶことのできる能力をもつ適格者をたくさん落としている。現在の選抜は過剰なものなのである。それなら一定の水準に達した者を対象に、くじ引きで最終的な合格者を選べばよい。どの大学に入ったのかについて運が大きくものをいうのだから、エリートたちが無暗に自分の「努力」を誇ることもなくなる。「才能」と称されるものも、その人の生まれ落ちた家庭や、恵まれた生育環境、さらには遺伝によるところが大きい。実力も運のうちだ。エリートたちよもっと謙虚になれ。サンデルはそう主張しているのです。〈註29〉

非エリート層を「屈辱」から救いだす手立てとしてサンデルが提唱しているのが、「労働による承認」です。非エリート層の苦しみは、経済的なものばかりではない。仕事を失い、社会的承認を得られなくなったことが、傷口を深くしている。すべての労働は社会に貢献を果たしていて、そこに貴賤はない。「労働による承認」とは、人々がそうした認識に立ち返ることを意味しています。〈註30〉

勉強のできる愚か者が世界を滅ぼす

この章での議論をまとめてみましょう。

① 経済のグローバル化は、専門的な知識や技能をもつ高学歴のエリートにとってはチャンスだが、普通の人々にとってはリスクである。だから普通の人々がグローバル化に反対することは正しい。

② かつて普通の人々の利益を代弁していた欧米の主要政党は、九〇年代あたりから都市のエリート層の利益を代弁する政党へと豹変していった。普通の人々の利益を代表する政治勢力は姿を消した。アメリカの民主党もイギリスの労働党もエリート層にとって利益となる経済のグローバル化を推進している。

③ グローバル経済の受益者となるためには、高い学歴を身につける必要がある。その結果、どこの国でも受験競争が過酷なものとなる。受験競争の勝利者たるエリートは、その地位と報酬を自

分たちの努力の結果だとうぬぼれている。そして競争の敗者たちを努力をしない「怠け者」と見下している。勝者の自惚れと弱者の屈辱が、先進諸国の分断の大きな要因となっている。

④ 激烈な競争を勝ち抜いたエリートたちは、常に脱落恐怖を抱えている。試験を勝ち抜くための順応主義が彼らの中にはびこり、自分でものを考える習慣も身につかない。同質的な人間集団の中で育った彼彼女らの視野は狭い。このためエリートたちの能力は、実はひどくお粗末なものになってしまっている。

⑤ 受験競争を勝ち抜くには、親の資力と教育に注ぐ熱量とが必要になる。お金持ちの子どもでなければ、受験競争を勝ち抜くことはできない。マイケル・ヤングが指摘したように、業績競争を推し進めた結果、身分制の復活を思わせる状況が先進諸国では生じている。

日本では漢字の読めない人物が総理の座を長く占めていました。それに比べて絢爛豪華な学歴を誇る欧米の指導者たちは大したものだと、筆者なども思っていました。しかし欧米もそれほど羨むべき状況にはないようです。トッドの苛烈なエリート批判を読んでいて脳裏に浮かんだのが、「勉強のできる愚か者が世界を滅ぼす」ということばです。勘違いをし、自惚れ切った無能者ほど始末の悪い者はありません。

さてこの国ではメリトクラシーの暴走はどのような形をとっているのか。次章においてはそれをみてみることにしましょう。

【註】

〈1〉マイケル・ヤング、窪田鎮夫・山元卯一郎訳『メリトクラシー』講談社エディトリアル、二〇二一年
〈2〉ヤング前掲書、九一頁
〈3〉オルダス・ハクスリー、大森望訳『すばらしい新世界』早川書房（ハヤカワepi文庫）、二〇一七年
〈4〉ジョージ・オーウェル、新庄哲夫訳『1984』早川書房（ハヤカワNV文庫）、一九七二年
〈5〉ヤング前掲書、一〇四頁
〈6〉ヤング前掲書、一三五頁
〈7〉ヤング前掲書、一三八頁
〈8〉ヤング前掲書、一三七頁
〈9〉ヤング前掲書、一七〇—一七六頁
〈10〉ヤング前掲書、一七六—一八〇頁
〈11〉ヤング前掲書、二三〇—二三三頁
〈12〉ヤング前掲書、二一九頁
〈13〉エマニュエル・トッド、石崎晴己・中野茂訳『最後の転落—ソ連崩壊のシナリオ』藤原書店、二〇一三年
〈14〉トッドの家族形態と社会構造の関連については、エマニュエル・トッド、堀茂樹訳『我々はどこから来て、今どこにいるのか？［下］民主主義の野蛮な起源』（文藝春秋、二〇二二年）を参照されたい。
〈15〉エマニュエル・トッド、石崎晴己訳『アラブ革命はなぜ起きたか—デモグラフィーとデモクラシー』藤原書店、二〇一一年
〈16〉トッド前掲書二〇二二年、五〇—五一頁
〈17〉毎日新聞電子版「〈米国トランプ現象・英国EU離脱〉グローバル化、疲れた世界　歴史学者・トッド氏に聞く」二〇一六年一〇月二一日（https://mainichi.jp/articles/20161021/org/00m/030/009000c）二〇二三年一二月一四日確認

〈18〉同右
〈19〉中日新聞電子版「仏の新内閣閣僚、半数の一三人が女性　外相にコロナ駐英大使」二〇二二年五月二二日（https://www.chunichi.co.jp/article/474791）二〇二三年一二月一四日確認
〈20〉エマニュエル・トッド、大野舞訳『大分断――教育がもたらす新たな階級化社会』ＰＨＰ新書、二〇二〇年、五八頁
〈21〉マイケル・サンデル、鬼澤忍訳『実力も運のうち――能力主義は正義か？』早川書房、二〇二一年、一二七頁
〈22〉サンデル前掲書、四〇頁
〈23〉サンデル前掲書、二八四頁
〈24〉クリストファー・ラッシュ、森下伸也訳『エリートの反逆――現代民主主義の病い』新曜社、一九九七年
〈25〉本田由紀『多元化する「能力」と日本社会――ハイパー・メリトクラシー化のなかで』ＮＴＴ出版、二〇〇五年
〈26〉サンデル前掲書、二四一頁
〈27〉ハロウ・インターナショナル・安比ジャパンＨＰ（https://www.harrowappi.jp/ja/）二〇二四年一月一一日確認
〈28〉サンデル前掲書、二六四頁
〈29〉サンデル前掲書、二六五頁
〈30〉サンデル前掲書、三〇三頁

第❽章

日本における驕りと屈辱の諸相について

――メリトクラシーの機能不全

1　メリトクラシーの機能不全——日本社会の現状

疲弊する教育

先に筆者は、本来「する価値」が支配すべき政治の世界に、世襲がはびこり、有力な政治家の子や孫「であること」が政治家になるための大きな条件となっているために、有能で志をもつ若者が、政界入りをする可能性が狭められている事実を指摘しました。政治の世界ではメリトクラシーが暴走するのではなく、メリトクラシーが機能不全を起こしています。そして「メリトクラシーの機能不全」は、政治ばかりではなく、この社会の至るところでみることができます。

日本の教育の現状はどうなのでしょうか。かつて「ゆとり教育」による、「学力低下」が喧伝されたことがありましたが、PISAやTIMSS等の学力比較の国際調査をみる限り、日本の子どもたちの学力は非常に高いものがあります。〈註1〉しかし、日本の教育費の公的支出は、主要国中最低の水準にとどまっています。日本の公費支出の比率は二・九%であり、一位ノルウェー（六・四%）の半分以下。OECD平均の四・一%を大きく下回り、OECD加盟三八カ国中、三七位の惨状を呈しています。〈註2〉この状況の中での子どもたちの高学力は、教師と親と、そして子どもたちの頑張りの所産であるという他ありません。

国が教育にお金をかけないことの帰結は、教師の過酷な労働環境となってあらわれています。多くの教師は過労死レベルの長時間労働に呻吟しています。しかも悪名高き給特法（公立の義務教育諸学校等の教育職員の給与等に関する特別措置法）によって、どんなに残業をしても、本俸の四％の残業手当しか受け取ることができないのです。日本の公立学校の教師たちの未払いの残業手当は、年間一兆円近くにのぼるといわれています。日本の学校が、過酷きわまりない職場であることは広く知られるところとなりました。その結果生じたのが、深刻な教師の成り手不足です。文部科学省はその対策として、ツイッターに「#教師のバトン」を設けました。現職の教師に教師という職業の魅力を語ってもらおうというのが目論見でしたが、お金をかけずに、教師を目指す若者を増やそうというこの虫のいい目論見は見事に外れました。「#教師のバトン」には教師の悲惨な労働実態を告発するつぶやきが、山のように寄せられたのです〈註3〉。

ゼミの時間に興味深いやりとりがありました。「私の兄は来年の春から中学の先生になります」とある学生が言うと、「うそー、かわいそうー」という声が聞かれました。先生が憐れまれる国に未来はありません。将来のメリットの芽をつぶしているのですから。

メリットをないがしろにする「ハイパー・メリトクラシー」

これまで日本社会は学歴社会であるといわれてきました。そして筆者の世代は、若者の頃にあの悪名高き受験地獄に苦しんでいたのです。現在も日本の大学と高校は、偏差値によって細かく序列化されています。そして、最後に出た学校の名前によって、将来のキャリアが規定される「学校歴社会」としての特徴をいまも保ち続けてはいます。しかし、二〇〇〇年代以降の少子化の時代を迎えて、国公立の大学や一部の難関私立大学を除けば、大学に入ることは、かつてに比べて格段に易しくなってきています。大学入試においては、ペーパーテストで選抜する一般入試に替わって、かつてAO入試と呼ばれた「総合型選抜」や、指定校入試の比率が高くなってきています。筆者の眼前の学生の中にも、高校も大学も推薦入試で合格したという人は少なからずいます。入試方式の多様化も、やはり一部の難関大学を除けば、学力に自信の持てない層を受け入れるための方便と化している部分があることは否めません。

高学歴化が進む世界の趨勢に反して、日本においては人口比でみた場合、大学院に進む者の比率が著しく低い。人口一〇〇〇人当たりの大学院在籍者数は、パートタイムの者も含めて、ドイツの一二・四三人を筆頭に、イギリス、アメリカ、フランス等欧米主要国では、一〇人近くに上っています。お隣の韓国でも六・五五人の在籍者がいます。それに比べて、日本はわずか二・二人に止まっているのです。〈註4〉一九九〇年代には、大学院重点化政策が行われました。それがもたらしたのは、博士課程の採用人数の拡大によってオーバー・ドクターという名の「超高学歴ワーキングプア」を大量に生み出したことでした。〈註5〉二〇〇四年に発足した法科大学院は、弁護士の労働市場の拡充が追いつかず、司法試験の合格定員の枠が拡大しないために、最盛期には七四校あったものが、二〇二一年四月時点で入学試験を予定している大学院は三五と半数以下に激減しています。〈註6〉

かつては文科系の学部生が大学院に進むことは、「入院」と揶揄されていたように、大学院進学は、社会人としてのキャリアを放棄するに等しいと目されていました。現在は、修士課程で終えれば、学部生と同様に新卒採用される道が広がっていますが、それでも文科系学生の大学院進学が一般化しているとは言い難いものがあります。何故、日本の、とりわけ文科系の大学院進学率は停滞しているのでしょうか。

先のデータで示した主要国は、「ジョブ型雇用」と呼ばれる採用形態をとっています〈註7〉。経理なら経理、営業なら営業というその職務に適した人材を採用し、入社後は基本その仕事を委ねるというシステムです。日本のような新規学卒者の一斉採用は行われておらず、欠員が生じた場合、あるいは新規の事業を立ち上げる時に、通年で採用するシステムが採られています。学窓を巣立ったばかりの若者たちも、キャリアを積んだ人たちとポストを巡って競いあわなければならないのです。就職に際しては、何かを「する」能力が厳しく問われます。そうなると専門性の低い学部教育だけでは不十分であり、若者たちは大学院に進んで修士博士の学位を求めるようになります。長期のインターンシップの後に採用されることも珍しくないようです。

他方、日本の採用システムは「メンバーシップ型雇用」と呼ばれています。特定のスキルを持った人材を採用するのではなく、人柄等をみてその会社に相応しいと思われる新規学卒者を採用し、ローテーションによって様々な職種を経験させることで適性を見極め、キャリアアップさせていくシステムです。配置転換は常態化しており、入社後は様々な職種をこなさなければなりません。また社員は会社の転勤命令に従わなければなりません。採用時に特段のスキルをもっていなくても問題はないのですから、こうした雇用形態では、とりわけ文系の場合、大学院に進むことに大きなメリットはありません。大学院進学が大きな金銭的負荷のかかるものであることを考えれば、大学院への進学率が伸び悩むのも理の当然といえます。理科系では、修士号をもつ新入社員は珍しくありませんが、博士号取得者を採用する企業は少数です。仕事のスキル（「すること」）より、その組織のメンバー「である」ことが相応しい人物か否かの判断が、日本型就職活動の成否を決めるカギとなっています。

「メンバーシップ型雇用」には、若者が経験者と競うことなく就職できるというメリットがあります。しかし、スキルや専門知識を問わない日本の就職活動は、奇妙なものになっています。採用において重視されるのは、大学で学んだ知識ではなく、「コミュニケーション能力」や「がくちか（学生時代に力を入れたこと）」です。採否の基準は曖昧なものにならざるを得ません。人柄やコミュニケーション能力、すなわち特定の能力や技能だけではなくその人の全体を評価するという意味において日本型就職活動は、「ハイパーメリトクラシー」的ではあります。しかし、「ハイパーメリトクラシー」は超メリトクラシーであって、十分なメリットをもつことを前提に、他に多くのプラスアルファを求めるものでした。アメリカの超一流大学の入試がそうであったように。日本的就職活動は、メリットを十分に問うことのない、ハイパーメリトクラシーという奇異なものにみえます。「学歴フィルタリング」を行っている企業も少なくはなく、「学校歴」が「メリット」を測定する代替尺度となっている可能性は否めませんが。

2　学歴エリートたちの「傲慢と偏見」

「彼女は頭が悪いから」――学歴エリートの傲慢

教育の格差が、欧米社会に大きな分断をもたらしていることを、サンデルとトッドは指摘していました。教育社会学者の吉川徹は、日本の場合も、高卒と大卒の間に大きな分断が存在することを、データに基づいて明らかにしています。正規雇用に従事している者の比率や年収等の経済的条件のみならず、健康状態に至るまで、高卒と大卒の間では大きな格差が存在しているのです。大学進学率が上昇すれば、大学を出たからといって、必ずしもエリートとしての地位が保証されるわけではありません。しかし、大卒者の方が多数になればなるほど、高校で教育を終えることのデメリットは大きくなるのです。〈註8〉

驕り高ぶった高学歴者が、「努力をしなかった」低学歴の人たちを馬鹿にする言説のパターンは、日本でも見出すことができます。正規雇用の仕事につくことが困難だった就職超氷河期世代は、大人たちからの厳しいバッシングに晒されていました。この時代には「フリーター」と呼ばれる、非正規雇用の若者たちが急増していったのです。「フリーター」の中には、高卒や高校中退等、多くの低学歴層の若者が含まれていました。彼らの多くは正規雇用の仕事に就こうとして就けなかった人たちでしたが、大人たちの多くは、彼らは働く意思のない、「怠け者」だとみなしていました〈註9〉。

二〇〇〇年代以降特徴的なことは、低学歴層を馬鹿にする言説が、マーケッターたちによって担われてきたことです。東京大学の大学院生であった古市憲寿が、ピースボートに同乗していた若者たちを見下すような文章を書いていたことは第3章でみたとおりですが、彼もまたマーケッターとしての顔をもっていました。

三浦展は、二〇〇六年に『下流社会』を書きました。同書は八〇万部の売り上げを記録するベストセラーになっています。一億総中流社会が終焉を遂げた二一世紀の日本では、下流という新しい社会階層が形成されつつある、と三浦は言います。そして、三浦のみるところ、下流に落ちるのは、働く意欲や学ぶ意欲に欠けた人たちなのです〈註10〉。

二〇一四年、原田曜平が書いた『ヤンキー経済』は大きな話題を集めました。かつてのヤンキーは、暴走族に代表されるような荒ぶる若者たちでしたが、いまのヤンキーは穏やかでだらしない人たちです。郊外に住み、旅行にはでかけず、休日はだらだらと過ごす、地元志向で向上心に欠けた若者を、原田はマイルドヤンキーと呼びました〈註11〉。

何故マーケッターたちが、低学歴層を嘲笑う流れができたのでしょうか。一つには、中間層の解体によって、低所得の若者たちのマーケットが、無視できない規模に膨れ上がっている状況を指摘できるでしょう。そして、少しうがった見方かもしれませんが、低学歴層を馬鹿にしたいという欲求が高学歴層の中にはあり、その欲望をマーケッター特有の嗅覚で嗅ぎつけた結果、彼らはこれらの本を書いたのではないでしょうか。

大学に過半の若者が通うようになれば、大学を出ただけでは「高学歴」とはいえません。若者たちは「高学歴」ということばを、「偏差値の高い大学に通っている人」という意味でも使っています。「高学歴」の人たちの中には、高卒だけではなく、偏差値の低い大学に通う（を出た）人たちを見下す傾向も根強くあります。女子大生に集団で強制わいせつを働いた東大生は、何故こんなひどいことをしたのかと問われたのに対して、「彼女は頭が悪いから」と答えています。〈註12〉

この事件に想を得た小説『彼女は頭が悪いから』の著者、姫野カオルコを招いたシンポジウムが東京大学で開かれました。その時、東大教授の瀬地山角は、この作品は東大生を著しく貶めるものであり、「東大生も凄まじいコンプレックスを抱えている」と述べています。瀬地山は体調不良を訴える姫野を厳しく責め続け、糾弾し続けました。瀬地山の専門がジェンダー論であることにも驚きますが、「高学歴者」の驕りをみるのは、筆者だけでしょうか。〈註13〉

丸山眞男にはじまる？――左派・リベラルの偏見

左派・リベラルは、本来であれば社会的弱者の味方のはずです。ところがいまやかつては社会的弱者の利益を代弁していたアメリカの民主党やイギリスの労働党が、高学歴エリート層に支配され、メリトクラシーの敗者に対して同情を欠く姿勢を示していることを、サンデルは厳しく批判していました。日本においても同様の傾向はみられます。

アメリカ、イギリス、フランス、世界の主要国の政治的指導者には、目もくらむような超有名大学を出た人たちが名を連ねています。日本でもかつては、東大（法学部）を出て霞が関官僚から国会議員、そして総理大臣の地位に就くことが王道であると考えられてきました。ところが東大出の総理大臣は、二〇〇九年に就任した鳩山由紀夫を最後に現れていません。それにかわってかつての総理大臣の孫や子である人たちが、首相の座に次々とついていることは、第2章でみたとおりです。「学歴エリート」から「世襲エリート」へという逆行現象がこの国では生じています。

安倍、麻生両元首相は、漢字の読み間違いによって、また小泉元環境大臣は、「セクシー」等の奇妙な英語の使用によって、マスメディアやネットでの揶揄の対象になっていました。これらの揶揄には、元首相の子や孫「である」ことによって、その能力資質に欠けるものが、高い公職に就くことのできる現状への正当な批評を含んでいる部分もあります。しかし、最高峰とはいえない私立大学出身の三人の政治家に対する、より「高学歴」な人たちの侮蔑の念が、ここに示されている可能性も否定できません。

「B層」ということばがあります。これは郵政民営化選挙において、自民党の広報活動の一翼を担った、広告会社の内部資料に記されていたことばです。B層は、「具体的なことはよくわからないが、小泉純一郎のキャラクターを支持する層〈註14〉」と定義されています。IQの高低と、構造改革に対する賛否をクロスさせたマトリックスの中で、B層は構造改革に賛成する、低いIQの象限《しょうげん》に位置づけられています。

評論家の適菜収は、このことばを広めていきました〈註15〉。適菜自身は保守的な論客ですが、このことばが、小泉や後の橋下徹のようなポピュリズム的政治家の扇動に乗せられ、コアな支持層となるのは、知性に欠ける大衆だというイメージを広めていったことは否めません。こうした認識は、左派リベラルの人たちにももたれています。菅直人元首相は、「自治体の役人が優遇されているという、維新の『役人天国』批判に低所得者層の人たちが共鳴し、支持を広げたとの分析が有力」と二〇二二年の一月にツイートし、物議を醸しました〈註16〉。

左派が自分より学歴の低い者を見下す発言をする「伝統」は、丸山眞男にさかのぼりうるのではないかと考えられます。丸山が「疑似インテリ」こそが日本ファシズムのコアな支持層であると述べ、六〇年代の末には、大学に身を置かない民間の知識人に対する侮蔑的な発言を行ったことはすでに第1章でみたとおりです。

愚かな大衆（「B層」）が自分の不利益になるとも気づかずに、小泉の構造改革に熱心な支持を与えている。これが郵政民営化選挙に際しての左派の側の支配的な見解でした。しかし、政治学者たちは、実証データに基づいて、こうした通説に異を唱えています。「改革」の徹底に期待を寄せるエリート層が、郵政民営化選挙においては、もっともコアな小泉支持層であったというのが彼らの一致した見解です〈註17〉。

政治学者の冨田宏治は、維新の支持層は、巷間いわれているような、「ふわっとした民意」といったイメージや、ある種の都市伝説と化した「格差に喘ぐ若年貧困層」ではなく、タワーマンションに住む勝ち組中間層だと述べています。タワーマンションと老朽化した木造住宅が混在する大阪の街は、格差が可視化されやすい。「勝ち組」の人たちは、重い税負担にあえいでいる。だから彼らは、負担を負うことなく、福祉、医療などの公的サービスの恩恵を受けている「貧乏人」や「年寄り」や「病人」への激しい怨嗟や憎悪に身を焦がしていると冨田は言います。維新のコアな支持層は、東京に本社のある大企業の大阪支社で働く人たちであって、地元に愛着を持たないが故に、維新の「大阪都構想」を支持するのだという冨田の指摘には興味深いものがあります。〈註18〉

極右的で攻撃的な維新の主張は、トランプ元大統領のそれと重なる部分が少なくありません。しかし冨田のみるところ維新の支持層は、トランプ支持層が目の敵にした、高学歴エリートたちだったのです。冨田の分析が正しければ、維新の支持層は、日本社会を覆う「メリトクラシーの機能不全」に苛立ちを抱え、社会的弱者たちの一層の排除を訴える維新の主張にカタルシスを覚えている人たちということになります。そして社会的弱者の主張を代弁する有力な政治勢力は、この国には存在しないということにもなるのです。

3　親ガチャ・貧困の文化・労働の承認——「屈辱」を和らげるもの

「親ガチャ」——若者たちの諦念

欧米では、高学歴エリートが低学歴層を蔑視する構造がみられました。そしてアメリカの低学歴層は、努力した者が成功するという価値観を内面化しているが故に、その屈辱感を一層深めていくということもすでにみたとおりです。日本のエリートたちの中にも、非エリートを蔑む傾向がみられました。では、日本の非エリート層も、深い絶望に苛まれているのでしょうか。

大卒とそうでない者との間に大きな分断がこの国でもあることもすでにみたとおりです。社会学者の土井隆義は、次のような興味深い指摘を行っています。非大卒の若者たちは、努力した者が成功するという考え方を内面化しています。自らの不遇を努力不足の結果として容認しているのです。皮肉なことに、「大きな資産をもてるようになるかは本人の努力次第だ」と考える者の比率は、非大卒、大卒、豊かな時代を生きてきた大人世代の順で低くなっています。〈註19〉恵まれた立場の者ほど、努力が成功をもたらすという考え方に懐疑的であることは興味深く思われます。このことが日本のエリート層の、非エリート層への蔑視を緩和している可能性があります。また同時に、さして努力していない連中がぬくぬくと安楽に暮らしていることに対する、維新を支持するタワマン族たちのルサンチマンを生み出しているとみることもできます。

アメリカの社会学者ジョック・ヤングは、「過剰包摂」という概念を提唱しています。このことばによってヤングが明らかにしようとしたのは、「現代社会に支配的な文化が、その文化を享受している人々の内面にだけでなく、マスメディアのような影響力の強い媒体を介して、その文化を享受しうる環境から排除された人々の内面にも等しく植えつけられているという実態でした〈註20〉」。サンデルも指摘したように、アメリカの非エリート白人男性たちは、努力こそが成功をもたらすという信念を内面化しているが故に苦しんでいました。過剰包摂の典型例といえるでしょう。日本の非エリート層の若者たちも同様の信念を内面化していました。しかし、この過剰包摂は、日本の非エリート層の若者たちを絶望へと追いやるものではありませんでした。競争社会の敗者であるアメリカのコアなトランプ支持層は、リベラルな富裕層への反発を顕わにしていました。これに対して日本の非大卒の若者は「拍子抜けするほどおとなしく、活気と意欲に乏しい」人たちです。そして彼らの生活満足度は、「壮年層の大卒者よりも高くなるのです〈註21〉」。

「親ガチャ」ということばがあります〈註22〉。「ガチャガチャ」というカプセルトイの自動販売機は、外からは何が入っているのかわからず、自分の思い通りのものを手に入れることはできません。どんなおもちゃのカプセルが出てくるかは、運まかせなのです。「親ガチャ」とは、自分の人生はどんな親の下に生まれてくるのかで決まるという、諦観をあらわしています。自分が成功しなかったのは、努力しなかったからで、自分が努力できなかったのは、そうした親の下に生まれてきたからだ。これは親への責任転嫁であり、ずいぶんと投げやりな考え方にもみえます。しかし、サンデルにいわれずとも、日本の若者たちは、「実力も運のうち」であると正しく認識しているといえなくもないのです。「親ガチャ」のような、自己責任論を中和するロジックがあるからこそ、たとえ不遇であったとしても、日本の若者は心穏やかでいられるのではないでしょうか。

「貧困の〈消費〉文化」

経済が停滞し、未来に希望の見出せない状況であるにも関わらず、日本の若者はなぜ幸福なのか。そう問うた古市憲寿は、お金はなくとも、安価で快適な生活を送ることのできる日本の消費環境を、若者たちの良好な友人関係とともに、その理由としてあげています。〈註23〉安価で快適な消費環境を享受しているのは若者たちだけではありません。経済の停滞が始まって三〇年以上が経過した現在、この国には「貧困の〈消費〉文化」と呼ぶべきものが根を張っています。

二〇二一年夏。東京オリンピック・パラリンピックの取材に日本を訪れた外国の特派員たちは、緊急事態宣言下の営業規制のために、本場のすしやてんぷらにありつくことができませんでした。その点で彼らは大いに落胆したのですが、他方、コンビニのサンドイッチやおにぎりのおいしさに驚嘆し、非常に安価なグルメライフを経験したことに、大いに満足して帰国していったと伝えられています。三ツ星のイタリアレストランのシェフが「サイゼリア」に通い詰めているという話は、さすがに都市伝説の類でしょうが。それはさておくとしても、日本が安価でおいしいものの食べられる国であることに間違いありません。〈註24〉

高価なブランド品を身につけ、金銭的能力を誇示するバブル時代の消費のスタイルはすっかり影を潜めました。服はファストファッション等をうまく着こなせば、十分おしゃれにみえます。高級車を手に入れる財力は、いまの若者たちにはありません。若者たちの自己顕示の方法は、かつての「もの」（服やバッグや自動車等）の所有から、インスタグラム等ＳＮＳでの映像の提示に移っていきました。若者たちは「インスタ映え」のする場所や小物を見つけ出すことに血道を上げています。そうするためには大したお金はかかりません。好きなアイドルや二次元のキャラクターに入れ込む「推し活」も、入れ込み過ぎると「推し」に高額のお金を貢いで大変な出費になる場合もあります。エンターテインメント産業が、推しに貢がせることで、若者たちを搾取している側面があることも否めません。しかし、基本的に「推し活」は、ネットと「脳内」で完結しうる、安価な娯楽といえます。

「貧困の〈消費〉文化」には負の側面もあります。安価で（比較的）良質な商品を提供できるのは、コンビニ、ファミレス等々の店頭や工場、あるいは運送の現場で働く人たちの時給が低く抑えられているからに他なりません。「貧困の〈消費〉文化」が、貧困を再生産している側面を否定できないのです。上野千鶴子がかつて、「平等に貧しくなろう」と新聞紙上で発言し、物議を醸したことは第6章でみたとおりです。「貧困の〈消費〉文化」は、上野の理想の到達点といえなくもありません。「貧困の〈消費〉文化」は、大きな問題を孕んでいます。ただ「貧困の〈消費〉文化」が支配する社会は、「負け組」が日々の暮らしの糧にも事欠く中で、「勝ち組」が豪勢な消費生活を送るアメリカのような社会よりも、「負け組」の屈辱を減じる可能性が高いということも、また事実です。

労働による承認

この国にはまだ、「労働による承認」が、すなわち額に汗して働く人たちには、その社会的地位の如何に関わらず敬意を払うという気風が残っています。これが日本と欧米との大きな違いです。脱成長論で知られるイタリアの経済学者と話した際の、彼のことばには忘れがたいものがあります。「日本に来て驚くのは、ゴミ収集や、清掃、さらには道路工事といった肉体労働に従事している人たちが、自分の仕事に誇りをもって、生き生きと働いていることだ。欧米ではまず考えられない」。

英語圏の日本近代史研究の第一人者、アンドルー・ゴードンは、働く者の生活を守るために、経営者は安易に労働者を解雇してはならないということが、日本社会における一つの社会契約となっていて、それがリーマン・ショックに際して、派遣切りを行った経営者たちへの道義的非難を生んだと述べています。まじめに働く者が惨めな境遇に落ちることがあってはならない。リーマン・ショックに際して開かれた「年越し派遣村」が大きな同情と共感を集めたのはそうした「モラルエコノミー」がこの国には根づいているからだ、とゴードンは指摘しています。〈註25〉

非エリート層の若者を貶める言説がはびこる一方で、そうした若者たちが、連帯し、苦しい状況の中をしたたかに生き抜いていることに注目する社会学者たちがいます。杉田真衣は、「不安定就労」の状況に置かれた、生産の現場で働く若い男性労働者の中にいまも残る「労働者文化」に注目しています。「労働者文化」の一つの特徴は、団結して搾取的な経営者と闘うところにあります。「偽装請負」を告発して、裁判で勝訴した若者たちの存在は、その一例です。

「労働者文化」のもう一つの特徴は、自分たちの仕事や能力に誇りをもっていることです。彼らは職人としての高い技術をもつ先輩に憧れ、自らもその高みに上ろうと努力を重ねています。こうした「労働者文化」から、いい加減な職場の先輩や、技術に理解のない経営者に反抗する若者も少なくはありません。「不安定就労」の若者たちが、ただ従順に経営者たちに搾取されているだけの存在ではないことを杉田は説得的に語っています。〈註26〉

やはり社会学者の打越正行は、広島と沖縄で暴走族のパシリとなり彼らの中に入って観察を続けるフィールドワークを長年にわたって続けてきました。打越が入り込んだ建設現場では、トランプ（ポーカー）大会を開いて、新入りをカモにするある種の通過儀礼があります。新入りが破産するほど大負けさせないように、先輩たちは気を配ります。トランプ大会でめでたく仲間として迎えられた若者は、来年には新入りから金を巻き上げる側にまわります。打越が調査対象としてきた、建設業や非合法の風俗産業で働く若者たちにとって、学歴は何の役にも立ちません。非合法の風俗業者にとって、警察の動向を知ることは生きる上で不可欠であるが、彼らは「ジモト」のネットワークを活用して、それを入手しているのです。〈註27〉

どんな仕事に就いている人でも自分の仕事に誇りをもち、賢く、そして逞しく生きている。これもまた日本社会の一つの側面です。

4 「日本版絶望死」の方へ

躓いた人たちに酷薄な社会

「労働による承認」がこの国ではまだ息づいており、それが非エリート層の抱く「屈辱」を減じているというのはそのとおりでしょう。しかし、汗水流して働くことを称揚する労働の倫理は、「働かざる者食うべからず」という過酷な認識と表裏のものでもあります。「年越し派遣村」が注目された二〇〇八年の一月に行われた大阪府知事選挙においては、公務員の数を減らし、給料を下げることを公約に掲げた橋下徹が、初当選を果たしました。「ろくに働かずに高給を食んでいる」公務員へのジェラシーを、橋下は巧みに刺激したのです〈註28〉。

二〇一二年には、自民党の有力政治家たちに主導された、生活保護受給者へのバッシングが起こっています。あるお笑いタレントの母親が、息子に高額の所得があるにも関わらず、生活保護を受給していることをきっかけに大きなバッシングが起きました。本人からの釈明がないことに関して自民党の有力政治家片山さつきは次のように自らのブログでのべています。「仮に『ギャグのネタであって、本当は母親の生活保護受給はない』、というなら、それを記者会見で公表して、そういうことは、本来刑事罰の対象にもなりうることである、ことを言うべきでしょう。もしも、本当ならば、これだけ大っぴらな不正受給を放置しておく、当局、同氏の母親居住の市町村、は何をやっているんだと言われてもしかたありません」〈註29〉。生活保護の支給に当たって審査の対象となるのは、当事者の所得と資産だけです。著名な芸能人の親族が生活保護を受給していても、「刑事罰の対象」になどなるはずもありません。いやしくも国会議員たるものが、それを知らないはずがない。生活保護受給者への敵意を煽ろうとする意図が透けてみえます。

不安定就労の若い男性労働者たちが、ある種の労働者文化を継承し、逞しく生きている様を先には確認しました。しかし女子の場合にはそうした文化は存在しません。女性の不安定労働者は孤立しがちであり、セクハラやパワハラの標的にもなりやすい。その結果、鬱病を発症する者も稀ではありません。同じ沖縄の若者を対象にした優れたフィールドワークであっても、逞しくしたたかに生きる若い男性の労働者を描いた『ヤンキーと地元』と、夜の国際通りを彷徨う少女たちの姿を描いた『裸足で逃げる』とでは、まったくの別の世界が描かれています〈註30〉。

日本のジェンダーギャップ指数は、二〇二一年には一五六カ国中一二〇位と惨めな水準にあります〈註31〉。子どもの貧困率も七人に一人と、主要国の中では高い水準にあります。二〇一九年のひとり親の貧困率は、五〇・八%。実に二人に一人強が貧困にあえいでいる計算です〈註32〉。子どもの貧困はすなわち女性の貧困なのです。ヤングの描いた世界と同じように、現在の日本でも女性たちによる「騒擾」が起こっても不思議はありませんが、女性たちが孤立している現状では「騒擾」を起こすことも困難です。

だがこの国の政府には、貧困対策をまじめに行うつもりはありません。菅元首相は、就任直後に

「自助、共助、公助、そして絆」と言い放ちました。個人の努力（自助）がまず求められ、それで足りなければ、（おそらく親族の）共助を仰ぐ。「公助」は最後のセーフティーネットとして位置付けられています。日本は主要国の中で、「政府は、貧しい人たちに対する援助を減らすべきだ」という考え方に反対するものの比率が四割強と最低レベルです。韓国やスウェーデン等では、七割を超えています。これは自己責任論の根強さを物語るデータであり、貧困対策に多くの予算を割くことへの国民的合意を得ることは、困難にみえます。〈註33〉

この国においては、何かの集団に包摂され（〇〇の集団のメンバー「であること」）、生産年齢の人であれば、そこで（とりわけ正規雇用の身分で）仕事を「すること」ができれば、貧しいなりにも承認が得られ、それなりに快適に幸福に生きていくことができます。しかし労働の倫理が根を張ったこの国においては、労働の世界からの脱落は強い恥の意識をもたらします。現在「８０５０問題」が注目されています。中年の引きこもり者の中には、心身を病んで仕事を失い、引きこもってしまったケースも少なくありません。高齢の親たちもまた、恥の意識も手伝って、家の外の世界に助けを求めることをせずに、問題を長期化させています。包摂の網の目からこぼれ落ちた人たちに、とことん冷たいのがこの国です。〈註34〉

「日本版絶望死」

サンデルが述べていた「絶望死」は、日本にもあるのでしょうか。日本ではアメリカのように、特定の社会層の人間の寿命が、絶望による不摂生な生活から、短くなっているという事実はありません。しかし、包摂の網の目から抜け落ちることによって、社会的に孤立し、人生に絶望したために凶悪犯罪に走るケースが目立つようになりました。そうした事件のほとんどが、死刑に相当する事案です。これらの事件は、多くの生命を巻き込んだ、絶望死の一つの形ともいえなくはありません。

二一世紀のこの国においては、「日本版絶望死」の長い長いリストを作ることができます。

二〇〇八年六月八日の、七人が死亡し、一〇人が負傷した、加藤智大による秋葉原連続殺傷事件。

二〇一六年七月二六日の、一九人を殺害し、二六人を負傷させた、植松聖による、津久井やまゆり園事件。

二〇一九年七月一八日の、三六人が死亡し、三三人が負傷した青葉真司による京都アニメーション放火殺人事件。

そして二〇二一年一二月一七日の、二七人が死亡し、一人が負傷した、谷本盛雄による大阪クリニック放火殺人事件。

加藤は、製造業派遣の不安定な雇用条件の下で働いていました。いつ派遣切りにあっても不思議のない状況に置かれていました。もし派遣切りにあえば、住むところも同時に失ってしまいます。加藤の苦しみは、雇用を失う不安以上に、承認の欠乏にありました。孤独な加藤の唯一の楽しみは、携帯掲示板に書き込みをすることだったのです。そこに「荒らし」が顔を出し、加藤を誹謗中傷するようになりました。加藤はやめるよう訴えますが、「荒らし」は収まりません。絶望した加藤は、犯行を計画し、その予告を実行の二日前から、掲示板に書き込んでいたのです。犯行予告は、実行の三〇分前まで続いていましたが、止める者はあらわれませんでした。この間、加藤の犯行声明に誰かが何らかの反応をしていれば、この事件は起こらなかったかもしれません。かつて永山則夫の犯罪を論じて、「まなざしの地獄」というエッセイを著した社会学者の見田宗介は、「まなざしの不在の地獄」という印象的なことばを用いて、この事件の本質を浮かび上がらせています。〈註35〉

京都アニメーション放火事件の青葉は、複雑な家庭に育ち、高校卒業後は、コンビニ店員など非正規雇用の仕事を転々としていました。強盗の罪で実刑判決を受け、出所後に精神を病んで障碍者年金を受給し、就労継続支援事業所で仕事をすることで、生計をたてていました。〈註36〉

谷本は腕のよい板金工であったようですが、妻と離婚後に長男に殺人未遂を働いたことで、服役していました。出所後に同クリニックの「リワークプログラム」に参加していました。出所後はほとんど人づきあいがなかったとされています。〈註37〉

加藤と青葉と谷本に共通するのは、社会的地位の不安定さと、深い孤独感、そしてそれに由来する絶望です。それに対して、植松にはやや異質な印象があります。大学まで卒業していて、事件の数年前までは同園で正規の職員として働いていました。両親も健在で、友人もおり、深い孤独の中にいたとは考えられません。何もすることのできない人間は生きていてはならない、という考えに取り付かれた、観念的な殺人者のようにみえます。

「日本版絶望死」には、他者を巻き込んだ、拡大自殺としての性格があります。加藤は二〇二二年の七月二六日に死刑が執行されています。七月二六日は、奇しくも津久井やまゆり園の事件が起きた日でもあります。そこに何らかのメッセージを読み取ったのは、筆者だけではないはずです。植松は一審で死刑判決が出た後にも控訴をせず、死刑判決が本稿執筆時点で確定しています。他の三人とはののですから、やや異質な植松ですが、大量犯罪という死刑相当の罪を犯し、しかも控訴をしなかったのですから、彼の犯罪も拡大自殺であるとみることができます。大阪クリニック殺人事件の谷本は、自らの放った火によって、命を落としています。京都アニメーション放火事件の青葉は、全身に大やけどを負い、長く生死の境をさまよっていましたが、救命医療のスタッフによる懸命の治療によって、奇跡的に一命をとりとめています。

日曜日の秋葉原で楽しい休日を送っていた人たちも、「津久井やまゆり園」の利用者も、何の罪もない人たちです。放火事件によって命を奪われた京都アニメーションのアニメーターたちは、多くの優れた作品群を生み出すことによって、人々に夢と喜びと慰めを与えてきました。また大阪クリニックの所長は、谷本を含め、多くの患者たちに献身的な治療を施してきたのです。罪のない、善良な人々の命を奪った犯人たちの所業は、まさに「憎みて余りあるもの」なのかもしれません。

しかし、犯人たちにも同情すべき点はあります。加藤は子ども時代、母親から虐待に等しい、厳しいしつけを受けていました。加藤の「努力」の及ばない「運」によって、彼の人生は狂わされたのです。加藤が堕ちた境遇を「自己責任」のひとことで片づけることはできません。青葉は、医療スタッフに、「こんなに優しくしてもらったことなかった」と感謝のことばを述べたと伝えられています。〈註38〉この事件もまた、日本が「躓いた者に冷たい社会」でなければ、防ぎ得た事件ではなかったのではないでしょうか。「津久井やまゆり園」では、利用者に対する職員の虐待が常態化していました。植松の犯行も、そうした職場環境や、社会全体を覆う、命の価値を選別する優生学的思考のもたらしたもののように思えてなりません。

【註】

〈1〉ＯＥＣＤが行っているＰＩＳＡ（Program for International Student Assessment）という国際学力比較調査において、二〇一八年の日本は、数学が八位、読解が一五位、理科は五位と理数系では高い学力を示している。理系的分野において日本より上位にいるのは、概ね東アジアの国と地域である。

〈2〉文部科学省ＨＰ「図表でみる教育（Education at a Glance）ＯＥＣＤインディケータ」(https://www.mext.go.jp/b_menu/toukei/002/index01.htm) 二〇二四年一月一一日確認

〈3〉文部科学省ＨＰ「『#教師のバトン』プロジェクトについて」(https://www.mext.go.jp/mext_01301.html) 二〇二四年一月一一日確認

〈4〉文部科学省「『諸外国の教育統計』令和二（二〇二〇）年版」(https://www.mext.go.jp/b_menu/toukei/data/syogaikoku/1415074_00006.htm) 二〇二四年一月一一日確認

〈5〉水月昭道『高学歴ワーキングプア—「フリーター生産工場」としての大学院』光文社新書、二〇〇七年

〈6〉弁護士ドットコムタイムズ「減り続ける法科大学院、ピーク時は『七四校』→半数以下に　全盛期を振り返る」二〇二一年四月二〇日 (https://www.bengo4.com/times/articles/289/) 二〇二三年一二月一五日確認

〈7〉ジョブ型雇用とメンバーシップ型雇用については、濱口桂一郎『ジョブ型雇用社会とは何か—正社員体制の矛盾と転機』（岩波新書、二〇二一年）を参照されたい。

〈8〉吉川徹『学歴分断社会』ちくま新書、二〇〇九年

〈9〉小谷敏編著『二十一世紀の若者論—あいまいな不安を生きる』世界思想社、二〇一七年

〈10〉三浦展『下流社会—新たな階層集団の出現』光文社新書、二〇〇五年

〈11〉原田曜平『ヤンキー経済—消費の主役・新保守層の正体』幻冬舎新書、二〇一四年

〈12〉姫野カオルコ『彼女は頭が悪いから』文藝春秋、二〇一八年

〈13〉東大新聞オンライン「〈姫野カオルコ『彼女は頭が悪いから』ブックトーク〉レポート～〈モヤモヤ〉とともに振り返る～」二〇一九年二月五日 (https://www.todaishimbun.org/himenokaoruko_

booktalk20190205/) 二〇二三年一二月一五日確認
〈14〉有限会社スリード「郵政民営化・合意形成コミュニケーション戦略（案）」(http://tetsu-chan.com/05-0622yuusei_rijikai2.pdf) 二〇二三年一二月一五日確認
〈15〉適菜収『ゲーテの警告―日本を滅ぼす「B層」の正体』講談社＋α新書、二〇一一年
〈16〉菅直人のX（旧ツイッター）二〇二二年一月二七日(https://twitter.com/naotokan/status/1486512156044521476) 二〇二三年一二月一五日確認
〈17〉松谷満『ポピュリズムの政治社会学―有権者の支持と投票行動』東京大学出版会、二〇二二年
〈18〉冨田宏治「維新政治の本質―その支持層についての一考察」自治体問題研究社『住民と自治』二〇一八年一一月号所収
〈19〉土井隆義『「宿命」を生きる若者たち―格差と幸福をつなぐもの』岩波ブックレット一〇〇一
〈20〉土井前掲書、一一四頁
〈21〉土井前掲書、一〇六頁
〈22〉池田清彦、中島義道、和田秀樹、室井佑月、森達也、香山リカ、土井隆義『親ガチャという病』宝島社新書、二〇二二年
〈23〉古市憲寿『絶望の国の幸福な若者たち』講談社、二〇一一年
〈24〉読売新聞電子版『「たまごサンドイッチ最高」「一番の餃子」…海外選手や記者の「食レポ」がSNSで話題に』二〇二一年七月三〇日(https://www.yomiuri.co.jp/olympic/2020/20210729-OYT1T50415/) 二〇二三年一二月一五日確認
〈25〉アンドルー・ゴードン、二村一夫訳『日本労使関係史 1853-2010』岩波書店、二〇一二年、四八〇頁
〈26〉杉田真衣「働く若者はどう語られてきたか」（小谷敏編著『二十一世紀の若者論―あいまいな不安を生きる』世界思想社、二〇一七年所収）
〈27〉打越正行『ヤンキーと地元―解体屋、風俗経営者、ヤミ業者になった沖縄の若者たち』筑摩書房、二〇一九年

〈28〉小谷敏『ジェラシーが支配する国—日本型バッシングの研究』高文研、二〇一三年
〈29〉片山さつきブログ「河本準一氏の『年収五千万円、母親生活保護不正受給疑惑』について、厚労省の担当課長に調査を依頼しました」二〇一二年五月二日（http://satsuki-katayama.livedoor.biz/archives/7033103.html）二〇二三年一二月一五日確認
〈30〉上間陽子『裸足で逃げる—沖縄の夜の街の少女たち』太田出版、二〇一七年
〈31〉内閣府男女共同参画局ＨＰ「世界経済フォーラムが『ジェンダー・ギャップ指数二〇二一』を公表（「共同参画」二〇二一年五月号〈https://www.gender.go.jp/public/kyodosankaku/2021/202105/pdf/202105.pdf〉）二〇二四年一月一一日確認
〈32〉内閣府男女共同参画局ＨＰ「「行政、ＮＰＯ、企業等官民連携で取り組む子供の貧困対策」（「共同参画」二〇一九年二月号〈https://www.gender.go.jp/public/kyodosankaku/2018/201902/pdf/201902.pdf〉）二〇二四年一月一一日確認
〈33〉厚生労働省ＨＰ「《国民意識調査結果》④『政府は、貧しい人たちに対する援助を減らすべきだ』」（https://www.mhlw.go.jp/wp/hakusyo/kousei/12/dl/1-05.pdf）二〇二四年一月一一日確認
〈34〉川北稔『８０５０問題の深層—「限界家族」をどう救うか』ＮＨＫ出版新書、二〇一九年
〈35〉見田宗介『まなざしの地獄—尽きなく生きることの社会学』河出書房新社、二〇〇八年
〈36〉中日新聞電子版「京アニ放火　生活苦、社会に不満か」二〇二〇年五月二七日（https://www.chunichi.co.jp/article/63032）二〇二四年二月四日確認
〈37〉ＴＢＳニュース電子版『前科をネットで調べられて』二六人犠牲の放火殺人…容疑者は別事件で服役後に孤立深めたか　四年前に生活相談受けた人物が明かす『社会復帰への意欲』」二〇二二年一二月二六日（https://newsdig.tbs.co.jp/articles/-/238244?page=2）二〇二三年一二月一五日確認
〈38〉毎日新聞電子版「京アニ容疑者、医療関係者に謝意『こんなに優しくしてもらったことなかった』」二〇二〇年五月三〇日（https://mainichi.jp/articles/20200530/k00/00m/040/060000c）二〇二三年一二月一五日確認

第9章

『失敗の本質』から何を学ぶか

――日本的組織の病理

1 『失敗の本質』はなぜ書かれたのか

「日本人論」ブーム

ルース・ベネディクトの『菊と刀』以来、数多の日本人論、日本社会論が書かれてきました。日本人論の流れを整理した文化人類学者の青木保は、一九五〇年代までの日本人論は、日本社会の「否定的特殊性」を論じるものが多数を占めていたと述べています。〈註1〉たしかに丸山眞男は、ドイツのナチズムと比較して、決断する主体を欠いた日本の超国家主義の「否定的特殊性」を厳しく批判しています。丸山世代の論客たちの日本社会に対する批判には非常に厳しいものがありました。丸山のように近代主義の立場をとる者も、あるいはマルクス主義に依拠する者も「近代的自我の未確立」や「封建遺制」等々のことばによって、日本社会の後進性を厳しく批判していったのです。

しかし、一九六〇年代の後半から、変化が生じてきます。一九六七年に出版された社会人類学者の中根千枝の『タテ社会の人間関係』（講談社現代新書）は、今日にも読み継がれるベストセラーです。インドをフィールドとする中根は次のように論じています。欧米やインドは「資格の社会」であり、人々は集団内の異なる資格の者よりも、他の集団の同じ職能やカーストの人間に対して親近感を抱きます。これに対して日本では、どの集団に所属しているのかという「場」が重視される傾向があります。所属集団の「ウチ」と「ソト」を厳しく区別し、「ウチ」には強い愛着を示すが、「ソト」には無関心もしくは敵対的な態度をとるのです。そして「ウチ」の中で重きをなすのが、先輩後輩、上司部下等の「タテ」の序列です。「タテ社会」においては、論理的思考より情緒的一体性が優位する傾向が生じますが、目的達成のための比類ない力を発揮することがあると中根は言います。

一九七一年に出版された、精神科医土居健郎の『甘えの構造』（弘文堂）も、大きな反響を呼びました。幼児期の濃密な母子関係の中で育った日本人の中には、他者に「甘え」（依存し）たいという心理が根づいている。そのため成人した後も日本人の人間関係の中には、「甘え」が常に顔をのぞかせることになると土居は言います。「甘え」は他者との「切断」を忌避して、依存を続けようとする心のあり方です。それは日本人の論理的な思考を弱めている可能性があると土居は言います。他者への依存を望む気持ちは、日本人だけではなく、すべての人類の中にあるものです。しかし、個の自立を強調する文化の中で育った西欧人には、それを素直に認めることができません。人間は他者に依存する他ない存在であることが認識できていれば、困った時に他者に頼ることに屈辱感を抱いたりはしない。この点に土居は日本文化のメリットを認めています。

中根と土居に共通するものは、「タテ社会」と「甘え」という西欧にはない、日本社会（もしくは文化）の特質を指摘しながらも、その特質が、マイナスばかりではなく、プラスの側面をも含んでいることを主張した点です。この変化の背景として、高度経済成長の結果、一九六〇年代末の時点で、世界第二位の経済大国となった、日本人の自己意識の変容を指摘することができるでしょう。

一九七〇年に出版されたイザヤ・ベンダサンの『日本人とユダヤ人』（山本書店）は一〇〇万部を超す大ベストセラーとなりました。これは山本七平の筆名であることが判明します。外国人を詐称し、またユダヤ人についての誤った見方を流布したとして、後に厳しい批判に晒されています。〈註2〉この本が出版された時に筆者は中学生でしたが、「水と安全はただだと日本人は思っている」、「ユダヤ社会では全会一致の決議は無効」等々のことばは、強く印象に残っています。本書の成功をきっかけとして、外国人による日本人論が多数出版され、日本人論ブームが起こっています。〈註3〉

「ジャパン・アズ・ナンバーワン」――賛美された「日本的特殊性」

一九七〇年代後半、日本がいち早くオイルショックの痛手から立ち直り、世界経済の覇者への道をひた走るようになると、日本社会をめぐる言説は、自己賛美の色を強めていきます。一九七九年に公刊された佐藤誠三郎、公文俊平、村上泰亮の『文明としてのイエ社会』（中央公論社）は、鎌倉武士団に端を発する日本の武家社会は、「大きなイエ」（将軍家・大名家）に「小さなイエ」が従属する、疑似家族的な性格を帯びていたことを指摘しています。武士の「イエ」も、そして商家も血縁性がそれほど重視されておらず、無能な跡取りを廃嫡にして、たとえ身分が下であっても、有能な者を養子に迎えることは稀ではなかったのです。疑似家族としての情緒的な一体性と、冷厳な能力主義の原理を「イエ」は両立させていたのです。「イエ」の原理は、近代以降にも持ち越されます。明治国家は、天皇を親とし、臣民を子とみなす家族主義的国家観を打ち出していました。「イエ」制度が法律的には否定された敗戦後においても、それは経営家族主義という形で生き残りました。情緒的一体性と業績主義とを両立させた、「イエ社会」のＤＮＡは、敗戦後の経済発展に大きな寄与をなしたと著者たちは言います。

一九八〇年代には、澎湃と「ポストモダン」ブームが起こっています。近代という「大きな物語」は終わった。西欧的・近代的自我なるものも虚構でしかない。西欧近代の特権性を否定する言説が世を覆う時代風潮の中で、丸山眞男に代表される近代主義的な言説が顧みられなくなっていたことは、第1章においてみたとおりです。日本社会や日本文化をめぐる言説の中にも、日本は欧米に比して遅れているのではなく、日本はポストモダン化した世界の先頭を走っていると主張するものが出てきました。第3章でみた「近代の超克」論（日本は西欧近代の限界を乗り越えた！）の再来を思わせる現象です。先にあげた青木は、これを日本人論における「肯定的特殊性」の時代の到来と述べています。〈註4〉

社会学者の濱口恵俊は、一九八二年に『間人主義の社会　日本』（東洋経済新報社）を公刊しています。日本人は、人間は他者との関係性の中でのみ存在しうるものと考えている。日本社会を構成しているのは個人ではなく「間人」なのである。日本社会も人類社会の一つの普遍形態であり、それを真に理解するためには、西欧流の「かたくなな個人主義」の呪縛から解き放たれなければならないと濱口は述べています。

評論家の山崎正和は、一九八四年に公刊された『柔らかい個人主義の時代』（中央公論社）において、生産中心の産業社会は終わりを告げ、人々が余暇や社交の中で自己実現を果たす消費社会が到来したと述べています。消費社会においては、産業社会を主導した「硬い個人主義」ではなく、「柔らかい個人主義」が主流になると山崎は言います。山崎は、庶民が楽しい民衆文化を築き上げていた日本の江戸時代に消費社会の原型を認めています。

日本の経済的成功は、海外からの称賛の的となりました。「日本的経営」を学ぶために多くの視察団が日本を訪れます。高名な日本研究者であるエズラ・ボーゲルの『ジャパンアズナンバーワン』は、当時の日本人を有頂天にさせたのです。〈註5〉

「日本特殊論」と『空気の研究』――日本讃美へのアンチテーゼとして

日本人論が多く生み出された結果、それを批判もしくは批評する「日本人論論」とも呼ぶべきジャンルが生まれたのもこの時代の特徴です。日本人論には、非科学的であるという批判がつきまとっています。これまでに名をあげた著作のほとんどは、けっしてキワモノなどではなく、深い学識に裏打ちされたものですが、それでも実証的な根拠の曖昧な印象批評的な記述は散見されます。そもそも「日本人」が何であるのかも定かではありません。いまほどエスニシティの多様性が日本国内にはなかった時代ではありますが、在日韓国朝鮮の人々やアイヌ民族、さらには沖縄の人たちを一括りで「日本人」と呼ぶことは乱暴に過ぎる感は否めません。さらには日本と対比される（主として）「欧米」の切り取り方も恣意的なようにみえます。幼少年期を日本で過ごしたアメリカ人の文化人類学者ハルミ・ベフは、日本人論は、日本人のナルシシズムの表明であり、単一民族幻想を強化する機能を果たすとして厳しく批判しています。〈註6〉

一九七〇年代から八〇年代にかけて「日本的経営」は、海外から注目され高く評価されていました。その一方、日本が対米貿易で荒稼ぎをした結果、「日本叩き」の気運がアメリカに生じたことも、第

6章でみたとおりです。海外の識者の間では、「日本特殊論」が語られるようになりました。日本は非常に豊かな国だけれども、欧米的な資本主義や民主主義とは異質な体質をもっているというのが、「日本特殊論」の主張です。日本の識者が、日本社会の「肯定的特殊性」を無邪気に讃美していたその時代に、海外の識者が日本社会の「否定的特殊性」を指摘するようになったのは皮肉なことです。

東アジア研究を専門とするチャルマーズ・ジョンソンは、通商産業省（当時）の強力な指導の下で経済発展を遂げた日本は、計画経済と資本主義経済のハイブリッドのような、「資本主義的発展志向国家」であると述べています。〈註7〉日本に長く滞在するオランダ人ジャーナリスト、カレル・ヴァン・ウォルフレンは、日本は国家ではなく、東京大学法学部出身の政・官・財のエリートたちの談合によって動かされている「システム」であると述べています。政・官・財のエリートたちは、三すくみの関係にあります。官僚は政治家の「先生」に頭があがりません。しかし政治家は献金をしてくれる財界人には弱い。その財界人は、自分たちを監督する官僚には手足を縛られている……。その結果システムの内部には自らを変える力はなく、変化は常に（アメリカの）外圧によってもたらされるのです。〈註8〉

日本社会の「特殊性」を否定的にとらえるこの時代の代表的著作は、意外にも保守的な論客によって書かれています。山本七平は、一九七七年に刊行された『空気の研究』（文芸春秋）において、欧米ではルールが組織や人々の行動を統制しているのに対して、日本においてその役割を果たしているのは「空気」であると述べています。会議の中でたとえ違和感を覚えたとしても、「空気」に逆らう意見を述べることは大変に難しい。戦艦大和の出撃に際しても、高度な知性をもち、出撃のリスクに関する十分なデータを持つ賢明な人たちが、出撃を決定したのも、場の空気に逆らえなかったからであり、大和出撃を決めた会議に参加していた人たちは、空気の支配を理由に後年に至っても判断を正当化していると山本は言います。

山本には従軍経験があります。指揮命令系統も責任の所在も明らかではない軍隊という組織の中で不条理な目にあわされた世代の一員です。日本を愚かな戦争に導いた「空気の支配」という日本社会の特質は変わっていない。それが山本の主張するところです〈註9〉。全会一致を強いる「空気」の圧力がどれだけおぞましい結果を招くのか。それを身にしみて知る山本が、ベンダサンの筆名で、「全会一致の決議は無効」と唱えたことは、理解できるところです。

『失敗の本質―日本軍の組織論的研究』（ダイヤモンド社、一九八四年）は、経営学者と歴史学者が協働して戦史の分析を行うユニークな試みです。大日本帝国と敗戦後の日本は連続していて、日本軍を支配したメンタリティはいまも生き続けている。いまはとてもうまく行っているが、そのうち道を誤るのではないか。『失敗の本質』の著者たちも、山本と非常によく似た認識を共有しています。本書は極めてオリジナリティの高い作品といえます。本書に約一〇年先立って刊行され、著者たちも言及している、アメリカ版『失敗の本質』ともいうべき本があります。アーヴィング・ジャニスの『集団浅慮―政策決定と大失敗の心理学的研究』（日本語版は、細江達郎・訳、新曜社、二〇二二年）がそれです。『失敗の本質』の著者たちも参照したに違いありません。『失敗の本質』を読み解く前に、ジャニスのこの本をみておくことにしましょう。

2　賢い人たちがなぜ間違うのか――「集団浅慮」を生み出すもの

「集団浅慮」とは何か

アメリカ政府は歴史上、誤った判断を犯すことによって、国家に大きな損害を与える大失敗(fiasco)を重ねてきました。社会心理学者のジャニスは、グループダイナミクス(集団力学)の観点から、大失敗の犯された原因を解明することを試みています。アメリカの大統領府に集うのは、もの凄く優秀な人たちです。優秀な人たちが集まれば、個々人のレベルをも上回る知恵が生まれ、賢明な判断が下されて当然のように思います。しかし、歴代のアメリカ政府において、優れた人たちが集まりながら、ひどく愚かしい決定が繰り返されてきたのです。そうしたことがなぜ起こるのか。これがジャニスの立てた問いです。

親しい集団の中には、「集団凝集性」が生じます。少しわかりづらい社会心理学の専門用語ですが、集団としての一体感というほどの意味でご理解ください。集団凝集性の強い集団ほど、力を発揮することはもちろんです。しかし強い凝集性をもつ集団のメンバーの中には、しばしば仲間外れにされることへの恐れが生じます。そのため、何かの意見が集団内部で支配的になった時に、それがおかしいと思っても、異を唱えることが困難な状況が生じてしまうのです。その結果、誤った意見が修正を受けることなくメンバーの総意として採用されてしまい、大失敗が生み出される。こうしたメカニズムの存在をジャニスは指摘しています。ジャニスは集団浅慮を次のように定義しています。

人々が凝集性の高い内集団に深く関与しているとき、メンバーが全会一致を強く求めることによって、他のとりうる行為を現実的に評価するという動機づけを無視してしまうときに人々が引き込まれる思考様式に言及する。〈註10〉

自分が正しいと思っている考えを抑え込んで、間違いであると考えている意見に賛意を示す。これはオーウェルが『1984』で描いた、「二重思考」に似ているとジャニスは言います。たしかに、自分が正しいと考えていることに従って行動するのではなく、外部から強いられた考えに盲従するという点で、集団浅慮と二重思考はよく似ています。

二〇世紀初頭のアメリカの社会学者、チャールズ・ホートン・クーリーは、フェイス・トゥ・フェイスの人間関係を特徴とする小集団（「第一次集団」）の中で、子どもたちの人格は形成され、それはすべての社会の基底をなすものだと述べています。〈註11〉アメリカは入植者たちが、フェイス・トゥ・フェイスのタウンミーティングで自治を行い、その連合体としての州が結成されます。そして一三の州が集まることによって、アメリカ合衆（州）国は生まれました。フェイス・トゥ・フェイスの第一次集団が社会の基底にあるというクーリーのことばは、こうしたアメリカの歴史を反映しています。

アメリカの社会人類学者、F・L・K・シューは、インドの社会組織の原型がカーストであり、中国のそれがクラン（氏族制度）であるように、アメリカの場合それは、クラブであると述べています。多様な人々が自由に集まってクラブを作ることがアメリカ社会のダイナミズムを生み出しています〈註12〉。中根の言うように日本が「タテ社会」であるとすれば、アメリカは平等な人々の結びつきが重要な意味をもつ「ヨコ社会」であるといえます。離脱参入の自由が大きいことがクラブの特徴です。その点でアメリカ人は自由にみえます。しかし、同時にアメリカ的な人間関係は不安定であるともいえます。親密な友人が、自分から離れていくのではないか。そうした不安も自由の代償として大きなものとなります。アメリカが「ピア・プレッシャー（友人間の同調圧力）」の非常に強い社会であるのはこのためです。ピア・プレッシャーから生まれる「空気」の故に物がいえなくなってしまう。「空気」に支配されるのは日本人だけではありません。

そうはいっても、大統領の政策決定までもが、ピア・プレッシャーに覆われるというのは、いささか奇異にみえます。アメリカは日本やイギリスのような議院内閣制の国ではありません。議院内閣制の国の場合、閣僚の選出にあたって、もちろん首相の意向は強く反映されますが、与党内の力関係を無視することはできません。アメリカの場合、閣僚や顧問団は、大統領の親しい人たちの中から選ばれます。第二次安倍政権とは異なる意味での「お友だち政治」としての性格があります。ピア・プレッシャーに政策決定者が晒されることで、「集団浅慮」が生じる可能性は、他の国よりも高くなります。

ジャニスの『集団浅慮』で取り上げられる大失敗の事例は、ピッグス湾侵攻事件、朝鮮戦争、真珠湾攻撃、ベトナム戦争のエスカレーション、そしてウォーターゲート事件の五つです。本書は一九七二年に初版が刊行されていますが、一九八二年の改訂版で、ウォーターゲート事件の分析が書き加えられています。そして、集団浅慮をよく免れることのできた対照事例として、キューバのミサイル危機と、マーシャルプランがあげられています。ここでは、大統領の個人的犯罪にあたるウォーターゲート事件を除く、他の四つの事例について検討してみたいと思います。ジャニスが集団浅慮を引き起こす要因としてまずあげているのが、凝集的な集団の中で生まれる万能感と、それに伴う敵への侮りです。

自己の過大評価と敵への侮り――集団浅慮を生み出すもの①

CIAの情報を鵜呑みにしたケネディ政権は、亡命キューバ人部隊を組織して、カストロ政権を打倒すべく、ピッグス湾に送り込みますが、作戦はものの見事に失敗しています。ケネディ大統領の顧問団は、個々には非常に能力の高い人たちであり、そこには強い集団的な凝集性が存在していました。「ニューフロンティア」を標榜するケネディ政権は、「自分たちは失敗しない」という過剰な自信に取りつかれていました。大統領とその顧問団の間には、「集団的多幸症」ともいうべき空気が広がっていたのです。その結果、自分たちの計画にとって否定的な部分から目をそらす傾向が生まれます。そしてこの多幸感は、敵への侮りの源泉ともなります。「われわれは正しい強いグループであり、最後には勝利をつかむ」。「われわれの敵は間抜けで弱く、悪い奴らだ」〈註13〉。キューバの軍隊は脆弱で、亡命人部隊によって簡単に打ち破ることができる。亡命人部隊の侵攻に呼応して、キューバ国内の反政府勢力も蹶起して、カストロ政権は崩壊するだろう。こうした楽観的観測に基づいて作戦は決行され、大失敗に終わったのです。

トルーマン大統領の顧問団は、共産主義の脅威から世界を守るという使命感に燃えていました。一九五〇年六月二五日、北朝鮮軍が韓国に侵攻し、朝鮮戦争が始まりました。中国は、アメリカが三八度線を越えて北朝鮮に侵攻した際には、参戦する旨をほのめかしていましたし、軍もその旨の情報を政権中枢に伝えていました。しかしマッカーサーはその警告に耳を貸さず、北朝鮮の平定を標榜して軍事行動を進めています。トルーマンの顧問団もそれを容認していました。彼らの脳裏には次のような仮定がありました。共産主義者は一枚岩であり、アメリカとの緊張の拡大を望まないモスクワが、中国の朝鮮戦争への参戦を許すはずもなく、したがって中国の参戦はありえないという仮定です。しかし、中国は参戦し、アメリカは四年間にわたる泥沼の戦いを続けることになったのです。「グループのメンバーが、自分たちのステレオタイプの誤った観念を精査し、赤色中国の能力と意図に関して別の仮説を検証できなかったのは、集団浅慮の主要な兆候なのである〈註14〉」。

一九四一年の暮れになると日本軍の侵攻を、アメリカ軍は予測をしていました。しかし、それが太平洋上のどこになるのかについては、定かではありませんでした。ハワイ本島への攻撃も予測されていましたが、現地軍の司令部は、その可能性を頭から否定していました。キンメル大将と参謀たちは、アメリカとの全面戦争になれば日本の破滅だから、ハワイ攻撃によってアメリカとの全面戦争となることは回避して、イギリス軍やオランダ軍と戦端を開き、アメリカへの攻撃は間接的なものにとどまるだろうという楽観的な観測を持ち続けていました。日本軍の侵攻を示唆する様々な兆候や、ワシントンからの警告にも関わらず、キンメル大将は、真珠湾の防備を疎かにしてしまったのです。「ハワイの海軍の司令官たちは、強大な巨人に対抗し、あえて弓を引くことはしない小人という素朴なイメージを持ち続けていたのである〈註15〉」。キンメルは、後に軍法会議にかけられますが、部下の参謀たちが、キンメルへの忠誠を捨てることはありませんでした。ハワイの司令部に強い集団凝集性があったことを示唆するエピソードです。

ケネディ、ジョンソン両政権のブレーンは、「ベスト・アンド・ブライテスト」と評された、この上もなく優秀な人たちでした。そして彼らの間には、紳士倶楽部のような思いやりの空気が溢れていたといいます。ジョンソン政権は、一九六四年以降北爆を行い、ベトナム戦争をエスカレートさせていきます。彼らの中には、アジア人は画一性が強く、ベトナムが陥落すればアジアの全体が赤化するという、ステレオタイプに基づく強迫観念が共有されていたのです。しかし北爆は、思うような効果をあげることはできませんでした。ブレーンたちは、もともとは穏健で人道的な考えの持ち主でしたが、長い期間軍事行動に関わることによって、軍人たちのものの観方に染まってしまいます。その結果、外交努力を放擲して、軍事行動をエスカレートさせる方向に走ったのです。そして、「死者数」・「局所的空爆」・「紛争除去」といった、オーウェルの「ニュースピーク」を彷彿させる、よく意味のわからない、抽象的なことばを用いることによって、戦争の残忍さから目をそらし、人道を無視した作戦をエスカレートさせていったのです〈註16〉。

超大国アメリカの力と自らの優秀性への過信。それがすべての事例に共通するものです。自らへの過大評価と共産主義者、日本人、アジア人等々へのステレオタイプに基づく侮りとが結びつくことによって、現実を無視した愚かな決定が賢明な人たちの手によってなされるメカニズムを、ジャニスは描き出しています。ジャニスは「集団浅慮」を生み出すさらなる要因として、不愉快な真実に目を向けさせるような異論を排除して、全会一致を実現したいという、集団内部に生じる同調圧力をあげています。以下にはそれについてみてみることにしましょう。

全会一致の誘惑——集団浅慮を生み出すもの②

ピッグス湾侵攻事件に際して、ケネディ大統領の顧問団の中には侵攻作戦に疑問を抱く者もいました。アーサー・シュレジンジャーは、大統領やロバート・ケネディ司法長官に提出したメモに、かなり厳しい作戦への批判を綴っていました。しかし公的な会議の場で、彼はそれを口にすることができませんでした。シュレジンジャーは言います。「われわれの会議は見せかけの一致という奇妙な雰囲気の中で行われた〈註17〉」。全会一致を達成するために、凝集性の高い集団の中には、「心のガードマン」があらわれます。リーダーの身体ならぬ「心」を守るために、異論を唱える者を恫喝する役割を果たす人物のことです。ロバート・ケネディ司法長官は、顧問団の中でその役割を演じています。彼は作戦への疑念を呈したシュレジンジャーを叱責しています。フルブライト上院議員は、顧問団の前で、人道的見地から侵攻作戦に反対する感動的なスピーチを行いましたが、それが討議の対象になることはありませんでした。ケネディはフルブライトに対して冷ややかに退出を求めています。大統領自身が、顧問団に対する「心のボディガード」となり、「みせかけの一致」を守ろうとしたのです。

朝鮮戦争に際して、ジョージ・ケナンのように中国の参戦の可能性を語っていた専門家は、トルーマンの顧問団の会議に呼ばれることはありませんでした。アチソン国務長官も、中国参戦に関する信頼すべき情報を数多く得ていながら、会議の場においては、異論を封じる「心のガードマン」の役割を演じています。

グループの外からの観察者にとって、ステレオタイプを共有し、集団浅慮の他の症状を現している凝集性のある集団について、もっとも理解できない特徴の一つは、そのメンバーたちの間違った想定を修正できる山のような証拠があるにもかかわらず、それを頑なに支持し続ける固執性である。〈註18〉

誤算が明らかになった時、トルーマンは激怒します。しかし、怒りの矛先はアチソンら誤った助言をした顧問団に向けられたのではありませんでした。「トルーマンは共和党系新聞の発行者と他の共和党の『酷評家』だけに、自分の復讐心を集中した〈註19〉」。こうした「敵意の置き換え」は、フラストレーションに晒された指導者が示す典型的な反応であるとジャニスは言います。

ハワイの海軍司令官たちが、日本軍の攻撃の可能性を真珠湾攻撃の直前になって認めることははなはだ困難でした。それは、自分たちがこれまで重ねてきた判断が間違いであることを認めることになるからです。ハワイの陸軍もキンメルらの判断を支持し、強化する方向に動いたのです。たしかにワシントンの戦争評議会は、日本軍の侵攻の可能性についての警告を再三ハワイに送ってはいました。しかし、海軍作戦部長のハロルド・スタークは、日本軍の侵攻の心配はないという書簡を繰り返しハワイに送っています。キンメルらの信念を強化する「心のガードマン」の役割をスタークは果たしたのです。「ハワイの海軍と陸軍のグループ、それとワシントンの戦争評議会……。この三つすべては、真珠湾に錨を降ろしている合衆国の艦艇が安全であると思い込んでいた〈註20〉」。ハワイの陸海軍だけではなく、ワシントンもまた集団浅慮に陥っていた可能性が否めません。

ジョンソン政権の顧問団の中にも強い同調圧力が生まれていました。平和路線を唱える者は「ミスター爆撃停止」と揶揄されました。当初異論を抱いていた者も、全会一致を乱さない「飼いならされた反対者」へと堕していきます。国防長官のマクナマラも最初は、「飼いならされた反対者」でした。しかしマクナマラは、戦局が泥沼化すると、強硬に北爆の停止を主張するようになります。最終的にジョンソンは、マクナマラを更迭しています。ジョンソンにとって彼の顧問団は家族のような存在であり、マクナマラはその調和を乱す無責任な息子であったとジャニスは言います。

われわれは良い集団であり、したがってわれわれのしでかすいかなる欺く行為も十分正当化される。グループの誰であれ、われわれを助けるために真実を歪めることを進んでしない者は不忠実である。〈註21〉

ジョンソンのこの思考法の中に、ジャニスは集団浅慮の典型をみています。

アメリカ人は徹底的な個人主義者であり、いかなる時にも自説を貫くと、日本では考えられてきました。しかしアメリカではピア・プレッシャーが大変に強く、意思決定の場で全会一致の圧力が生じやすい。それに抗して、自説を貫くことには、大変な困難が伴うことをジャニスは明らかにしています。繰り返しになりますが、空気に支配されるのは日本人だけではありません。しかし、彼我の大きな違いは次の点にあります。山本が明らかにしたように、日本軍の最高司令部は、「空気」の支配を理由に、戦艦大和に突撃命令を下した判断を正当化していました。しかしアメリカ人ならば「空気」

に支配された事実は絶対に認めず、別のところに正当化の根拠を求めるであろうということです。

集団浅慮は終わらない

集団浅慮に陥ることなくアメリカの政権が賢明な判断を下した対照例としてジャニスがあげているのが、ピッグス湾侵攻事件の翌年に起こったキューバ危機です。ソ連がキューバにミサイル基地を建設していることが、明らかになります。米ソの緊張は高まり、世界は破滅の淵に立たされたのですが、ケネディ政権は事態に冷静に対処しています。ケネディとその顧問団は、ステレオタイプにとらわれることなく、ソ連首相のフルシチョフを信頼のおける交渉相手とみなす立場を堅持します。ソ連は不当に刺激しなければ戦争に走らないだろうという想定の下に、ソ連に屈辱を与えないよう細心の注意を払います。そして大統領は、意思決定に際してあらゆる可能性を想定できるよう、秘密主義を排除して、忌憚のない討議を顧問団に求めていきました。ピッグス湾事件の反省が見事に生かされたのです。対処を誤れば核戦争によって世界が破滅する。そうした緊張感が顧問団を包んでいました。「おそらく、核戦争の明白な脅威の途方もなさが、……改善された意思決定の手段に加えて、集団浅慮を阻止するよう働いた主要な要因であっただろう〈註22〉」。

『集団浅慮』は、いまや社会科学の古典としての地位を築いています。アメリカの政策決定者やジャーナリストたちは、当然「集団浅慮」ということばを知っているはずです。しかし、実際には「集団浅慮」はいまなお繰り返されています。

二〇〇三年三月、当時合衆国大統領の地位にあったジョージ・ブッシュ・ジュニアは、その存在が確認されていないにも関わらず、イラクが大量破壊兵器を保有していることを根拠に、イラクへの空爆を開始します。ブッシュの決定をイギリスと日本は支持しますが、同盟国の中でもドイツとフランスは反対しています。アメリカの有力紙『ニューヨーク・タイムズ』も、イラクの大量破壊兵器保有を認めるイラク人亡命者のインタビューを掲載し、ブッシュ・ジュニアの決定を支持します。〈註23〉イラクへの侵攻は軍事的には成功し、バクダットは陥落し、独裁者サダム・フセインは処刑されています。しかし、大量破壊兵器はいまに至るまで発見されていません。多くの警告を無視して誤った決定がなされた背景に、ブッシュ政権の中で生まれた「集団浅慮」を想定せざるを得ません。アメリカを代表する新聞も、集団浅慮の形成に一役買ってしまったのです。

ジャニスは、大失敗の背景には必ず集団浅慮があるわけではないし、集団浅慮が常に大失敗をもたらすものではないと繰り返し述べています。トランプ政権は、米墨国境の壁の建設や、地球環境保護に関するパリ協定の廃棄等、愚かな決定を下し続けていました。しかしそれは政策決定集団による判断の誤りではなく、大統領個人の信念に基づく独断の結果とみるべきでしょう。トランプ政権においては主要閣僚が次々と更迭されており、ジャニスが分析した諸事例のように、大統領側近が凝集的な仲間集団を築いていたとも思えません。トランプ大統領とその取り巻きの振る舞いをみていると、集団浅慮の前提となる、賢明な人たちの集団であるようにはとてもみえません。アメリカの精神科医たちは、トランプ大統領の言動の中には精神病の兆候を示すものがあると警告を発していました。〈註24〉アメリカ大統領が、核ミサイルのボタンを握っていることを思えば、これは大変危険なことです。キューバ危機の時の大統領が、トランプのような人物でなくてよかったと思うのは、筆者だけではないはずです。

3　日本的組織の「訓練された無能力」――『失敗の本質』から何を学ぶか

日本的組織の原型としての日本軍

『失敗の本質』は、経営学者である野中郁次郎ら六人の著者の共同研究の成果です。本書は、日本が何故勝ち目のない戦争に突入したのかを明らかにしようとするものではありません。個別の作戦に注目して、その作戦がなぜ失敗に終わったのかを明らかにしようとするものです。同じ負けるにしても負け方があった。様々な戦いで失敗を重ねることによって、日本軍はその敗戦を一層惨めなものにしてしまったのです。「本書はむしろ、なぜ負けたのかという問いの本来の意味にこだわり、開戦したあとの日本の『戦い方』『負け方』を研究対象とする〈註25〉」。

筆者らは、旧日本軍の六つの作戦を取り上げ、それが何故失敗に終わったのかと問うています。ノモンハン事件は、日米開戦以前の出来事ですが、その後の日本軍の失敗の要素を凝縮した、いわば「失敗の序曲」となりました。ミッドウェーとガダルカナルの戦いは、海と陸における、日本軍の勝利から敗北への転換点となりました。そして大戦末期のレイテ沖海戦と沖縄戦は、日本軍の作戦の誤りによって、悲惨な末路をたどったのです。

ジャニスは、歴代アメリカ政府の失敗の原因を、大統領を取り巻く人々の濃密な人間関係の中にみていました。これに対して本書は、様々な作戦の失敗の原因を日本軍という組織の在り方に求めています。日本軍の組織形態を敗戦後の日本の様々な組織も踏襲してきました。敗戦後の日本は平和な環境の下で順調な経済発展を続けてきました。日本の組織は大きな困難に直面することはありませんでしたし、問題に直面したとしても、従来の組織原理のままで、それを解決することができたのです。「しかし、将来、危機的状況に迫られた場合、日本軍に集中的に表現された組織原理によって生き残ることができるかどうかは、大いに疑問となるところであろう〈註26〉」。日本の繁栄の時代のまっただ中にあって、将来の「危機的状況」の到来を予見していた著者たちの先見の明には驚かされます。

曖昧な作戦の意図——作戦上の失敗

六つの作戦を詳細に検討した後で、著者たちは日本軍の「失敗の本質」を以下のように総括しています。

ノモンハン事件においては、相手の兵力を過小評価した関東軍がソ連との間に戦端を開き、圧倒的な敵の火力の前に惨敗を喫しています。大本営はソ連との全面戦争に突入することを恐れ、戦線不拡大の方針を関東軍に伝えていました。ノモンハン事件が、それを無視した関東軍の暴走によって引き起こされた悲劇であることに疑いはありません。しかし、大本営の指示は極めて不徹底なものでした〈註27〉。

ミッドウェー海戦においては、日本軍の暗号がアメリカ軍によって解読されており、それが勝敗を分けたことは広く知られています。しかし著者らはそのこと以上に、日本海軍が、敵艦隊の撃滅とミッドウェー島の攻略という二重の目的を担っていたといいます。これに対してニミッツ提督は、「空母以外には手を出すな」と指示を与えています。作戦の目的が明確な側が、戦いを有利に進めることができるのは明らかです〈註28〉。

レイテ沖海戦において栗田艦隊は、緒戦を有利に進めながら、レイテ湾に突入せず「謎の反転」を行っています。これは、レイテ湾を背後から襲い、アメリカの輸送路を断つという大本営の狙いを最後まで栗田艦隊は理解しなかったために生じたと著者らは言います。敵の艦隊を発見したと勘違いをしたが故に、栗田艦隊は反転をしたのです。砲撃戦による敵艦隊の撃滅という、日本海海戦以来海軍を支配してきた海戦思想に、栗田提督は呪縛されていたのです〈註29〉。

インパール作戦においては、統帥の上層部はビルマの防衛をその目的としていました。他方、牟田口中将率いるビルマの前線部隊は、インド侵攻という現実離れした目的に執着していました。この齟齬は、最後まで修正できませんでした。中央と現場の意思疎通は十分なものではなかったのです〈註30〉。

現場と中央とのディスコミュニケーションは、沖縄戦においてもみられます。現地軍は地上における持久戦を想定していました。そのため、上陸してきたアメリカ軍の北部中部の飛行場の占領を許し、南部に撤退し、そこでの抗戦に備えようとしました。しかし大本営の参謀たちが思い描いていたのは、沖縄近海での航空決戦です。飛行場奪還を執拗に指示された現地守備隊は、やむなくそれに従います。無用の突撃によって大きな犠牲を出してしまった日本軍は、持久戦のための貴重な戦力を失うことになったのです〈註31〉。

「空気の支配」と科学的精神の欠如

アメリカ軍には対日戦争で勝利を収める戦略がしっかりと確立されていました。西太平洋上の日本軍の拠点を次々と陥落させ、最後には日本本土に侵攻することが、米軍の戦略のグランドデザインだったのです。

国力において大きな差のあるアメリカに勝てると思っていた者は、日本の指導層の中でも誰一人いませんでした。日本が、早期に英米に大きな打撃を敵に与えることによって、有利な条件で講和を結ぶ。これが開戦時に日本の戦争指導層が描いていたシナリオです。しかしどの程度の打撃を与えれば、敵は講和に応じるのか。そしてこの目論見がうまくいかなかった時、どんな手を打つのか。こうした論点は、まったく詰められてはいませんでした。

早期の決着しか頭にない日本軍に長期的展望はありません。そのため作戦も行き当たりばったりになり、すべての作戦で戦力の逐次投入を続け、傷口を大きくしています。早期の決着を目指した結果、日本軍は攻撃偏重に陥り、防御、兵站、通信への関心が欠如していました。兵站を無視した結果、インパールやガダルカナル、そしてニューギニアにおいて多くの餓死者を生じさせてしまったのです。暗号傍受や索敵能力に関しても、アメリカに大きく劣っていたのです。〈註32〉

六つの作戦すべてを貫いているのが、「空気」の支配です。インパール作戦の無謀さを指摘する周囲に対して、牟田口は「必勝の信念」を振りかざし、反論します。すると何もいえない「空気」が醸成され、理にかなった反対論は封じ込められてしまいます。誰もが疑問に思う、非合理な決定が、その決定者への「人情」や「面子」ということばによって正当化され、まかり通ってしまうのが常でした。沖縄戦に際しての大和出撃は、護衛する空母と戦闘機とが存在しない状況で行われました。大和は丸腰であり、誰の目にも明らかな自殺的な作戦です。しかしなぜか「大和出撃すべし」という「空気」が重大な会議の場で生じてしまった。軍の幹部は敗戦後次のように述懐しています。「全般の空気よりして、当時も今日も（「大和」の）特攻出撃は当然と思う」〈註33〉。

日本軍は一つの作戦が失敗した時にそれにかわる代案（コンティンジェンシープラン）をもつことがありませんでした。そこには失敗を想定することは精神力の欠如を意味しているという、過度の精神主義が影を落としています。インパール作戦で日本軍と対峙したイギリスの将軍は、次のように述べています。「日本軍の欠陥は、作戦計画がかりに誤っていた場合に、これをただちに立て直す心構えがまったくなかったことである〈註34〉」。マイナンバーカードを保険証と紐づけるに当たって多くの不具合が生じて、国民の間に混乱と不安が広がっているにも関わらず、岸田政権は紙の保険証の廃止という方針を変えようとはしませんでした。この将軍が指摘した、「日本軍の欠陥」は第二次世界大戦敗戦後八〇年近くが過ぎた今日においてさえ、生き続けているようです。

自らもフィリピンで過酷な戦場を体験した山本七平は、日本軍の最大の特徴は「言葉を奪ったことである〈註35〉」と述べています。日本軍の中には、自由闊達で合理的な議論を闘わせる風土がまったくありませんでした。そのことを「言葉を奪った」と山本は表現しています。現在の日本はどうでしょうか。国会でまともな議論が行われることはまったくといっていいほどなくなりました。また、第3章において筆者は、文部科学大臣が選挙について議論している高校生たちを恫喝した事実を明らかにしました。そして、ひろゆきや落合陽一、古市憲寿等々のインフルエンサーたちが、「恫喝」と「冷笑」によって人々、とりわけ若者たちから言葉を奪っている事実をも明らかにしています。人々が言葉を奪われている状況の中では、まともなコミュニケーションは不可能であり、事態に適切に対処することはできません。「日本軍の欠陥」はここにも生き続けているのです。

「タテ社会」の病理――失敗の組織論的原因

『失敗の本質』の著者たちは、先にみたように、山本七平の『空気の研究』に言及しています。本書の分析は、同時代に刊行された日本人論、もしくは日本社会論の優れた成果と響きあうものがあります。

本書を読んで驚くのは、幹部クラスの軍人たちが重要な作戦の立案とその伝達とにおいて、言語化の努力を怠っていることです。ノモンハン事件において軍中央は早期の撤退を望んでいましたが、当時の公式文書はそれを微妙な表現でしか伝えていません。戦況が絶望的になった牟田口中将は、ビルマ方面軍総司令官の河辺中将と面談した際、作戦中止の命令が出されることを期待しますが、河辺中将がそれを口にすることはありませんでした。「私の顔色で察してもらいたかった」〈註36〉。牟田口のことばです。結局河辺は作戦中止を言い渡さず、撤退は先延ばしになりました。そのため兵士たちの地獄は続き、無駄な犠牲の山を築く結果に終わったのです。ちなみに牟田口と河辺は、日中全面戦争のきっかけとなった盧溝橋事件（一九三七年）の際の支那駐屯歩兵旅団長と歩兵第一連隊長の関係にありました。そうした「間柄」が、「察してもらいたかった」という牟田口の「甘え」を引き出してしまったのでしょうか。

沖縄戦において、決戦を前に一個師団が、沖縄から台湾に移動させられます。当然、沖縄の守備隊は、抗議の声をあげます。その調整のために、台北で台湾の部隊と沖縄守備隊との間で会議が開かれますが、この時沖縄守備隊の代表は、最初に抗議の声明文を読み上げた他は一言も発言していません。この時台湾側の参謀は、沖縄側の態度に「気分をそがれ」、一個師団の補充は後で考えるからとりあえず提案を飲んでくれという重大な一項を言いそびれてしまいます。〈註37〉多くの将兵と何より沖縄県民の生命を賭した決戦を前に一体何をしているのかと呆れてしまいます。ことばにしなくとも「察してくれ」。牟田口といい、この沖縄の事例といい、土居健郎が指摘するところの「甘え」の発露を観るのは、筆者だけでしょうか。軍隊ほど「甘え」の許されない集団は他にないと思うのですが。これでは戦争に勝てるわけがありません。

日本軍は高度に官僚的な組織でした。しかし一方で、たとえば陸軍においては、エリート集団である陸軍大学校卒業生の、インフォーマルなネットワークが、張り巡らされていました。とりわけ陸大の中のエリートである「恩賜の軍刀」組の発言力は強く、時として正規の命令系統を凌ぐほどの影響力を発揮していたのです。それが度重なる「下剋上」の原因となってきました。日本の組織ではトップダウンによる決定は稀で、関係する人々の合意を取り付けるための周到な「根回し」が行われるのが常です。そのため迅速な意思決定を行うことが困難になるのですが、陸軍の場合には、正規の命令系統に関わる人たちばかりでなく、陸大エリートたちの非公式なネットワークに対する根回しが欠かせません。決定にはますます時間がかかってしまいます。軍隊組織の中での決定の遅れは、とりわけ劣勢に立たされた時に、多大の人命の損失につながります。そして非公式な人間関係の中から生じる情実が、多くの作戦において判断を曇らせる一因となったのです。〈註38〉

『失敗の本質』の五年前に書かれた『文明としてのイエ社会』は、「イエ」という本来はゲマインシャフト（共同体的な「である」価値に基づく集団）的な集団が、血縁外から有能な者を当主に迎えるゲゼルシャフト（機能集団的な「する」価値に基づく集団）的な要素を持っていたところに、近代以降の発展を可能にした素地を認めていました。これに対して『失敗の本質』の著者たちは、陸軍というゲゼルシャフト的集団の中に、陸大の先輩後輩というゲマインシャフト的な要素が紛れ込んだことが、組織にとっての大きな災いとなったことを指摘しています。

また濱口恵俊は、日本には個人は実在せず、人々の「間柄」の中でのみ存在する「間人」が存在すると述べています。そして濱口は、日本人の「間柄主義」の中に、西欧の「硬い」個人主義を超え出る可能性をみていたのです。それに対して『失敗の本質』の著者たちは、陸軍の参謀たちが、陸大時代の先輩後輩との「間柄」に囚われて、判断を誤ったことを指摘しています。著者たちにその意識はなかったと思いますが、『失敗の本質』は当時の日本讃美の風潮へのアンチテーゼとしての性格をもっています。

日本軍は最後まで、陸軍と海軍の間で統合された作戦を打ち立てることができませんでした。中根は、日本は「タテ社会」であり、人々は集団の「ウチ」と「ソト」とを強く意識していると述べています。「ウチ」に対しては非常に強い愛着と責任感を抱く一方、「ソト」に対しては無関心であるか、時には敵意すら抱きます。「ソト」への敵意が「ウチ」を団結させることもしばしばです。陸軍と海軍はそれぞれが強烈な「タテ社会」であり、互いを「ソト」として認識していたとすれば、統合的な作戦を打ち出すことができなかったことにも納得がいきます。

大学の中で日々経験するところですが、学部は一つの組織として完結していて、学科や専攻もまた完結した組織です。大学は「タテ社会」というわけではありませんが、教員たちは自分が所属する以外の学部や学科専攻を「ソト」として意識しています。もちろん敵意を抱くことは稀ですが、基本的には無関心です。日本軍においても事情は同じだったのではないでしょうか。自分の所属する部隊や艦隊が「ウチ」で、他の部隊や艦隊、さらには陸海軍の中央統帥や、大本営は「ソト」として意識されていた可能性があります。お互いのことがよくわかっていないにも関わらず、「察してくれ」で済ませていたのでは、作戦の意図が伝わらず、敗走を重ねたのも理の当然といえます。

他方アメリカには、統合参謀本部が存在し、陸海軍が一体となった作戦が策定されていました。西太平洋上の島々を攻略して日本本土に侵攻するというグランドデザインの下で、科学的合理性に裏打ちされた作戦が立案されていったのです、明確な指揮命令系統の下で、決定は迅速に下されます。公平な人事評価システムが存在し、若く優秀な指揮官が陣頭に立ち、将兵は高い士気を維持していたのです。参謀同士の「間柄」というゲマインシャフト的要素が混入していた日本軍（とりわけ陸軍）に比べて、アメリカの軍事組織は、ゲゼルシャフトに徹していたということもできます。そして将軍や提督とその参謀たちは、強い信頼と友情とに結ばれ、忌憚のない意見をぶつけあうことで、作戦の意図の徹底を図っていったのです〈註39〉。

統合的作戦立案がアメリカで可能であったのは、アメリカの「ヨコ社会」の特性が有利に作用したとみることができます。中根はアメリカにおいては、同じ資格をもつ者の間での共感が高いと述べていました。もちろんアメリカ社会といえどもセクショナリズムと無縁ではないでしょう。しかし、所属集団という「場所」（この場合は陸軍と海軍）が決定的な重要性をもつ日本軍に比べて、組織横断的なプロジェクトを敢行することははるかに容易だったのではないでしょうか。「ヨコ社会の病理」とも呼ぶべき「集団浅慮」も、真珠湾攻撃の手痛い教訓を生かして賢明に回避してきたのです。「タテ社会」的組織の在り方は、従来のパターンを踏襲してそれがうまくいっている間は無類の強さを発揮するが、条件が変化することによって、そのパターンが通用しなくなると脆さを露呈する。そうした教訓を『失敗の本質』から読み取ることができます。そして変化する状況への適応能力の欠如は、日本軍の持つ以下の特性によって、より一層増幅されてしまったのです。

日本軍の「訓練された無能力」――失敗から学ばない組織

日本軍には失敗から学ぶ能力が欠如していました。ノモンハン事件では、ソ連軍に大敗して近代的装備の重要性を痛感させられたにも関わらず、それに対する陸軍の対応は、兵員の増強とさらなる精神主義の強化だったのです。伝統的な白兵戦至上主義を陸軍が放棄することはありませんでした。日本の機動部隊の奇襲によって戦艦の大部分を失ったアメリカが、大艦巨砲主義を捨て去り、空母を中心とする機動性重視の艦隊編成に移行したのとは対照的です。大戦初頭、機動部隊による奇襲攻撃で目覚ましい成果をあげながらも、山本五十六連合艦隊司令長官が、巨大戦艦中心の艦隊編成を変えることはなかったのです。

海軍の大艦巨砲主義は、日本海海戦のレガシーでもあります。同海戦のマニュアルであった『作戦要務令』は、海軍の中で聖典化されていました。海軍軍人は、東郷元帥が成功を収めた行動様式を日々の訓練や人事評価によって徹底的に叩きこまれていったのです。日本海軍は、「適応しすぎて特殊化していた組織」(註40)になってしまいました。海軍が適応したのは、二〇世紀中葉の近代戦の時代ではなく、世紀初頭の日露戦争の時代でした。日本海海戦当時に制定された「海戦要務令」が永く聖典視されていたことがその証左です。(註41)日露戦争の時代の発想にとどまっていたのは、海軍だけではありません。ノモンハンの手痛い敗戦の後にさえ、陸軍が日露戦争で成功を収めた白兵戦至上主義と奇襲戦法に固執し続けたことは、先にみたとおりです。

第5章でみたように、ケネス・バークは、過去の成功体験に呪縛されて、かつては有効であったけれども、現在では有効性が失われてしまった手段に固執して、誤ちをくり返す性向が人間にはあることを指摘し、これを「訓練された無能力」と呼んでいました。日露戦争の成功体験に呪縛された日本の陸海軍は、大艦巨砲主義と白兵主体の戦法にしがみつくという、「訓練された無能力」に陥っていたのです。半世紀近く前に有効であった戦法が、科学に裏打ちされた最先端の装備と訓練を誇るアメリカ軍に通用するはずがありません。こうして日本軍は、かの「パブロフの鶏」(第5章参照)よろしく、アメリカ軍の前に屍の山を築いていったのです。

しかし、日本軍の中では何故、日露戦争の経験が延々と生き続けていたのでしょうか。日本は幸か不幸か、第一次世界大戦という近代戦の試練に本格的に晒されることがありませんでした。日本軍が経験した直近の大戦争といえば日露戦争になってしまいます。ビジネスや政治の世界では、日々新たな問題が生じて、当事者は緊張感をもってそれらに対峙しなければなりません。しかし軍隊は平時においてはまったく何も起こらない平穏な組織です。何もものを考える必要もなく前例踏襲ですべてを済ますことが可能な組織です。海軍は日中全面戦争に拡大させた第二次上海事変（一九三七年八月）まで、ほぼその状態が続いていました。陸軍も日中戦争からシンガポール侵攻に至るまで、ノモンハンの例外はありましたが、奇襲と白兵戦主体のやり方で大成功を収め、日露戦争以来の手法の正しさにますます確信を深めてしまったのです。陸海軍ともに、古いやり方を見直して、時代に即したものにバージョンアップしていく動機付けをもちえなかったのです。〈註42〉

日米戦争の海陸の戦いの転換点となった、ミッドウェー海戦とガダルカナルの戦闘における敗北は、日本の陸海軍が、大艦巨砲主義と白兵戦至上主義から脱却する好機ともなりえたはずです。しかし日本軍はこの二つの戦闘を経てなお、「訓練された無能力」から脱け出すことはできませんでした。日本軍に欠けていたのは、自己否定的学習をする能力であったと『失敗の本質』の著者たちは言います。自己否定的学習を著者たちは、「学習棄却」とも呼んでいます。それは経験から学ぶことによって、有効性を失った手段を速やかに捨て去る能力をいいます。常に失敗から学び、目的達成のための手段を選び直していく習慣をもつことは、一つの組織が「訓練された無能力」に陥ることを防ぐ、もっとも有効な手立てのはずです。しかし、日本軍の中には失敗から学ぶという発想がありませんでした。ミッドウェー海戦の反省会すら開かれていないのです。〈註43〉

日本軍の教育の在り方にも、著者たちは強い疑問を提示しています。日本軍は、陸軍士官学校や海軍兵学校、そして陸軍大学や海軍大学等の軍の学校の成績が、将来の軍の中での昇進を大きく左右する典型的なメリトクラシー型の組織でした。しかし軍の学校での教育課程は、ある与えられた目標を達成するための最適な解を導き出す能力の涵養を目的としたものでした。過去の成功例から有効な手段を導きだすことのできる能力をもつ者が高く評価されたのです。アメリカの軍の学校では、前線経験を持つ学生たちも加わって、ディスカッションを行い、作戦を練り上げる授業が行われていました。他方、日本の軍の学校は過去の作戦をひたすら暗記するのです。理論の独創性は求められていません。〈註44〉こうした教育課程で成功を収める者は、前例が通用する環境では、無類の強さを発揮することでしょう。しかし、前例が通用しなくなった途端に、「訓練された無能力」に陥ってしまうのではないでしょうか。前例が通用しない、不測の事態が起こり続けるのが戦争です。ノモンハン事件で日本軍と対峙したジューコフ元帥が、日本軍の兵卒や下士官、青年将校は優秀だが、「高級将校は無能」と断って捨てたことは第3章でみたとおりです。無能な高級将校たちは、軍の学校での大成功者たちでした。本書第7章のタイトルをもじっていえば、「勉強のできる愚か者が日本を滅ぼした」ということになるのではないでしょうか。組織に「創造的破壊」をもたらす異端の存在もいたのでしょうが、そうした人たちは軍の主流からは排除されてしまったのです。

日本軍においては、優れた能力の持ち主を抜擢するのは大佐までであって、将官の人事は年功序列によって決まってしまいます。アメリカ軍においては、公正な客観的人事システムの下で大胆な抜擢人事が、高位の司令官においても実施されていました。そうした人事のダイナミズムが、航空機主導の作戦や、舟艇を用いて兵士を上陸させ地上戦に突入する水陸両用作戦等の、創造的破壊ともいうべき軍事上の革新を可能にしたのです。アメリカ軍において、信賞必罰は徹底したものでした。真珠湾の失敗の責任を問われたキンメル大将は、予備役に回され、軍法会議にかけられています。他方日本軍においては、陸軍の辻や牟田口など大きな失敗を犯した参謀たちが、その責任を問われることなく、敗戦の時まで枢要な地位に居座り続けました〈註45〉。海軍でも南雲司令官もミッドウェーでの敗戦の責任を問われることはなかったのです。信賞必罰が徹底していれば、上級将校の中にも強い緊張感が生まれていたはずです。自分がそうした過ちを繰り返さないよう、失敗から学ぶ姿勢も生まれたことでしょう。何よりも無能な参謀が次々と重大な作戦に従事して、度重なる過ちを繰り返すという悪夢は、絶対に防げたはずです。

過ぎ去りし時代への過適応——日本の政治と経済を蝕むもの

日本軍の組織がもつ様々な特性は、敗戦後にも引き継がれていったと著者たちは言います。体系化された戦略の下に、いわば演繹的に行動したアメリカ軍に対して、日本軍は眼前に生じた問題を解決するための帰納法的行動を得意としていました。帰納法とは、個別の観察を積み上げることで、一般的な結論を導き出す思考法です。他方演繹法とは、目の前の事象をある原則に照らし合わせて、一般的な結論を導き出す思考法です。アメリカ軍のように原理原則から出発するのではなく、日本軍は眼前の状況に対してなしうる最善手という観点から作戦を構築してきました。このよくいえば柔軟、悪くいえば場当たり的な日本軍の行動様式は、敗戦後の日本政治にも引き継がれています。日本政府がその国是（原理原則）を打ち出すことは敗戦後一度もなかったのです。日本が発展途上にあった時代はそれでよかったかもしれない。しかし日本が経済大国となり、世界の中で大きな存在感をもつようになった一九八〇年代にはそれでは済まされないのではないかと著者たちは危惧しています〈註46〉。

日本軍の組織的特性を引き継ぎ、それをもっともうまく生かして創造的破壊に導いたのが、日本の企業組織であると著者たちは言います。日本の有力企業のトップの多くは敗戦後に、追放の憂き目にあい、思いもよらない若手が大抜擢されて企業を主導する立場に就くということがしばしば生じました。源氏鶏太の代表作『三等重役』は、そのために生じた混乱を面白可笑しく描いています。日本の組織の中でもっとも優秀とされる若い将校や下士官クラスの人たちがトップに立ったのです。彼らは率先して陣頭に立ち、現場の人たち（兵卒）と苦楽をともにします。経営陣と現場の間に、それこそ戦友のような一体感が生まれていたのです。それが敗戦後の日本企業の活力の源となりました。〈註47〉

帰納法的な発想を得意とする日本企業の組織特性は、革新的な発明より、既存の製品の洗練に威力を発揮します。それが大きな成功を収め、『失敗の本質』が刊行された一九八〇年代の中葉には、日本の製造業は世界の市場を制覇していたのです。しかし、著者たちは手放しで日本企業を賛美し、その将来を楽観しているのではありませんでした。本書を著者たちは、こう結んでいます。

米国のトップ・マネジメントに比較すれば、日本のトップ・マネジメントの年齢は異常に高い。日本軍同様、過去の成功体験が上部構造に固定化し、学習棄却ができにくい組織になりつつあるのではないだろうか。日本的企業組織も、新たな環境変化に適応するために、自己革新能力を創造できるかどうかが問われている。〈註48〉

バブル崩壊後の日本企業が、「環境変化に適応するために、自己革新能力を創造」できたとは到底思えません。一つの企業の中で人材を育て上げ、経験を蓄積してそれを活用していくという点で、終身雇用と年功序列を特徴とする日本型経営は高く評価されてきました。しかし、年功序列の人事体系は、上に立つためには長い時間がかかります。トップマネジメントの年齢が異様に高くなる所以です。第2章でもみたように経団連の幹部はほとんどが高齢男性の日本人。女性や外国人、そして若者等の創造的破壊をもたらす可能性のある異端者を排除している姿が浮き彫りになっています。日本の企業は相変わらずの官僚制的組織で、稟議に時間がかかります。これでは変化する環境に迅速に対応することは不可能です。いまや転職や中途採用は当たり前のことになりましたが、日本企業は新規学卒一括採用の慣行を墨守しています。これには第8章でみたように、若者が安定して就職できるメリットもあります。しかし、日本の若者たちは二二歳で最初の仕事に就くために汲汲としています。日本の大学生活からは、様々な可能性を若者が試すモラトリアムとしての性格は失われてしまっています。創造的な人材の芽を摘んでしまっているといわざるを得ません。

日本企業の組織形態は、工業化の時代には非常によく機能していました。しかし、変化の激しい脱工業化の時代には、非常に不適合なものだといわざるを得ません。日本軍が、日露戦争の時代に適合し、機械装備と航空兵力が重要な意味をもつ近代戦の時代に乗り遅れてしまったことを『失敗の本質』の著者たちは明らかにしていました。現在の日本的組織は、「学習棄却」がまったく機能せず、工業化の時代、すなわち高度経済成長期に過適応してしまったようにみえます。

前例を踏まえて与えられた問題に正しく解答することが評価される記憶力重視の教育という軍の学校の伝統は、そのまま敗戦後の学校教育にも受け継がれていきました。そうした教育が高度経済成長期に目覚ましい成果を上げたことも事実です。しかし従来型の教育が、脱工業化の時代には不適合であることが再三指摘され、一九九〇年代以降、数多の改革の試みがなされてきました。ゆとり教育に始まる「総合的学習の時間」や「英語の四技能の重視」など新時代に相応しい様々な「改革」の試みがなされてきたのです。しかしそれらが成功を収めたとは言い難いものがあります。そして従来の業務を軽減することなく、新たな業務を付け加えていったことによって、義務教育の現場で働く先生たちの多くが、過労死レベルの長時間労働に呻吟しているのが現状です。こうした労働環境は若者たちにも忌避されており、教育現場はいま深刻な教員の不足に直面しています。指揮官たちの無謀な作戦のために前線の将兵が地獄をみたインパール作戦を彷彿させる、いまの学校現場です。

数多くの失策を重ねて日本軍が敗れたレイテ沖海戦を評して、アメリカのある提督は、「日本軍には高度の平凡性が欠けていた」と述べています。〈註49〉将兵の人命の尊重は、作戦立案におけるもっとも「平凡」な前提です。ところがこの海戦においては、日本軍によって、一つの艦隊を囮として「潰す」という、普通ではありえない作戦が採用されています。戦闘機を敵艦に体当たりさせる特攻攻撃が始まったのもこの海戦においてです。レイテ沖海戦において日本軍は、悪い意味で「非凡」な作戦に手を染めていたのです。人命軽視の悪しき日本軍の伝統は、敗戦後の日本企業にも「過労死」という形で受け継がれてしまったのです。教育現場においても先生たちが、意図せずかもしれませんが、潰されているのです。

政治の世界においては、どうひいき目にみても、自己革新能力を創造できているようには思えません。日本政治の無原則性は、すでに第6章でみたように、『失敗の本質』が刊行された当時よりもさらにひどくなっています。憲法九条は完全に骨抜きにされ、岸田内閣は、敵基地攻撃の容認にまで踏み込んだのです。

岸田政権は「次元の異なる少子化対策」を打ち出しています。先進国の中で比較的合計特殊出生率の高い国は、婚外子の比率が高く、男性が家事育児への参加に積極的で、同性愛にも寛容（同性婚を容認している）であることを、かのエマニュエル・トッドも示しています。〈註50〉日本の場合はどうでしょうか。婚外子の比率は極端に低く、男性の家事育児への参加は低調で、同性婚はおろか、選択的夫婦別姓すら認められていません。同性婚を認めれば、「社会が変わる」と岸田首相は明言しています。これでは子どもが減るのは目にみえています。そして少子化対策を担う役所の名称が「こども家庭庁」。当初は「こども庁」であったものが、伝統的家族の崩壊が様々な子どもの問題を生み出しているという認識をもつ、宗教右派の強い要請でこのような名称になったと伝えられています。おそらくそのとおりなのでしょう。しかし、自民党は明治憲法を彷彿させる憲法改正案を提示しており、大日本帝国への回帰を志向しています。大日本帝国時代に支配的であったのは、天皇を父親として、臣民はその赤子であるという家族主義的国家観でした。大日本帝国への回帰を志向しながら、家族観だけは別ということはありえません。家族主義的国家観の中には、婚外子も同性婚も、選択的夫婦別姓すら存在する余地はありません。岸田首相の唱える「次元の異なる少子化対策」は、異次元の失敗に終わることは目にみえています。

過去の成功体験にしがみつくだけではなく、いまや直接的な記憶を持つ者さえ誰もいない大昔に先祖返りしようとする「訓練された無能力」。それが二一世紀の日本社会の「失敗の本質」のように思えてなりません。

【註】

〈1〉青木保『「日本文化論」の変容―戦後日本の文化とアイデンティティー』中央公論社、一九九〇年

〈2〉代表的なものに、本多勝一『殺す側の論理』（すずさわ書店、一九七二年）、浅見定雄『にせユダヤ人と日本人』（朝日新聞社、一九八三年）がある。

〈3〉代表的なものに、ピーター・ミルワード『イギリス人と日本人』（講談社現代新書、一九七八年）、グレゴリー・クラーク、竹村健一『ユニークな日本人』（講談社現代新書、一九七九年）、李御寧『「縮み」志向の日本人』（学生社、一九八二年）等がある。また日本人の藤島泰輔は、ポール・ボネの筆名で、一九八二年に『不思議の国ニッポン―在日フランス人の眼』（角川書店）を刊行している。

〈4〉青木前掲書、八二頁

〈5〉エズラ・F・ヴォーゲル、広中和歌子・木本彰子訳『ジャパンアズナンバーワン ―アメリカへの教訓』TBSブリタニカ、一九七九年

〈6〉ハルミ・ベフ『イデオロギーとしての日本文化論』増補新版、思想の科学社、一九九七年

〈7〉チャルマーズ・ジョンソン、矢野俊比古監訳『通産省と日本の奇跡』TBSブリタニカ、一九八二年

〈8〉カレル・ヴァン・ウォルフレン、篠原勝訳『日本／権力構造の謎』早川書房、一九九〇年

〈9〉山本の戦争体験については、山本七平『一下級将校の見た帝国陸軍』（朝日新聞社、一九七六年）を参照されたい。

〈10〉アーヴィング・L・ジャニス、細江達郎訳『集団浅慮』新曜社、二〇二二年、一五―一六頁。なお「集団浅慮」は原著では、group think である。

〈11〉C・H・クーリー、大橋幸・菊池美代志訳『社会組織論』現代社会学体系四、青木書店、一九七〇年

〈12〉F・L・K・シュー、作田啓一・濱口恵俊訳『比較文明社会論―クラン・カスト・クラブ・家元』培風館、一九七一年

〈13〉ジャニス前掲書、六一頁

〈14〉ジャニス前掲書、九八頁

〈15〉ジャニス前掲書、一四〇頁
〈16〉ジャニス前掲書、一八五頁
〈17〉ジャニス前掲書、六四頁
〈18〉ジャニス前掲書、一〇〇―一〇一頁
〈19〉ジャニス前掲書、一〇八頁
〈20〉ジャニス前掲書、一五九頁
〈21〉ジャニス前掲書、一九六頁
〈22〉ジャニス前掲書、二六〇頁
〈23〉二〇〇四年五月二六日付けのニューヨークタイムズ紙は、イラク人亡命者のもたらしたイラクの大量破壊兵器の所持という情報を、精査することなく記事として掲載したことを謝罪する、異例の自己批判を掲載している。朝日新聞電子版「NYタイムズがイラク大量破壊兵器記事などで異例の釈明」二〇〇四年五月二七日（http://www.asahi.com/special/iraqrecovery/TKY200405260403.html）二〇二三年一二月一七日確認
〈24〉バンディー・リー編、村松太郎訳『ドナルド・トランプの危険な兆候―精神科医たちは敢えて告発する』岩波書店、二〇一八年
〈25〉戸部良一他著『失敗の本質―日本軍の組織論的研究』ダイヤモンド社、一九八四年、二二頁（なお引用ページは、一九九一年に刊行された中公文庫版のものである。）
〈26〉戸部前掲書、二五頁
〈27〉戸部前掲書、二六八―二六九頁
〈28〉戸部前掲書、二六九―二七一頁
〈29〉戸部前掲書、二七一―二七三頁
〈30〉戸部前掲書、二七三頁
〈31〉戸部前掲書、二七四頁

〈32〉戸部前掲書、二七七―二八二頁
〈33〉戸部前掲書、二八四頁
〈34〉戸部前掲書、二八九頁
〈35〉戸部前掲書、二八九頁
〈36〉戸部前掲書、三一一頁
〈37〉戸部前掲書、二二八―二三〇頁
〈38〉戸部前掲書、三一一―三一五頁
〈39〉戸部前掲書、三一五―三一八頁
〈40〉戸部前掲書、三七四頁
〈41〉戸部前掲書、二九一―二九四頁
〈42〉戸部前掲書、三六七―三六八頁
〈43〉戸部前掲書、三二九頁
〈44〉戸部前掲書、三九二頁
〈45〉戸部前掲書、三八一頁
〈46〉戸部前掲書、三九五―三九六頁
〈47〉戸部前掲書、三九六―三九七頁
〈48〉戸部前掲書、四〇〇頁
〈49〉戸部前掲書、二二一頁
〈50〉エマニュエル・トッド、堀茂樹訳『我々はどこから来て、今どこにいるのか?』上・下、文藝春秋、二〇二二年

第⑩章

オリンピック、パンデミック、ジャニーズ

――「崩壊の時代」の諸相

1 「崩壊の時代」とは何か？

坂野潤治の時代区分

日本政治史の大権威、坂野潤治は『日本近代史』において、日本近代史を幕末維新の「革命・改革の時代」、西南戦争までの「建設の時代」、日清戦争までの「運用の時代」、普通選挙法成立までの「再編の時代」、そして日中全面戦争までの「危機の時代」の五期に区分しています。本書には、日中全面戦争勃発（一九三七年）の後、日本が愚かな戦争を止めることができず、一九四五年八月に悲惨な敗北をとげるまでの「崩壊の時代」を描いた章はありません。「これ以後の八年間は、異議申立てをする政党、官僚、財界、労働界、言論界、学界がどこにも存在しない（中略）異議を唱える者が絶え果てた『崩壊の時代』を描く能力は、筆者にはない〈註一〉」。「崩壊の時代」に関する坂野のこの記述は、何やら日本の現在を思わせるものでもあります。

明治の新政府は、様々な思想傾向の人々の寄り合い所帯でした。「強兵」を唱える西郷隆盛。「殖産興業」を唱える大隈重信。「民権」の板垣退助。そして「憲法」の伊藤博文と井上毅。新政府の指導者の間では、英仏の自由主義思想と、ドイツ的な国家主義の潮流とがせめぎあっていたのです。

一八八九（明治二二）年に発布された大日本帝国憲法は、指導層の思想傾向を反映してドイツ的な天皇大権と、英仏的な議会主義の折衷として生まれています。この憲法に定められた統帥権の独立と、国務大臣が内閣や国民に対してではなく、天皇に対して輔弼責任を負うとした「国務大臣単独輔弼責任制」は、悪名高い「無責任体制」の源泉となります。初期の議会においては、政府に抵抗する衆議院の議決を、貴族院が否決することが常態化していました。二〇〇〇年代には、野党が参議院の過半数を制する「ねじれ国会」が常態化していましたが、それは日本の議会の「伝統」でもあったといえます。

日清日露の戦勝で膨張した軍部は、度重なる軍縮条約によって課せられた足かせに不満を抱きます。他方、政友会と民政党の二大政党は不毛の対立を繰り返すばかりです。青年将校たちは、腐敗した政党政治家と、私利私欲に走る財閥を深く軽蔑していました。これらが大陸での関東軍の暴走と、国内での「五・一五」と「二・二六」の二つの反乱を招いた要因です。統帥権の独立を掲げる明治憲法体制においては、文民政治家が軍部の暴走を止めることは不可能です。大恐慌の痛手からも世界に先駆けて立ち直った日本は、西欧諸国に比べて順調な経済発展を享受することができました。一九二五年の普通選挙法の成立によって、民主主義も前進を遂げていたのです。しかしこの時代の日本は、また大きな危機に直面していたのです。普通選挙が実現した年に導入された治安維持法は、この危機の感覚を反映したものでした。

青年将校をテロへと駆り立てたスローガンは「昭和維新」でした。坂野は、明治と昭和の二つの「維新」を比較しています。明治維新は、「尊王攘夷」の旗印のもとに、当時のすべての改革派を糾合することができました。明治新政府指導者たちの思想傾向の多様性は、それを反映したものです。他方、「昭和維新」は一部の軍人や右翼的思想家以外には見向きもされないものでした。そして「明治維新」においては、横井小楠、福沢諭吉、中江兆民、加藤弘之等々、当時の最高の知性が、この国の行く末をめぐって、侃々諤々の議論を展開していました。他方、「昭和維新」には北一輝程度の偏狭なイデオローグしかいませんでした。本書の刊行は二〇一二年。この時、タレント弁護士の橋下徹が主宰する「大阪維新の会」が脚光を浴びていました。「維新」を名乗る政治勢力が何をやってきたのかを思えば、「明治維新」と比べた時の平成以降の「維新」の質的劣化には、まさに目を覆うものがあります。

細分化された利害集団を代表する小粒なエリートたちが、国難を前にして足を引っ張り合い、奈落の底に日本が転げ落ちていった日中全面戦争勃発時の世相と、東日本大震災と福島第一原発事故に見舞われた直後の本書刊行当時とは、酷似していると坂野は言います。坂野のみるところ、3・11は、復興の始まりとなるべき敗戦の日付ではなく、「崩壊」の始まりの日なのです。本書刊行から一〇年以上の歳月がたっていますが、政治だけではなくあらゆる領域において、「崩壊」が続いている感があることはたしかです。将来の復興の担い手たちが、政・官・財・学・言論等様々なジャンルで育っていくことに坂野は期待をつないでいました。しかしそうした人材が育っているという実感もまた持てません。

第二の「崩壊の時代」

ここでは、坂野の時代区分を、第二次世界大戦敗戦後の日本に当てはめてみたいと思います。

革命・改革の時代（一九四五―四九）。戦争に負けた日本は、アメリカの占領を受け、アメリカ主導の民主化政策を受け容れていきました。日本の知識人の中には、愚かな戦争を防ぎ得なかったことへの「悔恨」の念が生まれます。知識人たちの間で形成された「悔恨共同体」の中では、日本の行く末をめぐる真摯な議論が交わされていたのです。「八月革命」ということばが示すように、知識人たちの多くは、日本の敗戦を「革命」ととらえていたのです。しかし、「革命」が完遂されることはありませんでした。米ソ冷戦の激化によって、GHQは大日本帝国時代の支配層の復権を認め、民主化の促進にブレーキをかけます。いわゆる「逆コース」です。敗戦後の日本を悩ませていた悪性インフレは、ドッジ・ライン〈註2〉によって解消されましたが、外貨不足のため、経済の復興の目途はたたないままでした。

建設の時代（一九五〇―五五）。日本経済は、一九五〇年に勃発した朝鮮戦争の特需景気によって息を吹き返しました。日本は一九五二年に発効したサンフランシスコ平和条約によって独立を回復しています。軽武装経済優先の方向性を打ち出した「吉田ドクトリン」は、冷戦期日本外交の基本方針となりました。井深大や本田宗一郎のような、独創的な起業家たちの活躍と、日本政府の重商主義的な保護政策とによって、日本経済は目覚ましい発展を遂げていったのです。高度経済成長期が始まったのは、一九五五年のことです。この年には、保守合同と左右社会党の合併によって、五五年体制が確立しています。この時代に高度経済成長を可能にする基盤の「建設」が完了しています。

運用の時代（一九五六―七三）。アメリカは日本を反共の防波堤にするために、「吉田ドクトリン」を容認します。大衆消費材の国内市場は順調な発展を遂げています。また共産化を恐れたアメリカの経済援助によって豊かになった東南アジア諸国を、日本は市場化していきます。前の時代に築かれた構造を巧みに「運用」することによって、日本は驚異的な経済発展を続けます。一九六八年には西ドイツを抜いて、自由世界第二位の経済大国になりました。五五年体制は、政権交代なき二大政党制であり、一・五大政党制とも呼ばれています。一九六〇年には日米安保条約をめぐる国論を二分する対立が生まれました。また経済成長が生み出した社会的な矛盾の結果、学生運動や反公害闘争等の社会的な紛争も頻発しています。この時代にはまだ労働運動も盛んでした。しかし、高度経済成長の期間を通して、自民党が政権党の座を降りることはなかったのです。

再編の時代（一九七四—一九八九）。一九七三年のオイルショックによって、第二次世界大戦終結後続いていた「世界経済の黄金時代」は終わりを告げます。オイルショックの痛手からいち早く立ち直り、競争力を強化した日本の製造業は、一九八〇年代には世界市場を席巻してしまいました。そのためにとりわけアメリカとの間に深刻な緊張が生じています。日本はアメリカの庇護を受ける友好国から、アメリカの「仮想敵」へと変わっていきました。日本は対米関係の「再編」を迫られたのです。アメリカのレーガン、イギリスのサッチャーとともに新自由主義的改革の先頭を切った中曽根康弘首相は、様々な国営企業を民営化していきました。中曽根改革は、日本経済を新自由主義的な方向に「再編」する意図をもつものでした。そして中曽根改革は、社会党の有力な支持基盤であった国鉄労組の解体という結果をもたらしたのです。

危機の時代（一九九〇—二〇一二）。一九九〇年代に入るとバブル経済は崩壊し、日本は「失われた一〇年（あるいは二〇年、三〇年？）」と呼ばれる長い経済の停滞の時代に突入していきます。

一九九三年に自民党は下野し、長きに及んだ五五年体制は終焉を迎えました。自民党の政権復帰後も政治は不安定な状態が続きます。二〇〇一年に誕生した小泉政権は、圧倒的な国民的人気を背景として長期政権を築き上げています。実際はどうであれ、「抵抗勢力」を打破して、バブル崩壊以降続く日本の「危機」を打開した政治家として、自らを演出することに小泉は成功しました。それ故に小泉は高く評価されていたのです。

中曽根政権以降の自民党政権は、新自由主義的な政策を進めてきました。それは非正規雇用の労働者を増やし、格差を広げるものでした。格差を広げた自民党政治は国民の反発を生み、二〇〇九年には民主党への歴史的な政権交代が実現しています。しかし民主党政権は、アメリカとの間に友好的な関係を築くことに失敗し、官僚機構ともしばしば衝突しています。政権担当能力を疑わせる場面が多々ありました。東日本大震災と福島第一原発事故に見舞われる不運もあり、二〇一二年の暮れの総選挙で自民党に再び政権の座を譲り渡しています。

崩壊の時代（二〇一三―）。再び政権の座に就いた安倍晋三が、ライバルなき「一強政治」の中で、法と国会を無視した「お友だち政治」を続けてきたことは、これまでの諸章でみてきたとおりです。議会や議論を無視する姿勢は、後継の菅・岸田両政権にも受け継がれています。国会の場で平気で嘘をつき、国会さえ開かない。この国の政治はまさに「崩壊」しています。この最終章においては、東京オリンピック・パラリンピック２０２０をめぐる醜聞と、新型コロナウイルスをめぐる対応の混乱、そして世界的な規模で注目されたジャニー喜多川のスキャンダルを取り上げ、政治以外の世界をも覆う、この国の「崩壊」の様相をみることにしたいと考えています。

2　祝賀資本主義がやって来た！——オリンピックの崩壊

三度目の「復興五輪」——一九六四年の残影

東京オリンピック誘致は、石原都政の時代に構想されていたものでした。二〇〇〇年に開催予定だった東京都市博が、青島知事の都市博中止宣言によって宙に浮いたままとなっていた、湾岸再開発がその目的でした。東京都は、二〇一六年夏季大会の誘致活動を始めています。都民の反応は冷ややかなものでした。都市再開発ありきの立候補ですから、テーマは後付けにならざるを得ません。二〇〇九年のコペンハーゲンにおけるＩＯＣ総会において、東京は二〇一六年のオリンピック・パラリンピックの開催地に選ばれませんでした。南米初の開催となるリオデジャネイロに勝利の女神は微笑んだのです。

東京都はオリンピック招致の意思を捨てることはありませんでした。二〇一一年の三月には、東日本大震災が発生しています。このため東京大会には「復興五輪」という大きなテーマが生まれたのです。政府と東京都は、二〇二〇年夏季大会の誘致に本腰を入れていきます。前回とは異なり、世論も大いに盛り上がりました。ＩＯＣ総会の直前の二〇一三年には、五輪誘致を支持する者が、七割に達しています。[註3]九月のブエノスアイレスで開かれたIOC総会で、当時の安倍総理大臣は招致のスピーチの中で、東京開催の懸念材料とされていた福島第一原発事故への不安を払拭するために、原発事故の汚染水は「コントロールされています（under control）」と述べています。東京は、対立候補だったマドリードとイスタンブールを退け、二〇二〇年夏季大会の開催都市となりました。

第二次世界大戦のために幻となった一九四〇年と一九六四年に続く三度目の東京オリンピック開催が決まりました。三度の東京五輪には、いずれも「復興五輪」という共通項があります。一九四〇年は関東大震災からの、六四年は戦災からの、そして二〇二〇年は東日本大震災からの復興を果たした姿を世界に示すことが開催の目的とされていました。

六四年の東京五輪は、当時を知る多くの日本人の中で成功した大会として記憶されています。「東洋の魔女」と恐れられた女子バレーボールチーム。円谷選手のマラソン銅メダル獲得。体操とレスリングの連日のメダルラッシュ。日本選手はこれまででもっとも多い一六個の金メダルを獲得しています。オリンピック二連覇を達成した、マラソンのアベベ。体操の名花チャスラフスカ。日本の神永を破り柔道無差別級の王者となったヘーシンク。世界最速の男ヘイズ。外国人アスリートの超人的なパフォーマンスにも多くの人々が魅了されました。各国の選手が列を崩してグラウンドになだれ込み、国を超えて交歓する閉会式の光景は、「平和の祭典」に相応しい感動的なものでした。米ソ冷戦下の超大国同士の国威発揚の場という性格を色濃くもってはいたものの、閉会式の光景が象徴するように、オリンピックは「勝つことではなく参加することに意義がある」ということばがまだ生きていた時代でもありました。そして何よりもこの大会は、日本の経済的成功の記憶と結びついています。日本の為政者たちが、オリンピックの誘致に執着する背景には、この六四年大会の記憶があります。

変質したオリンピック――商業主義の方へ

しかし東京大会以降のオリンピックには、暗い影がさしていきます。一九六八年のメキシコ大会の開会式の直前に、抗議のデモを行った学生たちに軍隊が発砲し、多くの命が失われています。七二年のミュンヘン大会では、パレスチナのテロ組織が選手村に押し入り、イスラエルの選手役員一一名が殺害されています。一九七六年のモントリオール大会では、ローデシアの参加に反対して、サハラ砂漠以南のアフリカ諸国がボイコットしています。またこの大会が天文学的な赤字を計上したことも大きな話題となりました。巨額の債務の返済に三〇年を要し、この間モントリオール市民は重い税負担に苦しむこととなったのです。一九八〇年のモスクワ大会においては、ソ連のアフガン侵攻をめぐって西側諸国が大会をボイコットしています。流血の惨事、有力国のボイコット、そして大赤字。これでは開催都市の引き受け手もあらわれません。七〇年代の末にオリンピックは、存亡の淵に立たされていたのです。一九八四年大会の開催地に立候補したのは、アメリカのロサンゼルスだけでした。

ロサンゼルス大会の組織委員長だったピーター・ユベロスは、大胆な民営オリンピックを開催しています。競技施設は、一九三六年大会で使用したものを含む既存のものを活用し、選手村も夏休みで空になる大学の寮を使用しています。このため大会の開催にあたって、少なくとも競技施設の建設に税金はほとんど投入されていません。

当時は衛星放送の発達でテレビの多チャンネル化が進んでいました。それまで独占状態だったアメリカの三大テレビネットワークは、視聴率競争で新興のケーブルテレビ相手に苦戦するようになっていたのです。テレビ局は視聴率のとれる「キラーコンテンツ」を欲しがっていました。そこに目をつけたユベロスは、高額の放映権料をテレビ局に提示しています。さらには世界的な大企業と、高額のスポンサー契約を結びました。まさに「入るを量りて出ずるを制す」（ビジネスや予算執行の現場で語られる格言。この文脈で言い換えると、「売り上げを最大、経費は最少に」という意味）。その結果、ソ連圏の諸国がモスクワ大会の報復として、ロサンゼルス大会をボイコットしたにも関わらず、大会は大きな黒字を生み出したのです。オリンピックはかつてのアマチュアの祭典ではなく、プロのアスリートが覇を競う場所となったのです。この大会を機に、オリンピックは儲かるものと考えられるようになりました。「参加することに意義がある」という牧歌的な精神は、完全に失われてしまったのです。この大会以降、オリンピックは商業主義への傾斜を深めていきます。

ロサンゼルス大会の後、夏と冬のオリンピックの誘致合戦は過熱していきました。開催地の選定にあたるＩＯＣ委員への饗応が繰り返され、委員たちは「黒い貴族」とさえ呼ばれていたのです。一九九八年の長野冬季五輪に際しては、組織委員会の帳簿が焼却されています。饗応等の不正行為の証拠を消去するためでしょうか。本当にオリンピックは「金のなる木」なのでしょうか。スポーツ経済学者たちは、これについては懐疑的です。ロサンゼルス以降の大会では、競技場建設等のインフラ整備に巨額の経費がかかっています。また大会後の競技施設の維持管理にも莫大な費用がかかる上に、ホテル代の高騰や混雑を嫌ってむしろ観光客が減る傾向さえあるといいます。オリンピックが開催地に大きな経済的利益をもたらすというのは、どうやら幻想のようです。〈註4〉

「ずっと嘘だった」――運動に適した東京の八月

オリンピック・パラリンピックの開閉会式を行うメインスタジアムにＩＯＣは、八万人以上の収容能力を求めています。旧霞ヶ丘国立競技場はこの基準を満たしていません。老朽化した旧スタジアムの改築ではなく、新築の道を組織委員会は選びました。新国立競技場の建設案としては最初、イラク出身の建築家ザハ・ハディドの案が採用されていましたが、建設費用が当初予定されていた金額を大きく上回ることが判明し、二〇一五年の七月に白紙撤回されています。〈註5〉

猪瀬東京都知事（当時）は、東京オリンピックは既存の施設を使うので、世界で一番お金のかからないオリンピックになるとツイッター上で述べていました。〈註6〉しかし猪瀬元知事のことばとは裏腹に、多くの競技場が建設され、開催費用は際限もなく膨らんでいったのです。〈註7〉

国立競技場の建設問題と同時期の二〇一五年に、大会のエンブレムに関するスキャンダルが生じています。大会エンブレムは当初、佐野研二郎のデザインが採用されていました。しかし佐野の案は、ベルギー・リエージュの劇場から、盗作であるとして提訴されたのです。佐野と組織委員会は、当初劇場側の主張を否定していました。しかしネット上で、この件とは別の、佐野の過去の様々な盗作疑惑が拡散されたために、佐野のエンブレム案は撤回されています。〈註8〉

当初予定されていたよりもはるかに多くのお金がかかる。これは東京大会に限った問題ではありません。どこの開催都市でも当初必要とされる経費は非常に低く見積もられており、大会終了後、市民たちは残された膨大な借金を前に呆然とすることになります。近年のオリンピックは、開催理念として、環境との調和や少数者の人権の保障、先住民族との共生等を謳いあげています。しかし開催都市の現実をみれば、これらは空しく響きます。競技施設の建設は深刻な環境破壊をもたらします。この弊害は、冬季大会において大きくなります。二〇一〇年の冬季バンクーバー大会では、オリンピック開催に伴う都市再開発によって、先住民族の人たちが居住地であるスラムを追われています。ロシアや中国のような権威主義的国家だけではなく、カナダやイギリスのような模範的な民主主義国家においてさえ、二〇一二年のロンドン大会においては、カナダやイギリスのような模範的な民主主義国家においてさえ、治安維持のために監視と管理とが強化され、市民的自由が大きな制約を受けたのです。〈註9〉

ＩＯＣに提出した報告書の中には、東京の八月は温暖で運動に適した季節であると記載されていました。〈註10〉これを信じる人はいないでしょう。地球温暖化によって現実の日本の夏は、熱帯をもしのぐ過酷なものとなっていることは誰もが知っています。その中でマラソンや競歩のような屋外を長時間走る（歩く）競技の実施は、人命に関わる問題を生じさせる可能性を孕んでいました。オリンピックのためのサマータイムの導入という案まで出されていましたが、結局マラソンと競歩は、札幌で分離開催されることになりました。〈註11〉

この大会において喧伝された「アスリートファースト」というスローガンは、疑問符のつくものでしかありませんでした。生活排水によって汚染されていて、平素は遊泳禁止区域になっている、お台場のオープンエアスイミング（プールではなく海・川・湖等で行われる競泳競技）の会場でプレ大会を戦った選手たちは、「トイレのような悪臭」に悩まされることになります。〈註12〉

歌手の斉藤和義は東日本大震災の直後、原発事故への抗議の意味をこめて、「ずっと嘘だった」（自らのヒット曲「ずっと好きだった」のパロディ）を発表しています。お金のかからない大会も、復興の旗印（野球やサッカー等、ごく一部の競技が東北で行われた他は復興に資することは何一つ行われませんでした）も、アスリートファーストも、そして何より福島の「コントロール」された汚染水も、「ずっと嘘だった」のです。ブエイノスアイレスのＩＯＣ総会からちょうど一〇年後の二〇二三年九月、日本政府は福島第一原発の「処理水」を海に放出することを決定し、近隣諸国、とりわけ中国との間に緊張関係を生んでいます。もし本当に「処理水」がコントロールされているのであれば、一〇年も経ってから海に流す必要などなかったはずです。

三度目の東京五輪を見舞ったトラブルはこれにとどまりませんでした。当初開催が予定されていた二〇二〇年に、新型コロナウイルスの世界的なパンデミックが生じたのです。パンデミックが宣言されている中で、世界中から選手と観客を集めて、オリンピック、パラリンピックを開催することなどできるはずもありません。同年三月二四日、当時の安倍首相はオリンピックの一年延期を発表しています。

祝賀資本主義がやって来た！——オリパラ翼賛体制の成立

バルセロナ大会（一九九二年）のアメリカサッカー代表選手であった、政治学者のジュールズ・ボイコフは「祝賀資本主義」ということばを創っています。オリンピックやサッカーワールドカップのようなグローバルスポーツイベントにおいては、開催に関する費用は住民が負担し、大会の公式スポンサーとなった巨大企業と国際競技連盟が、それにただ乗りする構造が存在するとボイコフは言います〈註13〉。

「祝賀資本主義」は、第5章で出てきたナオミ・クラインの「惨事便乗型資本主義」を彷彿させることばです。おさらいをしておきますと、「惨事便乗型資本主義」は、ソ連崩壊やアジア通貨危機のような政治的経済的混乱、そしてハリケーン・カトリーナのような大規模な自然災害に見舞われたことによって、人々が虚脱状態に陥っている時に、自由放任経済を信奉するシカゴ学派の経済学者に主導されたＩＭＦ（国際通貨基金）と世界銀行が、アメリカのグローバル資本に有利になるように、その国の経済の仕組みを作り直していくというものでした〈註14〉。

他方、「祝賀資本主義」の収奪は、「虚脱感」ではなく、大規模国際イベント開催に伴う「多幸感」に乗じて行われます。それに抗う者は、オリンピックのために強化された、管理と監視のシステムによって、排除されてしまうのです。新自由主義は、一般に政府支出を削減するものですが、「祝賀資本主義」は政府資金を特定の企業や団体に流し込むことがその特徴です。新自由主義経済の下で大きなストレスを抱えている人々は、巨大なスポーツイベントがもたらす多幸感を渇望するようになる。そうした循環的な構造をボイコフは指摘しています〈註15〉。

二〇一三年一〇月一五日、参議院本会議で「二〇二〇年東京オリンピック・パラリンピック競技大会の成功に関する決議案」が可決されています。オリンピック開催決定に伴う多幸感のなせるわざでしょうか。賛成は二三八。反対は、当時まだ「党派に属さない議員」だった山本太郎の一票だけ〈註16〉。

読売、朝日、毎日、日経の各紙は大会の「オフィシャル・パートナー」に、産経と北海道新聞の両紙は「オフィシャル・サポーター」に名を連ねていました〈註17〉。日本のすべての政党と主要メディアの多くが、東京大会を奉祝する側に回ってしまいました。議会やメディアに東京大会を監視し批判する機能を期待することは、実質的にできなくなってしまったのです。

「開催国をしゃぶり尽くす」――ぼったくり男爵の哄笑

東京オリンピック・パラリンピック2020は、結局一年延期され、二〇二一年の七月二三日に開幕しています。パンデミックが終息しなかったために、同大会は無観客で行われることになりました。多くの観客が世界中から訪れ、多大な「経済効果」がもたらされるという期待は、絵に描いた餅に終わったのです。多数の選手役員、さらには報道陣が全世界から訪れることが、感染を広げるのではないかという懸念を払拭できないままの開幕となりました。そしてこの大会の特徴は、開幕の直前まで、運営側のスキャンダルが絶えなかったことです。

開幕を約半年後に控えた二〇二一年の二月、大会組織委員会の森喜朗委員長は、臨時評議員会の席上で、「女性がたくさん入っている理事会の会議は時間がかかる」と述べ、大きな批判を浴びています。結局森は委員長を辞して、後任には橋本聖子が就任し、五輪担当大臣と兼務することになりました。〈註18〉

開会式の演出担当者が過去のホロコーストを否定する発言によって辞任を余儀なくされています。しかも開会式の前日です。〈註19〉その前日の二一日には、やはり開会式の楽曲担当者が、過去の障碍者いじめへの加担がネット上で暴かれたことによって辞任しています。〈註20〉またこれに先立つ三月には、閉会式の演出担当者も、関係者との打ち合わせの席で、女性タレントの容姿を侮辱する発言をしたことが明

らかとなり、辞任しています。〈註21〉

オリンピックとパラリンピックの開催期間中を通して、多数のボランティアが「動員」されています。その中には、通訳や医師のような専門性の高い人たちも含まれていました。炎天下の過酷な状況の下で、とりわけ医療関係者は、コロナ禍の緊迫した状況の傍ら、無償で大会を支え続けたのです。〈註22〉選手村のベッドが段ボール製であることも話題になりました。その一方IOCのバッハ会長は、一泊二五〇万円とも三〇〇万円ともいわれる超一流ホテルのスウィートルームに長期間滞在していたのです。アメリカの高級紙は、「開催都市をしゃぶりつくす」バッハ会長を、「ぼったくり男爵」と揶揄しています。〈註23〉オリンピックを善きものと信じ、自ら進んでボランティアを買って出た人々は、パブロフの鶏よろしく、「ぼったくり男爵」たちの好餌となったのです。

ボイコフが言うように、オリンピックはいまや、開催地の人々の犠牲の上に、特権層がうまい汁を吸うイベントへと変質してしまいました。そんな中で、オリンピックはいまだに、世界の若者たちの友好の祭典であると信じ、ボランティアに赴いた善意の人たちの無償労働によって浮かせた経費は、「ぼったくり男爵」たちによって蕩尽されてしまったのです。「開催国をしゃぶり尽くす」IOCや国際競技連盟のトップの人たちは、他人の不幸の上に自らの幸福を築くことに良心の呵責を感じない、ヴェブレン的な意味での「訓練された無能力」を獲得した人たちにみえます。

「安倍一強」のヒュブリス（傲慢）――醜聞をもたらしたもの

この大会でも、日本選手は史上最多のメダルを獲得しました。海外のアスリートの素晴らしい活躍もありました。オリンピックでもパラリンピックでも、感動的な場面が数多くあったはずです。しかし筆者の記憶に競技のことはほとんど何も残っていません。数多のスキャンダルが、競技の生み出す興奮をかき消してしまったのです。スキャンダルは、オリンピック・パラリンピックの閉会後も続きます。

二〇二二年八月一七日、東京オリンピック・パラリンピック組織委員会の元理事で、スポンサー選定を一任されていた電通OBでもある高橋治之が、紳士服大手のAOKIホールディングスから、五一〇〇万円を受け取った受託収賄の罪で東京地検特捜部に逮捕されています。元理事はこの他にも、出版社のKADOKAWA、広告代理店の大広からもお金を受け取ったとして、受託収賄の罪で都合四度、逮捕起訴されています。三社から受け取った金額の合計は、一億五〇〇〇万円近くに上るものとされています〈註24〉。一部メディアは、元理事に就任を要請した際、安倍元首相が、「絶対に捕まらないようにします」と約束したと報じていました〈註25〉。安倍の死のわずかひと月余りで元理事が逮捕されたことが、この報道に信憑性を与えています。

「安倍一強」と呼ばれる政治状況が、二〇一二年末の第二次安倍政権発足以来続いていました。その中で安倍が、自らの「お友だち」に便宜をはかる「クローニー・ポリティクス」を続けていたことは、第2章でみたとおりです。東京オリンピック・パラリンピック2020の運営の中枢は、大会組織委員長の森をはじめ、安倍の「お友だち」や「お友だちのお友だち」によって固められていたのです。五輪誘致成功に伴う多幸感によって、メディアも国会も、批判と監視の役割を放棄してしまったことはすでにみたとおりです。このため、大会の運営中枢は、ほとんどやりたい放題になっていたのではないでしょうか。無神経で時代錯誤的な放言の数々も、スタジアム建設の費用の見積もりの甘さも、エンブレムのデザイナーや開閉会式の演出担当者に「スネに傷をもつ」人物を起用した「身体検査」の甘さも、すべてここに起因しているようにみえます。「安倍一強」の周辺に群がる「お友だち」連中のヒュブリスが〈註26〉、三度目の復興五輪を汚辱にまみれたものにしてしまいました。

繰り返される過ち――二度目の札幌五輪と大阪万博

これだけグロテスクな五輪の内実が暴かれた後でも、二〇三〇年に二回目の冬季五輪誘致を目指していた札幌市が、すぐにはそれを撤回しなかったことには驚きました。IOCが二〇三四年大会までの開催都市をフランスとアメリカに決めたことによって、二度目の札幌五輪が開かれる可能性は大きく後退したことを受けて、二〇二三年の一二月一九日に市は誘致断念を表明しています〈註27〉。一九七二年の札幌オリンピックでは、恵庭岳の滑降コースの建設のために、深刻な環境への打撃が生じています〈註28〉。今回の東京オリパラだけではなく、過去の冬季大会の「黒歴史」を知るはずの札幌市の政策担当者が、冬季大会の誘致に執着し続けたことに奇異な印象を受けるのは、筆者だけではないはずです。

万国博覧会は、いまや時代遅れのイベントです。世界の主要都市ではいながらにして、世界中の事物や人々を目にすることができます。インターネットからは、容易に世界の情報を入手することができます。いわば毎日が万国博のような日常をわれわれは生きています。海外に旅行する人が稀であった一九七〇年当時とは、大きく状況が異なっています。そうであるにも関わらず、大阪府と大阪市は、万国博を誘致し、開催に巨費を投じています。開催経費は、当初見積もりの一二五〇億円から、二〇二三年九月の時点で、一・八倍の二三〇〇億円に膨れ上がっています。〈註29〉開幕までにはさらに増大することが予測されます。東京オリンピックと同じことが繰り返されているのです。パピリオン建設の遅れから、開催すら危まれているのが実情です。大阪万博開催をめぐる混乱は、大阪政界で「一強」を誇る、維新のヒュブリスのもたらしたもののようにみえます。

一九六四年の東京オリンピックと一九七〇年の大阪万国博は、高度経済成長期を象徴する二大イベントでした。この二つのイベントへの見苦しいまでの執着は、日本がいまだに高度経済成長の成功体験に呪縛されていることを物語っています。ここに日本の「訓練された無能力」の根深さをみるのは、筆者だけではないでしょう。そして過ちを認めて方向転換をしようとはしない道徳的勇気の欠如をも、大阪府・市の為政者は旧軍の伝統を受け継いでいます。札幌市は、深手を負う前に撤退した分、賢明であったといえるでしょう。

3　パンデミックもやって来た！――医療と行政の崩壊

「マスクが足りない！　検査が受けられない!!」――公務員減らしの果てに

中国の武漢で、二〇一九年の一二月、最初の新型コロナウイルスの感染者が発見されました。感染はその後、日本をはじめとする他のアジア諸国や、ヨーロッパ、アメリカ、アフリカ等の国々にも広がっていきました。日本で最初の新型コロナウイルスの感染者が発見されたのが二〇二〇年の一月一六日。武漢から帰国した男性でした。同年二月三日、横浜に入港した大型クルーズ船「ダイヤモンド・プリンセス号」では、七一二人の集団感染が確認されています。三月一日にすべての乗客が下船するまでの間、多くの乗客と乗員が、コロナウイルスが猛威を振るう船内に留め置かれていたのです。想像を絶する状況、といわなければなりません。その後、感染は世界的な広がりをみせ、同年三月一一日、WHOのテドロス事務局長は、新型コロナウイルスのパンデミックを宣言しています。〈註30〉

日本国内でも感染の拡大が続きます。新型コロナウイルスは、これまで人類が経験をしたことのない新しいウイルスです。予防薬も治療法も存在しません。感染をさせないことに力を注ぐ他なく、そのためには人の動きを止めなければなりません。すでにみたように、三月二四日に、安倍首相は東京オリンピックの一年延期を決定しています。そして同二七日、安倍首相は全国の小中高校に対して一斉休校を要請しています。安倍首相は、四月七日、緊急事態宣言を発出しています。諸外国では、外出や営業、さらには都市間の移動を禁止する「ロックダウン」が断行されています。他方、日本の緊急事態宣言では、外出や営業の「自粛要請」しか行うことができません。二〇二〇年の三月一三日、新型インフルエンザ対策の特別措置法の対象に、「新型コロナウイルス感染症」が追加され、総理大臣は緊急事態宣言を発することができるようになりましたが、ロックダウンを行うことまでは、この法律で認めていないからです。

新型コロナウイルス感染症が、インフルエンザと同じ感染法上の五類に移行した、二〇二三年五月までの三年間に、七波に及ぶ流行の波に見舞われ、四度にわたって緊急事態宣言が発出されました。そのために多くの人々が新型コロナウイルスに感染し、数多の人命が失われ、大きな経済的損失と社会生活の制約を被ったことは、読者の皆様がご存じのとおりです。

新型コロナウイルスの感染が始まった当時の混乱ぶりにはすさまじいものがありました。感染防止と、感染者の隔離のためのキャパシティが、恐ろしく不足していたのです。他の主要国に比べて、PCR検査の数は圧倒的に低い水準にとどまっていました。発熱をしても、「三七・五度の熱が四日以上続いた場合」検査をするというルール（目安）があり、PCR検査を受けることは容易ではなかったのです。新型コロナウイルス感染症は、感染症法の二類に分類されていました。感染者はすべて入院させなければなりません。しかし、感染者の数は、病床の数をはるかに上回っています。そのため無症状の者や軽症者は、自宅やホテル等での療養を強いられたのです。

保健所はコロナ禍において、帰国者接触者外来の受診調整、検体搬送、患者の入院措置・宿泊療養、積極的疫学調査等々、様々な役割を担ってきました。しかし保健所のキャパシティも十分なものではありませんでした。一九九四年の地域保健法の改正によって、保健所の機能が縮小された結果、九四年度には八四七カ所あった保健所が、二〇二〇年度には四六九カ所しかありませんでした。実に約四割も保健所の数が減らされてしまったのです。〈註31〉膨大な業務を少ない職員の数でこなさなければなりません。そのため全国の保健所職員は、コロナ禍の全期間を通じて、長時間の残業に苦しむことになります。二〇二一年の五月、秋田市の保健所では一四人の職員すべてが、過労死ラインとされる一〇〇時間を超える残業を強いられていました。最長は実に一八四時間（！）です。〈註32〉一九九〇年代から続く行政改革という名のもとに、公共部門を縮小し続けてきたつけがまわってきたという他ありません。まさに行政の「崩壊」です。

とりわけ「崩壊」が凄まじい勢いで進行していたのが、維新の支配する大阪です。大阪府と市は、徹底的な公務員の削減を続けてきました。医療関係者もその例外ではありませんでした。「コロナ患者の受け入れの先頭に立つべき公務員の医師・看護師などの病院職員数は、二〇〇七年の八七八五人から二〇一九年の四三六〇人へと五〇・四%も削減（全国平均は六・二%減）され、保健所などの衛生行政職員も二〇〇七年の一万二二三二人から二〇一九年の九二七八人へと四分の三に減らされた〈註33〉」。

公務員数削減を主導した橋下徹は、こう開き直っています。「僕が今更言うのもおかしいところですが、大阪府知事時代、大阪市長時代に徹底的な改革を断行し、有事の今、現場を疲弊させているところがあると思います。保健所、府立市立病院など。そこは、お手数をおかけしますが見直しをよろしくお願いします」。「平時のときの改革の方向性は間違っていたとは思っていません。ただし、有事の際の切り替えプランを用意していなかったことは考えが足りませんでした」[註34]。こうした人物を、あるいはこうした人たちに主導されている政党を選び続けている有権者とは一体何なのか。そう問いたい気持ちになります。

感染防止のためには、マスクの着用が必須となります。しかし感染拡大が始まった当初、不織布マスクの数は圧倒的に不足していました。医療関係者が着用する防護服もやはり不足していました。大阪府の吉村知事が、防護服の代用品として雨合羽の供出を府民に要請したところ、多数の雨合羽が寄せられたという、茶番めいた一幕すらあったのは、記憶に新しいところです[註35]。「ものづくり大国」のはずの日本が、マスクや防護服すら満足に供給できない。日本の国力の衰退を痛感したのは、筆者だけではないはずです。日本の製薬メーカーは、独自の新型コロナ対応ワクチンを生み出すことができませんでした。

避けられた大惨事――「新しい生活様式」と「自粛警察」

こうみてみると日本の新型コロナウイルスへの対応は失敗だったと断じたくもなります。しかしまた別の見方もできるのではないでしょうか。新型コロナウイルスでの日本の死者は、主要国の中で、むしろ少ない方なのです。人口一〇〇万人あたりの日本の死者数は、二〇二三年一〇月二五日現在で、六〇一人。アメリカ（三三九二・二人）、イギリス（三四四四・一人）の五分の一以下、フランス（二六〇二人）、ドイツ（二〇九七人）と比べても、著しく少ないのです[註36]。死者の数を規定する要因が何であったのかは、明らかになっていません。日本の死者の数が少なくてすんだのは、ただの偶然、もしくは僥倖の賜物だった可能性もあります。しかし、死者の数だけを指標とすれば、日本のコロナ禍は、大惨事には至らなかったともいえるのです。

先にもみたように、緊急事態宣言に伴う外出や営業の自粛要請は、あくまでも「要請」であって、諸外国のような法的拘束力を伴うものではありませんでした。そうであるにも関わらず、多くの人々がこの要請に従ったことは特筆すべきでしょう。多くの人々が、手洗いとうがいを励行し、「三密」を避け、「ソーシャルディスタンス」を保つ、「新しい生活様式」を粛々と実践していったのです。保健所の職員を含め、医療関係者等の「エッセンシャルワーカー」（後述）たちは、苦しい状況の中でも自分たちの義務をしっかり果たしていきました。普通の人たちの秩序だった行動と、奮闘とが、新型コロナウイルスの爆発的感染拡大が大惨事となることを防いだ。これが大きな要因だったのではないでしょうか。そうだとすれば、愚かな上層部のもたらした作戦の失敗を、現場の将兵の奮闘によってなんとか持ちこたえた、アジア太平洋戦争の記憶を彷彿させるものといえます。

しかし人々の「秩序ある行動」が真に自発的なものであったかといえば、疑問符もつきます。「自粛警察」や「マスク警察」ということばが、コロナ禍の期間中を通してよく聞かれました。マスクをしない人やワクチンを接種しない人を、公然と非難するような空気が生まれていたのです。とりわけ感染拡大の初期の段階では、コロナに感染した人やその家族が、差別にあうことも稀ではありませんでした。法務省や各地の自治体が、ホームページ上で感染者への差別をしないよう訴えています〈註37〉。新型コロナ感染者への差別を禁止する条例を設けた自治体さえありました〈註38〉。それほど感染者とその家族への差別が頻発していたのです。周囲から差別され、排除されることを恐れて、人々が感染防止に躍起になっていた。そうした側面があることも否定できません。相互監視と排除されることへの恐怖がセットになった「強いられた自粛」のもたらすフラストレーションが、「自粛（マスク）警察」や感染者差別を生み出したという、循環的な構造も指摘することができるでしょう。

安倍政治の終焉

新型コロナウイルス感染拡大への安倍政権の初動の対応は、多くの国民の目には「失敗」と映じていました。緊急事態宣言の発出は、遅きに失したと多くの国民は感じていたのです。なんとか二〇二〇年に東京オリンピック・パラリンピックを開催したいという安倍の思いが、判断をくもらせたのかもしれません。外出と営業の自粛に伴い、飲食と観光業を中心に経済的打撃は広がっていきました。他方、コロナ禍の景気低迷に苦しむ人たちへの救済策は、後手後手にまわっていました。コロナ禍で営業できなくなった事業所で働く人たちの雇用を維持するための雇用調整金の支給は遅れています。定額給付金は、当初の自民党案では、所得制限つきの最大三〇万円が支給されることになっていました。それが政権離脱すら辞さぬという公明党の強硬な主張によって、国民一人一人に一〇万円が支払われることになりました。多くの人々が困窮する中で、政治的なかけひきによって時間を空費する政権に対して、失望感が広がっていきます。〈註39〉

マスク不足の解消のために、政府は布マスクの全戸配布を行いました。布マスクの感染防止効果は低いとされています。しかも不織布マスクよりも一回り小さく、およそ実用に耐えるものではありませんでした。結局マスクの全戸配布は、「アベノマスク」と揶揄され、政権の威信をさらに失墜させる結果に終わっています。

二〇二〇年四月一二日、安倍首相は自らのインスタグラムに、星野源の「うちで踊ろう」を背景にくつろぐ姿を写した動画をアップしましたが、これも国民の不興を買っています。〈註40〉新型コロナウイルスの感染拡大によって日常を奪われ、暮らしの前途に大きな不安を抱える人たちにこの動画は、あまりに無神経なものと映ったであろうことは想像に難くありません。二〇一八年七月、安倍首相と閣僚たちは、記録的な豪雨の警報が出される中で宴会を中止せず、世論の厳しい批判を浴びたことがありました。安倍元首相には、窮境に置かれた人たちへの想像力が欠ける部分があり、それがコロナ禍で露呈してしまったとみることができます。

第2章でみたように、「官邸の守護神」と呼ばれた黒川弘務・東京高等検察庁検事長を、検察庁法を改正してまで検事総長の地位につけようとしたことも、支持率低下の要因となりました。コロナ禍で皆が苦しんでいる時に、筋の通らない人事を強行しようとすれば、誰でも怒ります。検事総長の人事をめぐる政権への打撃は、黒川がコロナ禍で親しい新聞記者たちと賭け麻雀を行っていたことによってさらに大きなものとなりました。〈註41〉

二〇二〇年の六月には、雇用調整金給付の業務委託を受けた電通が、人材派遣のパソナ等二社とともに、二〇億円もの「中抜き」を行っている実態があきらかになりました。〈註42〉安倍政権には、安倍と個人的なつながりのある個人や団体を特別に優遇する、「クローニー・ポリティクス（お友だち政治）」という特徴があることを筆者は第2章で指摘しています。安倍政権のえこひいき体質というべきものが、コロナ禍においては、平時以上に強い反発をうけました。支持率が低下し続ける中、持病の悪化を理由に八月二八日に安倍首相は退陣を表明。七年八カ月に及ぶ長期政権に終止符が打たれたのです。後任として菅義偉官房長官が、第九九代内閣総理大臣の地位に就いています。

アベノミクスの「成功」と高い支持率とを背景に、安倍は長期政権を維持することができました。しかしその結果安倍の中に、ヒュブリス（傲慢）が生じていたことは否定できません。法を枉げ、国会で嘘を重ねる傲慢さが、「モリ、カケ、サクラ」のようなスキャンダルを生み続けていったことは否定できないのです。「一強」を誇った絶対的権力者も、未知のウイルスが引き起こしたパンデミックの前には為す術を知りませんでした。新型コロナウイルスは、安倍晋三のヒュブリスを打ち砕いたのです。

多声的な政治過程——「馬鹿な大将」の力を減じる

第二次安倍政権時には、「安倍一強政治」ということばをよく耳にしました。一九九〇年代から続いた一連の政治改革、行政改革の中で、首相の権限は強化されていったのです。一九九〇年代に中選挙区制が廃止され、現行の選挙区比例代表並立制に移行しています。複数の当選者が出る中選挙区制当時とは異なり、小選挙区制においては、党の公認を得られるか否かが当否を決める鍵となります。そのため党中央、さらには党首の権限は大きなものになります。与党の党首とは、首相に他なりません。

二〇〇一年の中央省庁再編で内閣府が生まれました。内閣府は首相に直属し、重要な施策の企画立案と省庁間の調整を主たる業務としており、他の省庁よりも上位に置かれています。内閣府の創設によって、省庁の垣根を超えて政策面で首相が強いリーダーシップを振るうことが可能になりました。また公務員制度改革によって、内閣人事局が創設され、官邸が審議官以上の高級官僚の人事権を握ることになったのです。官僚たちも首相の意向を伺わざるを得ません。それが官僚たちの官邸への「忖度」の弊害を生み、「モリ、カケ、サクラ」と呼ばれる一連のスキャダンルの誘因となったことは、第2章でも指摘したとおりです。九〇年代以降の政治改革と行政改革によって、首相の権限は増大し、党と、そして官僚組織に対して強い支配力を及ぼすことが可能になりました。それが安倍一強政治をもたらした一因であることに疑いの余地はありません。

政治学者の竹中治堅は、九〇年代以降の行政改革の中には、首相への権限集中だけではなく、分権化の要素も含まれていたことを指摘しています。二〇〇〇年に地方分権一括法が施行され、機関委任事務の制度が廃止されました。機関委任事務は、地方自治体が国の業務を代行するものです。機関委任事務の遂行過程において国は、通達等によって地方自治体に干渉を続けてきたのです。中央と地方の上下関係を生むものとして、機関委任事務の制度は廃止されました。地方分権一括法の施行の後は、地方の国に対する自律性が保障され、地方自治体の権限も拡大していったのです。このことが新型コロナウイルス対応をめぐる政治過程に大きな影響を及ぼしたと竹中は言います〈註43〉。

新型コロナウイルスをめぐる政治過程には、様々なアクターが登場しています。最終的な意思決定を行うのは首相＝官邸ですが、感染症対策の実働を担うのは厚生労働省です。そして何よりも感染対策においては、科学者の見解を無視することはできません。専門家会議の提言は政府の決定に大きな力を持ちました。営業の自粛要請については権限を持つのは都道府県であり、感染対策において中心的な役割を果たした保健所は、市町村と特別区（東京二三区）の管轄です。〈註44〉

都道府県の知事は、コロナ禍において存在感を高めていきました。安倍首相が休校措置を要請したのは、北海道の鈴木知事の前例にならったものです。東京都の小池知事と大阪府の吉村知事は、独自の規制案を提示して存在感を発揮しました。少ない医療資源を有効に活用すべく、県内の医療機関との間に緊密な連携を築き上げた鳥取県の平井知事など、有能な知事たちの創造的な施策も注目を集めました。コロナ禍の全期間を通して、全国知事会は存在感を増していきました。知事たちと首相はしばしば対立をしています。コロナ対応において官邸は、もっとも強力なアクターとはいえなかったのです。一連の政治改革・行政改革の「意図せざる結果」として、コロナ対応における首相の権力には大きな制約が課されていったと竹中は言います。〈註45〉国家の難局において強いリーダーシップを振るえなかったことが首相への幻滅を生み、安倍政治の終焉をもたらした一因であるともいえるでしょう。

未曽有の状況下で強力なリーダーシップが存在しないことは、ある意味心細くも思われます。しかし一人の人間に強力な権限が集中していて、誤った決定が立て続けになされることによって事態がより悪化していくよりも、国の方針に異を唱え、創造的な代案を提示する主体が複数存在する方が望ましいことは明らかです。

「馬鹿な大将、敵より怖い」

これは、北海道拓殖銀行が破綻した時、営業譲渡を受けて、北海道金融界を立て直した当時の北洋銀行頭取武井正直のことばです。〈註46〉誰とは言いませんが、「馬鹿な大将」の影響力が減じられたことが、新型コロナウイルスの感染拡大が大惨事となることを防いだ可能性も否定できないのです。

禍福はあざなえる縄のごとし

新型コロナウイルスの感染拡大によって、「コロナ禍」ということばが生まれました。新型コロナウイルスが様々な禍をもたらしたことは疑いありません。まず何よりも、新型コロナウイルスに感染したことによって、多くの人が命を失ったのです。重篤な症状を呈して、いまなお後遺症に苦しむ人たちも少なくありません。新型コロナウイルスの感染拡大によって、休業を余儀なくされ、収入が大きく減じ、仕事そのものを失った人たちも少なくはないはずです。日本中のすべてのレベルの学校で、対面授業ができなくなり、オンラインでの対応を余儀なくされる期間が長く続きました。学校そのものは再開しても、部活動や様々な学校行事が中止となり、多くの児童生徒の楽しかるべき学校生活が奪われてしまったのです。大学の「閉鎖」は、小中高校よりも長い期間に及びました。

ネットを中心として、対面で授業を受けられないのだし、大学の施設を使えないのだから、授業料を下げろという学生たちの「運動」が広がっていきました。大学もオンライン授業のために多額の投資を余儀なくされています。キャンパスを閉じている間も、教職員は無為に過ごしていたわけではありません。なれない遠隔授業用のアプリと格闘する日々が続きます。大学の教員もまた、コロナウイルス対策のために忙殺されていたのです。その中で学費を下げろというのは理不尽な要求とも思いますが、学生たちの気持ちがわからないでもありません〈註47〉。

禍福はあざなえる縄のごとし、ということばがあります。禍転じて福となす、ということばもあります。コロナ禍が転じて福となった。そうした側面を見出すことはできないのでしょうか。

二〇二二年夏、全国高等学校野球選手権大会で東北地方にはじめて優勝旗をもたらした、仙台育英高校の須江航監督の「青春って、すごく密なので」という優勝インタビューでのことばは大きな話題になりました。〈註48〉たしかに友だちと物理的にも精神的にも密に接して切磋琢磨することが、「青春」の醍醐味でしょう。それを奪われた高校生活の中で、懸命に努力を重ねた若者たちへの労《ねぎら》いの気持ちが、このことばには滲み出ています。

だがこうも思います。密が嫌いな若者もいるのではないか、と。筆者の勤務校の学生の中にも、それまで人間関係がうまくいかず、大学に出て来られなくなっていた学生が、オンライン授業に切り替わると見違えるほど元気になり、対面授業に戻ってからも、元気に大学に姿をみせるようになったという事例もあります。オンライン授業で生活のリズムを崩し、精神に変調をきたした学生もいましたが、コロナ禍が福音となった学生がいたことも、また事実です。

コロナ禍では在宅勤務が普及しました。家族が全員オンラインで授業を受け、あるいは在宅で仕事をしているので、家族の食事を三度三度作らなければならない人の苦労はよく耳にしたところです。しかし、在宅勤務は大都市圏の過酷な通勤の苦労を大きく減じてくれました。また会議のために移動をし、書類に印鑑を押す等の無駄な時間を削減できたことも事実です。上司や先輩が残業をしているから、仕事を終わっても帰れないという若者の苦衷も軽減されたはずです。会社が家庭の中に入り込むわけですから、在宅勤務にも様々な問題があることはたしかです。しかし在宅勤務の普及が、これまでの働き方を見直す契機となったこともまた否定することはできません。

生まれなかった「疾病ユートピア」

アメリカの作家レベッカ・ソルニットに『災害ユートピア』という名著があります。自然災害に見舞われた現場では、困難な状況に置かれた人々が相互に助け合う、美しい利他的な行動が支配的になる様子を本書は生き生きと描き出しています。〈註49〉そうした多くの事例を、われわれは阪神淡路大震災や東日本大震災において目の当たりにしてきました。

コロナ禍もまたある種の災害です。今回のコロナ禍においても、エッセンシャルワーカーたちの無私の奮闘が人々の目を引きました。エッセンシャルワーカーとは「社会にとって欠くべからざる仕事を担う人たち」という意味のことばです。コロナ禍で感染を避けようとすれば、家に閉じこもっているのが一番です。しかし皆がそうしていたのでは、社会生活は成り立ちません。医師や看護師等の医療従事者は、直接患者と向き合う最前線に立たなければなりません。学校の先生や保育士さんたちも、感染の危険を冒して、子どもたちと向き合っていたのです。しかし、エッセンシャルワーカーは、そうした専門職の人たちばかりではありません。スーパーのレジに立つ人や、ゴミの収集にあたる人、運送業者や介護の現場で働く人たちも含まれていたのです。専門的な知識や技能は持たなくとも、生活に必要欠くべからざる仕事に就いている人たちの価値への認識が深まり、そうした仕事に従事する人たちの待遇を改善する方向に動いたかといえば、そうはならなかったのです。コロナ禍において「疾病ユートピア」は実現したとはいえません。

自然災害においても、貧しい人たちよりも、豊かな人たちの方が助かる可能性が高いという事実はあります。しかしながら、激甚な自然災害は等しくその地域に住む人たちを見舞います。電気水道ガス等々のライフラインの寸断や、不自由な避難所生活を地域住民のほぼ全体が余儀なくされるのです。そこで大災害の下で人間は平等であるという感覚が生まれ、それが様々な利他的行動を誘発したと考えることができます。コロナ禍も病気それじたいは、この国に住むすべての人々を平等に見舞いました。濃厚な対人接触が禁忌とされる窮屈な日常を、この国に住む人たちの全員が強いられていたのです。しかしながら、コロナ禍がもたらした経済的帰結は、決して平等ではありませんでした。様々な遠隔会議システムの導入や、巣ごもり生活の中で動画配信サービスへの需要が高まったことによって、ＩＴ産業やそれと結びついたエンターテインメント産業は、大いに活況を呈していたのです。他方、観光業や飲食業は、大きな痛手を被っていました。コロナ禍は、経済的な勝ち組と負け組の分断を引き起こしました。これでは「疾病の下の平等」という感覚が生じるはずもありません。

4　ジャニー喜多川の「性加害」――芸能とメディアの崩壊

ジャニー喜多川の性癖

日系アメリカ人のジャニー喜多川は、朝鮮戦争に従軍した後、軍属として日本で勤務しています。この時少年野球チーム「ジャニーズ」を結成。アメリカで芸能活動の経験がある彼は、このチームを母体に芸能プロダクションを立ち上げます。それが後のジャニーズ事務所に発展していきます。姉のメリー喜多川を共同経営者としたジャニーズ事務所が、その後数多の歌って踊れるアイドルを輩出し、一大芸能王国を築いたことは皆さんよくご存じのとおりです。二〇一九年、喜多川が亡くなった時には、東京ドームで「お別れの会」が開かれ、安倍首相（当時）も弔電を寄せています。その逝去に際して、メディアはこぞって彼の功績を讃えています。しかし、喜多川には裏の顔がありました。長年にわたってメンバーの少年への性加害を続けていたのです。

喜多川の性加害の問題については、古くは一九五〇年代から指摘されていました。一九八八年、元フォーリーブスの北公次は、『光GENJIへ』（データハウス）を公刊し、自らが喜多川から受けた性被害を赤裸々に語っています。北はこの後も五冊の類書を刊行し、多くの読者を獲得しています。しかし北の著作は、一部週刊誌等では取り上げられてはいましたが、テレビラジオ等の主要メディアは黙殺しています。

一九九九年に喜多川の一連のセクハラ疑惑を、週刊文春が報道をしています。これに対してジャニーズ事務所は、名誉棄損で文春を訴えています。二審の東京高裁は、喜多川のセクハラを認定しています。最高裁は事務所側の上告を棄却して、二〇〇四年に高裁判決が確定しています。裁判所がセクハラ報道の真実性を認定したにも関わらず、テレビや新聞が、この問題を大きく取り上げることはありませんでした。ジャニーズ事務所所属のタレントたちはこれまでと変わらず活動を続けています。彼らは大きな人気を博し多大な利益を上げています。

「J―POPの捕食者」――BBCの報道が与えた衝撃

事態が動いたのは二〇二三年に入ってからです。同年三月、イギリスBBC放送は、「J―POPの捕食者　秘められたスキャンダル」を全世界に向けて配信しています。喜多川の多年にわたる性加害を伝える内容でした。BBCは、世界でもっとも権威ある報道機関の一つです。そのBBCが制作した番組を無視することはできません。新聞各紙はこの番組に関するニュースを早くから伝えていましたが、テレビ局の反応は非常に鈍いものがありました。

元ジャニーズジュニアのカウアン・オカモトが、四月に日本外国特派員協会で自らの性被害についてカミングアウトしています。これを受けて被害者たちのカミングアウトが相次ぎ、後の「ジャニーズ性加害問題当事者の会」の結成につながっていきます。第3章で述べた欧米での「me too」運動を彷彿させる展開です。

しかしこの段階では、まだ深刻な事態に発展するとまでは考えられてはいませんでした。筆者のゼミ生には多くの「ジャニオタ」（熱狂的なジャニーズファン）がいます。四月の段階でこの問題について話し合う機会がありました。彼女たちは言います。BBCが報道した事実は昔からみんな知っていたこと。外国のテレビが伝えたから騒ぎ始めるのはおかしい。被害を訴えている人たちにも好感はもてない。喜多川に育ててもらった恩を忘れている。お金目当てではないのか。あのカウアンという人の評判はよくない。「人の噂も七五日」。そのうちみんなこのことは忘れる。ジャニーズは何も変わらず続いていくと思う。……

被害者に対する同情の薄さには驚かされました。このことの意味は後で考えてみたいと思います。「人の噂も七五日」とたかをくくっていたところは、「ジャニオタ」ばかりではなく、ジャニーズ事務所にも、テレビ局にも、そしてジャニーズの番組のスポンサーになり、CMにジャニーズのタレントを起用している大企業にもあったのかもしれません。しかし事態はこれらの人たちにとって「想定外」の方向に動いていきました。

グローバル化した性加害問題

ジャニーズ事務所は、事態の進展を受けて、五月に再発防止特別チームを設けています。元検事総長、精神科医、臨床心理士によって構成されるこのチームがどこまで踏み込んだ提言をするかは、当初疑問視されていました。

七月から八月にかけて、国連の「ビジネスと人権作業部会」のメンバーが日本を訪れ、性加害の被害者たちとの面談も行っています。同作業部会は、日本社会は女性や性的少数者（ＬＧＢＴＱＩ＋）、障碍者、労働者等々の人権に関して、幅広い分野で「明らかな課題」を抱えているとして、それらを是正改善することを、日本政府に対して求めています。〈註50〉

八月二九日の再発防止特別チームの指摘は予想以上に厳しいものでした。六〇年近くにわたる「少なくとも数百件」の喜多川による性加害を認定し、謝罪と賠償を事務所側に求めています。そして事件が起きた背景として、ジャニーズ事務所の同族経営の体質をあげ、事実に蓋をしてしまった「メディアの沈黙」にも言及しています。〈註51〉

特別チームの提言を受けて、九月七日、ジャニーズ事務所は新しい社長に東山紀之を据え、被害者に謝罪した上で徹底した賠償を行うことを約束しました。しかしジャニーズの名前を変えないこと。事務所の中で大きな権限を持っていた副社長が会見の場にいなかったこと。新社長となった東山は、過去に同事務所の若手タレントにセクハラを働いた疑惑があり、そのことが記者会見で追及されたにも関わらず、曖昧な回答しかできなかったこと。第一回目の記者会見は、消化不良の印象を与えるものでした。〈註52〉

ＢＢＣが報じ、国連までもが乗り出してきた。喜多川の性加害問題は、もはや日本一国で片付くものではなくなってしまいました。国際バレーボール連盟（ＦＩＢＡ）は、日本で開かれるバレーボールの国際大会にジャニーズのタレントが出演することを拒否しました。〈註53〉フランスで開かれているラグビーワールドカップの日本のアンバサダーに、ジャニーズ事務所所属の櫻井翔が起用されたことに、

フランスの高級紙「ルモンド」は猛烈な抗議をしています。〈註54〉

いまは経済の世界でも、人権侵害にはとても厳しくなっています。人権侵害をしたことが明白な企業と取引を続ければ、消費者から不買運動が起こり、取引から排除されてしまう可能性が高まります。ジャニーズ事務所の記者会見の後、ドミノ倒しのように、スポンサー企業のCMからの撤退が続きました。これらは日産を筆頭に、すべてグローバルに事業を展開している企業でした。民放テレビは、ドル箱のジャニーズ系タレントを失いたくはないのでしょうが、スポンサーがつかないのであれば番組はつくれません。NHKも、これまでたくさんのジャニーズのタレントを様々な番組で起用してきました。しかし、二〇二三年の紅白歌合戦では、ジャニーズ事務所所属のタレントが一人も選ばれていません。これは実に一九七九年以来、四四年ぶりのことです。〈註55〉

こうした事態を受けて、ジャニーズ事務所は一〇月二日に二度目の記者会見を開き、ジャニーズの名を廃止して、社名を変更し、新しい社名を公募することを発表しています。〈註56〉

性的搾取と経済的搾取――日本の芸能界の問題

この問題の背景には、日本の芸能界の特殊事情があります。アメリカの歌手や俳優は、エージェントに交渉を委ねていますが、エージェントはあくまで代理人。仕事をとってきますが、俳優や歌手たちに支配力を振るうことはありません。ところが日本と韓国の場合には、芸能プロダクションの支配力が強いのが特徴です。プロダクションは仕事をとってくるだけではなく、タレントの養成機関としての役割も担っています。ジャニーズもAKBもハロプロもみんなそうです。実質的にプロダクションは、タレントの生殺与奪の権を握っています。これは第3章でみたとおりです（「ものいえば『干される』」）。ジャニーズジュニアがデビューできるか否かを決するのが、喜多川だったのですから、被害者たちは彼の異常な行為を拒むことができなかったのです。

二〇二三年九月三〇日、宝塚歌劇団宙組所属の二五歳の女性が、自宅マンションから飛び降り自殺をしています。遺族側は、一月の時間外勤務が二七七時間に及ぶ長時間労働と、先輩たちから罵声を浴びせられ、ヘアアイロンを額に押し付けられ、やけどをさせられた等々のパワハラが、自殺の原因であったと主張しています〈註57〉。華やかな舞台とは裏腹に、宝塚の労働環境が非常に過酷なものであることを世に知らしめた事件でした。宝塚は情報統制が厳しく、団員の年収等の数字は出されてはいませんが、非常に薄給であるという事実は広く知られています。しかし劇団員の中から待遇改善を求める声が上がることはありませんでした。子どもの頃から夢見ていた舞台に立てたという満足感が、不満を上回るからでしょう。これは明白な「やりがい搾取」です。

宝塚歌劇団の団員は、「生徒」と呼ばれています。このことばは曲者です。生徒ということばには、学びの途上にある半人前の存在という含意があります。そうした認識が団員の中に内面化されていれば、労働者としての権利意識をもつことが非常に困難になります。働き手を「生徒」と呼ぶことで、安価に働かせる手法は、技能実習生制度を彷彿させるものがあります。

宝塚歌劇団は、二〇二二年度第3四半期に二四二億円を売り上げ、五〇億円の利益を計上しています〈註58〉。若い女性たちの労働の搾取の上に企業が大きな利益をあげる。華やかな舞台とは裏腹に、宝塚の実態はさながら現代の女工哀史といえます。ジャニーズの性的搾取、宝塚の経済的搾取、華やかな世界が搾取的な構造の上に成り立っている。これが日本の芸能界の問題です。

男性性被害への認識の遅れ――冷淡なジャニオタたち

先にみたように筆者の周囲の「ジャニオタ」の人たちの喜多川の性加害を受けた人たちへの同情は極めて希薄でした。このことの意味を考えてみたいと思います。参考になるのが、アメリカの社会心理学者レオン・フェスティンガーが提唱した、「認知的不協和」の理論です。自分のこれまでの信念や行動に反する認知を抱え込むことは、その人にとっては不快なことです。その不快感を解消するために、人は認知を整合させる方向に動くとフェスティンガーは言います。〈註59〉

ジャニオタたちにとって、喜多川の性加害の報道は、不快な認知をもたらすものです。ジャニーズファンを辞める方向でこの認知的不協和を解消する人がいてもよさそうなものです。しかし、そうした人々は筆者の周囲に限っていえば、ほとんど見当たりません。彼女たちにとって「推し」の存在は、大きな部分を占めています。彼女たちの日々の生活の喜びと楽しみの源泉となっているのです。それを手放すことなど想像だにできないのでしょう。だからこそ、被害者に同情を寄せるのではなく、「もうすんだこと」として、喜多川の性加害を無化しようとするのです。この一連の報道のために活動の舞台を狭められた推したちを「かわいそうだ」と彼女たちは言います。彼女たちにとってみれば、旧ジャニーズ事務所のタレントたちこそが被害者なのであり、喜多川の性加害にあった人たちに対するよりも大きな同情を寄せています。〈註60〉

喜多川の性加害にメディアが沈黙したのは、ジャニーズ帝国への忖度とともに、男性の性被害に対する認識の乏しさを挙げる声が多く聞かれました。男性は強くあらねばならないという規範がいまだにこの国を覆っています。性被害にあうことは弱さの証であり、恥である。それ故、性被害にあった男性は、同じ境遇の女性たちよりも、さらに一層それを公言することが困難になります。そのため男性の性被害の問題は表面化しにくく、その存在が認知されにくいという構造がありそうです。男性の性被害に対する認識の欠如は、メディアの中枢を占める中高年の男性たちばかりではなく、ジャニーズファンの若い女性たちの間にもあるのではないか。喜多川の毒牙にかかったのが、若い女性たちであれば、彼女たちの反応はまったく違ったものになったはずです。男性性被害を過小に見積もる傾向に、ジャニーズの女性ファンたちの中に刷り込んでいるのかもしれません。

ジャニーズのファンクラブの会員は一〇〇〇万人とされています。これが正確な数字かはわかりませんが、非常に多くのコアなファンが存在することに間違いはありません。二〇二三年の一〇月には「ジャニーズ性加害問題当事者の会」のメンバーだった男性が、大阪の山中で受けたことが原因とみられて「デビュー」できなかったくせに」、「金目当て」等々の誹謗中傷をSNSで受けたことが原因とみられています。もちろんこうした心無い行動をとるファンは、ごく一部なのでしょう。しかし、ジャニーズファンの多くが、彼らの行動を快く思っていないこともまた事実です。このことが性被害を受けた人たちにもたらす孤立感の深さには想像を絶するものがあります。

「水に落ちた犬は打て」——メディアの崩壊①

旧統一教会、ジャニーズ、宝塚。この三つの問題には共通項があります。それぞれの組織の内部で禍々しい事態が生じているということについては、これまですでに広く知られていたにも関わらず、それを報じたメディアがほとんどなかったという点です。旧統一教会が、信者の家族関係を破壊してきたことは、知らぬ者とてない事実でした。桜田淳子や山崎浩子も参加したことによって合同結婚式が注目された当時には、メディアは、霊感商法なども含めて、大きく取り上げていました。しかし旧統一教会をめぐる報道はその後影をひそめます。喜多川の性癖については、芸能界では何十年も前から語られてきたのです。宝塚でいじめが頻発していて、歌劇団や音楽学校の中に、いじめ加害者をかばう隠蔽体質があることもまた周知の事実でした。二〇〇九年、宝塚音楽学校は一人の生徒を「盗癖」を理由に退学処分にしています。しかし彼女は実際には同級生たちからのいじめの被害者でした。処分を不服とした生徒側は、学校を相手取って裁判を起こし、翌年生徒側の主張が全面的に認められる形で調停が成立しています。〈註62〉

この三つの問題は、衝撃的な出来事が生じることによって、メディアによって一斉に取り上げられるようになったという点でも一致しています。衝撃的な出来事とは、旧統一教会の場合は、安倍首相の暗殺事件であり、ジャニーズの場合は、ＢＢＣの報道と国連の介入による問題のグローバル化であり、宝塚の場合には現役団員の自死でした。旧統一教会は長く有力な自民党政治家の庇護を受けていました。ジャニーズと宝塚は大衆的な強い人気を博しています。それぞれに大きな力をもっています。力をもつ者に、日本のメディアは忖度をします。都合の悪い事実は報道しません。しかし、ある出来事をきっかけとして、力を持つ者が一転窮地に立てば、今度はそれを叩く側に回るのです。

元ＴＢＳ記者の松原耕二は、喜多川の性加害に関する週刊文春の記事の真実性を認める判決が下った時、テレビ報道がこれを取り上げなかったことは「不明を恥じるほかない」と述べています。この発言において松原は、芸能界は特殊な世界であり、それを扱うのは週刊誌やタブロイド紙やテレビのワイドショーのような「低俗な」メディアだというある種の驕りがあったと、認めているようにみえます。〈註63〉有力メディアの組織ジャーナリストたちが沈黙を守る中で、これらの問題に果敢に挑んだのは、週刊文春をはじめとする週刊誌であり、鈴木エイトのようなフリーランスのジャーナリストたちでした。「恐縮です」の決め台詞で知られた芸能レポーターの梨元勝は、ジャニーズ事務所のスキャンダルを報道しようとしてテレビから「干された」とされています。〈註64〉

八月二九日の再発防止特別チームの指摘を受けて、フランス人ジャーナリストのレジス・アルノーは、日本のメディアは、回転ずしのチェーンで馬鹿なことをしでかした中学生や、風呂の湯を長い間入れ替えなかった旅館の社長のような、後ろ盾のない弱い人間は徹底的に叩くけれども、権力をもつ人間には恐ろしく従順であり、この性格は長く変わっていないと辛らつに批判しています。〈註65〉

筆者も九月二日のジャニーズ事務所の会見を聴いていていて嫌な気持ちになりました。これまでジャニーズ事務所に媚びへつらっていたマスコミが、窮地に立たされた事務所側を威勢よく叩いていました。「水に落ちた犬は打て」といわんばかりです。これまで事件に蓋をしてきた自分たちの責任はどう考えるのか、と言いたくもなりました。

同じことは日本の企業にもいえます。企業側も、芸能界を相手にビジネスをするのであれば、喜多川の性加害の事実を、知らなかったわけがありません。ＢＢＣの放送でこれが国際的な問題に発展すると掌を返したように、人権侵害に加勢することになるからスポンサーを降りると言い始めます。有力企業がジャニーズタレントの出ている番組のスポンサーから撤退し、CMにも彼らを起用しないことを言明すると、それまでは現状の継続を打ち出していた企業までもが、なだれを打ったように同様の対応をしています。「バスに乗り遅れるな」。みんなと同じ行動をとらないと不安でしかたがない日本人の特性がよく出ているように思いました。

「ルールを守りましょう!」――メディアの崩壊②

二〇二三年一〇月二日の二回目のジャニーズ事務所の記者会見で、印象的な場面がありました。この会見で、事務所側は、質問は一人につき一つという独自のルールを定めていました。元NHKのアナウンサーが、司会を務めていたのですが、事務所に対して批判的なジャーナリストは、なかなか指名されません。後に明らかになったことですが、この会見に際しては、「NGリスト」という名前の要注意記者リストが作られており、そこにはジャニーズ事務所に批判的な複数のジャーナリストたちの名が記されていたのです。

業を煮やした彼彼女たちが抗議の声を上げ、記者会見は混乱に陥りました。その時、ジャニーズアイランド（ジャニーズタレントの育成組織）の社長でタレントの井ノ原快彦がこう一喝しています。「この会見は全国に伝わっておりまして、子どもたちも見ている。（性加害）被害者の皆さんには、自分たちのことでこんなにもめているんだと思ってほしくない」「ルールを守る大人たちの姿を見せたい。どうか、どうかお願いします〈註66〉」。

喜多川のやったことこそ、とても子どもたちにみせられるようなものではありません。加害者サイドが、それを追及する側に「ルールを守れ」と道徳的訓戒を垂れるなど、まさに茶番です。さらに事務所側は、批判的ジャーナリストたちの発言を封じるという、記者会見のルールからの大きな逸脱まで犯していたのです。井ノ原のこの発言に対しては、典型的な「トーンポリシング」であるとの批判が集まりました。トーンポリシングとは、社会的問題について声を上げた者に対して、その発言の内容ではなく、話し方や態度を問題にして論点のすり替えをはかることをいいます。井ノ原の発言は、教科書的なトーンポリシングであるといえます。

この会見では、さらに驚くべきことが起こりました。井ノ原の発言に対して、フロアから大きな拍手が起こったのです。しかしこれはある意味当然のことなのかもしれません。会場に居合わせた人たちの多くは芸能記者です。芸能界を取材していて、喜多川の性加害について何も知らなかったはずがありません。その事実を知りながら報道してこなかった芸能記者たちは、喜多川の凶行に加担してきたといえなくもないのです。自分たちの縄張りに土足で踏み込んで来て、舌鋒鋭く事務所側を追及する批判的なジャーナリストたちを不快に思っていたとしても不思議はありません。芸能記者たちは、ジャーナリストではなく、ジャニーズ事務所のスポークスマンの役割をこれまで果たしてきたのです。そんな批判的なジャーナリストたちに対して一矢を報いた井ノ原の発言に、芸能記者たちが快哉を叫んだ。それがあの拍手の意味するものだったのではないでしょうか。

第3章でみたように、そして先にみたアルノーも指摘していたように、日本人は弱い人間が犯した小さな悪にはものすごく厳しいが、強い人間が犯した大きな悪には驚くほど無頓着なところがあります。

「来た時よりも美しく」。スタジアムのスタンドでゴミ拾いをし、ロッカールームをきれいに片づける日本人の観客や選手が、開催国の人権抑圧には沈黙を守っていたことは、第3章でみたとおりです。大阪の有権者は、公務員の数を減らし、給料を下げることで行政コストの削減を図る、吉村知事や松井市長に強い支持を与えています。他方、彼らの誤った施策によってコロナ禍の大混乱が生じた際にも、そして開催経費が際限もなく膨らんでいく大阪万博に対しても、怒りのリアクションを起こすことはありませんでした。

大きな悪よりも小さな悪により強い怒りを抱く日本人の習性を知り尽くした井ノ原が、記者たちの「ルール違反」という「小さな悪」を責め立てることで、喜多川の性加害という「大きな悪」を無化しようとしたのだとすれば、彼は天才的なアジテーターであるという他はありません。もっとも「NGリスト」の存在が露見したために、この試みは茶番に堕してしまったのですが。

記者会見場のあの拍手の中に、「崩壊の時代」をもたらしたものの正体をみた思いがするのは筆者だけでしょうか。

【註】

〈1〉坂野潤治『日本近代史』ちくま新書、二〇一二年、四四二頁

〈2〉一九四九年二月にGHQの経済顧問として来日したデトロイト銀行頭取のジョセフ・ドッジは、悪性インフレを鎮静させるための緊縮財政を行い、国内消費の抑制を図った。ドッジはまた一ドル三六〇円の対ドル交換レートを確立して、日本の世界貿易への参入の道を拓いた。

〈3〉日本経済新聞電子版「東京五輪招致、都内の支持率七〇％に上昇　目標達成　ＩＯＣ調査」二〇一三年三月五日（https://www.nikkei.com/article/DGXNASDH0501K_V00C13A3UU8000/）二〇二三年一二月一七日確認
〈4〉アンドリュー・ジンバリスト、田端優訳『オリンピック経済幻想論―二〇二〇年東京五輪で日本が失うもの』ブックマン社、二〇一六年
〈5〉日刊スポーツ電子版「新国立競技場ザハ案白紙撤回、安倍首相が正式表明　総工費膨らみ批判拡大」二〇一五年七月一八日（https://www.nikkansports.com/sports/news/201505170000441.html）二〇二三年一二月一七日確認
〈6〉猪瀬直樹のX（旧ツイッター　https://twitter.com/inosenaoki）二〇一二年七月二八日投稿（削除）「誤解する人がいるので言う。２０２０東京五輪は神宮の国立競技場を改築するがほとんど四〇年前の五輪施設をそのまま使うので世界一カネのかからない五輪なのです。」
〈7〉DIAMOND online「史上最高額の東京五輪、歴史的位置付けは」二〇二一年七月二六日（https://diamond.jp/articles/-/277773）二〇二三年一二月一七日確認
〈8〉BBC NEWS JAPAN「二〇年東京五輪エンブレムを撤回、盗作疑惑続くなか」二〇一五年九月二日（https://www.bbc.com/japanese/34125008）二〇二三年一二月一七日確認
〈9〉この記述はジュールズ・ボイコフに負っている。ジュールズ・ボイコフ、中島由華訳『オリンピック秘史―一二〇年の覇権と利権』早川書房、二〇一八年
〈10〉朝日新聞電子版「東京の夏は理想的？『うそつき』と海外メディアから批判」二〇二一年七月三〇日（https://www.asahi.com/articles/ASP7Z55M3P7ZUHBI01K.html）二〇二三年一二月一七日確認
〈11〉東京新聞オンライン「五輪マラソン開催地　異例の変更」二〇一九年一一月二日（https://www.tokyo-np.co.jp/article/6852）二〇二三年一二月一七日確認
〈12〉産経新聞オンライン「トイレ、風呂、台所の汚水流入、お台場の水質『最悪』　五輪テスト中止で波紋」二〇一九年八月二三日　(https://www.sankei.com/article/20190823-VKTDQUPDQRJWVN6CBASQJ3SJCI/)

二〇二三年一二月一七日確認
〈13〉ボイコフ前掲書、一九五―一九九頁
〈14〉ナオミ・クライン、幾島幸子・村上由見子訳『ショック・ドクトリン―惨事便乗型資本主義の正体を暴く』上・下、岩波書店、二〇一一年
〈15〉ボイコフ前掲書、一九五―一九九頁
〈16〉衆議院ＨＰ「二〇二〇年東京オリンピック・パラリンピック競技大会の成功に関する決議案（第一八五回国会、決議第一号）」(https://www.shugiin.go.jp/internet/itdb_gian.nsf/html/gian/honbun/ketsugian/g18517001.htm)
〈17〉朝日新聞電子版「最上位はトヨタ・パナ・オメガ…『五輪スポンサー』とは」二〇二一年五月一二日 (https://www.asahi.com/articles/ASP5D4VQ1P5DULFA00T.html) 二〇二三年一二月一七日確認
〈18〉朝日新聞電子版「『女性がたくさん入っている会議は時間かかる』森喜朗氏」二〇二一年二月三日 (https://www.asahi.com/articles/ASP235VY8P23UTQP011.html) 二〇二三年一二月一七日確認
〈19〉読売新聞オンライン「過去にホロコーストをコントに『人の気を引こうと』、開会式演出担当の小林賢太郎氏を解任」二〇二一年七月二二日 (https://www.yomiuri.co.jp/olympic/2020/20210722-OYT1T50176/) 二〇二三年一二月一七日確認
〈20〉東京新聞電子版「『いじめ五輪』ダメ、ゼッタイ。開会式楽曲担当だった小山田氏『いじめ自慢』で辞任」二〇二一年七月二〇日 (https://www.tokyo-np.co.jp/article/117821) 二〇二三年一二月一七日確認
〈21〉文春オンライン「『渡辺直美をブタ＝オリンピッグに』東京五輪開会式『責任者』が差別的演出プラン」二〇二一年三月一一日 (https://bunshun.jp/articles/-/50932) 二〇二三年一二月一七日確認
〈22〉読売新聞オンライン「ボランティアのスポーツ医師、募集上回る二八〇人が応募」二〇二一年五月一一日 (https://www.yomiuri.co.jp/olympic/2020/20210511-OYT1T50237/) 二〇二三年一二月一七日確認
〈23〉テレ朝ニュース「バッハ会長は『ぼったくり男爵』米紙がＩＯＣ批判」二〇二一年五月七日

(https://news.tv-asahi.co.jp/news_international/articles/000215349.html) 二〇二三年一二月一七日確認

〈24〉NHKオンライン「五輪談合事件　電通など六社を起訴　大会組織委の元次長など七人も」(https://www3.nhk.or.jp/news/html/20230228/k10013993761000.html) 二〇二三年二月二八日 二〇二三年一二月一七日確認

〈25〉文春オンライン「『絶対に捕まらないようにします』元電通〝五輪招致のキーマン〟への安倍晋三からの直電」二〇二二年九月一四日(https://bunshun.jp/articles/-/57255) 二〇二三年一二月一七日確認

〈26〉古代ギリシャの人々は、人間の心に宿る傲慢さ（ヒュブリス）が、神の怒りに触れる振る舞いへと人間を導き、破滅させると考えていた。ギリシャ悲劇の主人公たちの多くが、このヒュブリスの故に破滅している。

〈27〉NHKNEWS「札幌市　冬季五輪・パラ 招致活動停止を表明　招致失敗の要因は」二〇二三年一二月一九日 (https://www3.nhk.or.jp/news/html/20231219/k10014292731000.html) 二〇二四年二月四日確認

〈28〉北海道新聞電子版「札幌五輪滑降コース跡　復元遠く　恵庭岳」二〇一六年三月七日 (https://www.hokkaido-np.co.jp/movies/detail/5293618561001) 二〇二三年一二月一七日確認

〈29〉NHK関西 NEWSWEB「大阪・関西万博　会場建設費　上振れ見通しまとまる　負担は」二〇二三年九月二六日 (https://www3.nhk.or.jp/kansai-news/20230926/2000078193.html) 二〇二三年一二月一七日確認

〈30〉新型コロナウイルス感染拡大の初期の状況については、竹中治堅『コロナ危機の政治―安倍政権 vs. 知事』（中公新書、二〇二〇年）を参考にした。

〈31〉亀岡輝子「新型コロナと自治体―保健所の統廃合がもたらした現実と今後の課題」『住民と自治』二〇二〇年一〇月号、自治体問題研究所HP (https://www.jichiken.jp/article/0184/) 二〇二三年一二月一七日確認

〈32〉朝日新聞電子版「コロナ対応、職員一四人が過労死ラインに　秋田の保健所」二〇二一年七月一六日

(https://www.asahi.com/articles/ASP7H7F73P7GULUC017.html?iref=pc_photo_gallery_bottom) 二〇二三年一二月一七日確認

〈33〉日刊ゲンダイ電子版「維新の『徹底的な改革』で病職員数は半減、保健所などの職員も四分の三に」二〇二一年三月五日（https://www.nikkan-gendai.com/articles/view/life/302102/2）二〇二三年一二月一七日確認

〈34〉橋下徹のX（旧ツイッター）二〇二〇年四月三日（https://twitter.com/hashimoto_lo/status/1245891130991898626）（https://twitter.com/hashimoto_lo/status/1245891653941911557）二〇二三年一二月一七日確認

〈35〉NHK NEWS WEB「防護服不足　代用に雨がっぱ寄付の呼びかけに一万枚以上届く」二〇二〇年四月一六日（https://www3.nhk.or.jp/news/html/20200416/k10012390461000.html）二〇二三年一二月一七日確認

〈36〉札幌医科大学ＨＰ「人口あたりの新型コロナウイルス死者数の推移【世界・国別】」（https://web.sapmed.ac.jp/canmol/coronavirus/death.html）

〈37〉法務省ＨＰ「感染症に関連した偏見や差別をなくしましょう」（https://www.moj.go.jp/JINKEN/stop_coronasabetsu.html）

〈38〉東京新聞電子版「コロナ感染者らの差別ダメ　全国の二〇地方議会で条例」二〇二〇年一〇月二五日（https://www.tokyo-np.co.jp/article/64003）二〇二三年一二月一七日確認

〈39〉竹中前掲書、一九八―二〇四頁

〈40〉朝日新聞電子版「「うちで踊ろう」安倍首相もインスタ投稿　批判相次ぐ」二〇二〇年四月一三日（https://www.asahi.com/articles/ASN4D42BZN4DUTFK004.html）二〇二三年一二月一七日確認

〈41〉東京新聞電子版「賭けマージャンの黒川元検事長に罰金二〇万円　東京簡裁、正式裁判は開かず」二〇二一年三月三〇日（https://www.tokyo-np.co.jp/article/94715）二〇二三年一二月一七日確認

〈42〉東京新聞電子版「『給付金』委託費　電通、パソナなど法人設立三社で分け合う」（二〇二〇年六月

二日）(https://www.tokyo-np.co.jp/article/32684) 二〇二三年一二月一七日確認

〈43〉竹中前掲書、二六―二九頁

〈44〉竹中前掲書、二〇頁

〈45〉竹中前掲書、二八五―三〇〇頁

〈46〉武井正直、北海道二一世紀研究所編『バカな大将、敵より怖い―武井正直講演録』北海道新聞社、二〇一三年

〈47〉東京新聞電子版「〈新型コロナ〉学費減額運動　一〇〇大学に拡大　『生活苦しい…授業受けられない学生いる』」二〇二〇年四月二七日 (https://www.tokyo-np.co.jp/article/17024) 二〇二三年一二月一七日確認

〈48〉朝日新聞電子版「仙台育英監督『青春って、すごく密なので』優勝インタビュー全文」二〇二二年八月二二日 (https://www.asahi.com/articles/ASQ8Q6GMZQ8QPTIL01M.html) 二〇二四年三月一一日確認

〈49〉レベッカ・ソルニット、高月園子訳『災害ユートピア―なぜそのとき特別な共同体が立ち上がるのか』亜紀書房、二〇一〇年

〈50〉東京新聞電子版「政府の人権対策に『大きな穴』…ジャニーズ問題で注目、国連作業部会の声明が突きつけた課題」二〇二三年八月一二日 (https://www.tokyo-np.co.jp/article/269584) 二〇二三年一二月一七日確認

〈51〉NHK NEWS WEB「【詳細】ジャニーズ問題　外部専門家の特別チーム会見」二〇二三年八月二九日 (https://www3.nhk.or.jp/news/html/20230829/k10014177241000.html) 二〇二三年一二月一七日確認

〈52〉産経ニュース「ジャニーズ事務所　性加害問題で会見」二〇二三年九月七日 (https://www.youtube.com/watch?v=Yrit-dBA_Z4) 二〇二三年一二月一七日確認

〈53〉朝日新聞電子版「性加害問題でジャニーズグループ起用取りやめ　W杯バレーサポーター」二〇二三年七月二五日 (https://www.asahi.com/articles/ASR7T5FSBR7MUCVL027.html) 二〇二三

年一二月一七日確認
〈54〉中日スポーツ・東京中日スポーツ電子版「櫻井翔のラグビーW杯日本代表アンバサダー起用に開催地フランスの大手紙が疑問　ネット上でも『国際基準では当然こうなる』」二〇二三年九月八日（https://www.chunichi.co.jp/article/765608）二〇二三年一二月一七日確認
〈55〉東京新聞電子版「旧ジャニーズのタレント　今年の紅白『出演ゼロ』に　性加害問題で四四年ぶり不在　NHK発表」二〇二三年一一月一三日（https://www.tokyo-np.co.jp/article/289705）二〇二三年一二月一七日確認
〈56〉スポーツ報知電子版「ジャニーズ事務所二度目の会見、怒号のなか二時間八分で終了　ラスト三〇分は大荒れ、一時中断も」二〇二三年一〇月二日（https://hochi.news/articles/20231002-OHT1T51139.html?page=1）二〇二三年一二月一七日確認
〈57〉朝日新聞デジタル版「宝塚歌劇団員死亡、遺族側が会見　長時間労働とパワハラが原因と主張」二〇二三年一一月一〇日（https://www.asahi.com/articles/ASRCB53J2RCBULFA027.html）二〇二三年一二月一七日確認
〈58〉阪神阪急ホールディングス「二〇二二年度（二〇二三年三月期）第３四半期決算補足説明資料」二〇二三年二月一日（https://www.hankyu-hanshin.co.jp/docs/71ab2128ff376db93d9450ceea5f8319cbcfcaf9.pdf）
〈59〉レオン・フェスティンガー、末永俊郎監訳『認知的不協和の理論―社会心理学序説』誠信書房、一九六五年
〈60〉谷田涼夏「ジャニーズファンはなぜ肯定するのか」大妻女子大学人間関係学部社会学専攻卒業論文、二〇二三年
〈61〉読売新聞オンライン「旧ジャニーズ『当事者の会』男性、大阪の山中で死亡…ＳＮＳで誹謗中傷受ける」二〇二三年一一月一四日（https://www.yomiuri.co.jp/national/20231113-OYT1T50213/）二〇二三年一二月一七日確認

〈62〉山下教介『ドキュメント　タカラヅカいじめ裁判―乙女の花園の今』鹿砦社、二〇一〇年
〈63〉スポーツ報知電子版「松原耕二氏、『サンモニ』でジャニー喜多川氏『性加害』認定で『メディアの沈黙』に見解…『認識の甘さを今となっては恥じるしかない』」二〇二三年九月三日
(https://hochi.news/articles/20230903-OHT1T51037.html?page=1) 二〇二三年一一月一七日確認
〈64〉木俣正剛「ジャニーズと一人で戦った梨元勝が、もし今生きていたら」DIAMOND online 二〇二三年九月五日 (https://diamond.jp/articles/-/328695) 二〇二三年一一月一七日確認
〈65〉レジス・アルノー「海外記者が見た『日本のジャニーズ報道の異常さ』―『弱きを挫き、強きを助ける』歪みまくった構造」東洋経済 online 二〇二三年九月一日
(https://toyokeizai.net/articles/-/698588) 二〇二三年一一月一七日確認
〈66〉日テレ NEWS「ジャニーズ事務所が二回目の会見（質疑応答～最後まで）」二〇二三年一〇月二日
(https://www.youtube.com/watch?v=XZvvRQPhC6s) 二〇二三年一一月一七日確認

あとがき

二〇二四年の元旦。石川県の能登地方で大きな地震が起こりました。心配された津波の被害はありませんでしたが、地震によって同地方は大きな痛手を受け、水道すら復旧していないという厳しい状況が本稿の執筆時点で続いています。窮境に置かれた能登の人たちを救うことが政治の使命であるはずです。ところが二三年の暮れに明らかになった自民党派閥の裏金問題のために、政治は完全な機能不全に陥ってしまいました。能登の人々の窮状をよそに、政治家たちは醜い権力闘争に明け暮れています。政治の「崩壊」ここに極まれりです。一月二日には、羽田空港で、日航機と海上保安庁の飛行機が、衝突する事故が起きました。海保機の乗員五人の命が失われましたが、日航機の乗客乗員三七九名は、機体が燃え盛る中、無事脱出を果たしています。避難を誘導した客室乗務員たちの沈着冷静な行動が、尊い命を救ったのです。被災地には全国からボランティアが訪れ、多くの救援物資が届けられています。とりわけ過去に被災の経験を持つ地域からの熱心な支援が印象的でした。復興の見通しの立たない状況の中で、能登の人たちは困難に耐え、整然と行動していたのです。第3章で述べた、立派な庶民とダメなエリートという構図が改めて確認された、二〇二四年の正月でした。

これと同じ時期に、吉本興業所属のお笑いタレント、松本人志による性加害問題がメディアをさわがせていました。ジャニーズ、宝塚に続いて吉本興業。芸能界の「崩壊」も止まりません。第4章で登場した赤坂真理がアメリカから帰ってきた、一九八〇年にテレビで観るお笑いが大きく変化したと述べていますが、筆者も同じように感じていました（『愛と暴力の戦後とその後』）。この年は大きなお笑いブームが生じています。八〇年代のトレンドメーカーだったフジテレビは、「The MANZAI」という番組を作り、それまでダサい大人たちの話芸だった漫才を、当時の若者の感性にフィットするものに変えてしまいました。その先頭に立っていたのが、ツービートであり、紳助竜介であり、B&Bだったのです。かつてのお笑いは、芸人がアホを演じ（アホの坂田！）、観る側がそれを嗤う類のものでした。漫才に造詣の深かった思想家の鶴見俊輔は、漫才の演者と観客の間には、芸人の愚かさを嗤うことで、観客が自らの愚かさを顧みる「アホの相互性」というべきものが存在していたと述べています（鶴見俊輔『太夫才蔵伝—漫才を貫くもの』平凡社、一九七九年）。ところが八〇年代に入ると、芸人が高みに立って他者を嗤う、差別的なネタが増えてきました。芸人たちはバラエティ番組の司会等でも活躍し、若者たちにとっての「成功の偶像」とさえなっていました。この出来事も、お笑いの世界の頂点に君臨し、「成功の偶像」になりおおせた松本の「ヒュブリス（傲慢）」が招いたもののように思えてなりません。

本書で確認されたのは以下のことです。

愚かな世襲政治家が権力の座を占め、高度な教育や研究の価値を認めないことで、日本社会はその「能力」を大きく損ねています。他方、大きな失敗は、怠惰で無能な人間によってではなく、むしろ高度な訓練を受けた、表面的には非常に有能な人たちによってもたらされるという逆説も、本書は浮かび上がらせています。現代の超高学歴の欧米の政治指導者然り、アメリカ大統領府の歴代スタッフ然り、旧日本軍の陸大海大を出た学校秀才また然りです。これらの人たちは自らの有能さへの驕りから、他者を侮り、客観的な状況の評価を誤ることによって自壊していったのです。「有能」なエリートが何かを企てている時、普通の人々はこう叫ぶべきではないのでしょうか。「それはしない方がいいと思います」と。

二〇二四年三月一〇日

小谷　敏

《初出一覧》

本書は既に刊行されている以下の著書論文をベースに執筆されている。内容は大幅に書き改められ、それぞれの著述の内容は複数の章にまたがっている。

◉「悔恨・うぬぼれ・からいばり」（『社会学史研究』三六号、二〇一四年）※本書第1章

◉「『すること』から『であること』へ　―日本政治の退行と倒錯」（人間関係学研究：社会学社会心理学人間福祉学：大妻女子大学人間関係学部紀要二二、二〇二一年）※本書第1～4章

◉「若者文化の絶望と希望―消費される『若手社会学者』」（小谷敏編著『二十一世紀の若者論―あいまいな不安を生きる』世界思想社、二〇一七年所収）※本書第3章

◉「『さがみ』は、誰に住み良いか―語りのなかからみえてくるもの」（塚田修一編『大学的相模ガイド』昭和堂、二〇二二年所収）※本書第4章

◉「日本の訓練された無能力―『後ろ向きにしか進めない国』をめぐる覚書」（人間関係学研究：社会学社会心理学人間福祉学：大妻女子大学人間関係学部紀要二三、二〇二二年）※本書第5・6章

◉「二一世紀の失敗の本質―オリンピックとパンデミック」（人間関係学研究：社会学社会心理学人間福祉学：大妻女子大学人間関係学部紀要二五、二〇二四年）※本書第9・10章

小谷　敏（こたに・さとし）
1956年鳥取県生まれ。大妻女子大学人間関係学部教授。
専門は現代文化論。
著書：『若者たちの変貌』（世界思想社、1998年）、『子どもたちは変わったか』（世界思想社、2008年）、『ジェラシーが支配する国』（高文研、2013年）、『怠ける権利！』（高文研、2018年）
編著：『シリーズ　若者の現在』（全3冊、土井隆義・芳賀学・浅野智彦との共編著、日本図書センター、2010～2012年）、『二十一世紀の若者論』（世界思想社、2017年）

無能と失敗の社会学

●二〇二四年　五　月二〇日――――第一刷発行

著者／小谷　敏

装幀　わたなべひろこ
装画　ワタナベケンイチ

発行所／株式会社　高文研
東京都千代田区神田猿楽町二―一―八
三恵ビル（〒一〇一―〇〇六四）
電話03＝3295＝3415
http://www.koubunken.co.jp

印刷・製本／中央精版印刷株式会社

★万一、乱丁・落丁があったときは、送料当方負担でお取りかえいたします。

ISBN978-4-87498-881-7　C0036